台灣地圖040

台灣博物館散步GO

蘇明如◎著　蘇瑞勇◎攝影

30條

最潮博物館群
創意觀光路線

整個城市、
整個台灣、
整個世界都是
你我的博物館，
就來一次
超時空之旅！

晨星出版

博物館觀光地圖的力行實踐

　　明如的專業背景是文化藝術領域的策展人（Curator），現任教於我們實踐大學文化與創意學院觀光管理學系，教授文化創意產業、文化觀光、博物館學等課程，2015 年她與我高雄醫學大學學弟蘇瑞勇醫師父女合作，出版《老產業玩出新文創》一書，頗受好評。這本新作《台灣博物館散步 GO——30 條最潮博物館群創意觀光路線》為二部曲概念，聚焦在繆思女神的殿堂「博物館」，除了可作為大專院校內青年學子之體驗思考外，更可作為社會人士大眾深度旅遊之自導好書，這本書可說是一個博物館觀光地圖的力行實踐，本人樂於推介。

實踐大學董事長、中華民國社區發展協會理事長　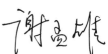

博物館學術推廣的文化行動

　　殖民、國族、現代、社區，是明如曾針對台灣博物館史的研究分期，從文化產業跨界到觀光領域任教的她，近年致力讓小眾的博物館可以和大眾的觀光旅遊媒合。這本新作《台灣博物館散步 GO》，每條路線從「Curator Talk」單元開始，陪伴旅人散步台灣博物館地圖文化深度之旅，從「博物館」到「類博物館」，從創意觀光旅遊的整合視野，邀讀者來思考體驗，博物館作為文創產核心產業之豐沛能量。

中華民國博物館學會榮譽顧問、前國立台灣藝術大學校長暨政務委員　

博物館是真善美的殿堂

博物館是真善美的殿堂，是我在教博物館學課程時一再申論的博物館精神。明如深明哲理，熱愛了這個場域。她的第一份工作是在我南華大學教書並主持博物產業工作室時承辦政府單位委託研究規劃設計博物館專案，她擔任專案助理，跟著我在台灣到處訪查與參與田調規劃、撰寫展示文案，這已經是近十八年前的往事。碩士學位取得後，她進公部門博物館與文化局工作多年，繼費時多年獲得國立台藝大博士學位，之後轉任大學教職，在產官學界都有所深涉，在博物館、文化與觀光產業領域方面是一位不可多得的實戰學者。《台灣博物館散步 GO》出版了，書寫她從文化到觀光的時空路徑，論及典藏、研究、展示、教育四大傳統功能，也談述她對今日博物館餐飲、商店、觀光的各種時尚潮流觀點，完全掌握了台灣博物館文化的潮流。問序於余，樂見其成，特予推薦。

國際博物館協會博物館學委員會亞太分會 ICOM ICOFOM-ASPAC 理事長、
中華民國博物館學會副理事長、世界宗教博物館館長　陳國寧

繆思最喜歡居住的島嶼

明如是文化藝術工作者，在我之前擔任高雄市政府文化局長任內，2006 年曾公務出版《繆思最喜歡居住的城市——閱讀高雄城市文化館》一書。Museum（博物館）的字根，來自於古希臘文 Muse，博物館正是供奉繆思女神的文藝殿堂，從古典的菁英主義演變至當代的地方主義，博物館更成為獨特在地文化的精彩聚焦。十年後，她在大學任教，與父親蘇瑞勇醫師聯手，將城市的博物館關注擴大到行走整座台灣島嶼，這本新作《台灣博物館散步 GO》，值得行內人與看門道者，一窺繆思的容顏，讓台灣成為繆思最喜歡居住的島嶼。

詩人、台中市政府文化局局長　路寒袖

Curator 的
博物館時空旅行

　　這是一本喜歡「不學無術」的旅行書，即或文字含量仍略有厚度。以筆者作為博物館人與文藝工作者，散步台灣 368 鄉鎮市區博物館群，媒合蘇瑞勇醫師的資深公民旅人的田野探索攝影，不同的取材與觀察視角，在《老產業玩出新文創》之後，邀讀者來一場《台灣博物館散步 GO》。

　　博物館從古典的菁英主義演變至當代的地方主義，從傳統的絕對威權到當下的解構文化多樣性，都是人類為了保存文明、促進瞭解差異、維繫世界和平，所付出的種種努力，我一直很珍惜。通篇書寫邏輯以殖民、國族、現代、社區四大時空路徑，來探查台灣博物館「微歷史」，每一篇開頭都有「策展人帶路 Curator Talk」作為導引，力求知性而不艱澀。

　　感謝四位推薦人在百忙中撥冗作序。謝謝實踐大學謝孟雄董事長的「為人師者要有熱情」的栽培勉勵；感謝帶領台灣博物館寫歷史而自身也成為燦爛扉頁的黃光男校長與陳國寧館長，這兩位領我入門的恩師，有幸當年在博士與碩士階段受教於您們，開闊了年輕的靈魂對博物館的憧憬想像與學術視野，實在幸福；與詩同行，謝謝路寒袖局長總是以詩人之眼，提醒在瑣碎中提煉優雅，十分受用；很感謝晨星出版有限公司胡文青兄與編輯團隊的優秀企畫力與執行力，讓書質感倍增；最要感謝家父蘇瑞勇醫師再度攜手合著，並與家母家弟溫馨陪伴；感謝文橫花園的姨舅長輩們與親友團的關愛督促，以及實踐大學師生間各種有溫度的啟發與交流。

　　台灣至今已有七百多座大大小小的博物館與類博物館群，不管是羅列在本書中或礙於篇幅而書寫於其他著作，感念這麼多博物館幕前幕後的工作者群像，讓我們的島嶼這麼豐富多彩。我總愛在行旅各地第一站先探訪博物館，心情就像是在異國平坦的莊園大地中看到高起的教堂，是文化觀光的核心標的。誠摯邀請讀者按圖索驥，在博物館的觀光時代，人人都可以是策展人，用 Curator 的眼光，思想體驗「可以觀、可以遊、可以學、可以味、可以買」的創意觀光路線，探索多樣的博物館群的人文風景，如此一來，整個世界都會是你我的博物館。

蘇明如　寫於 2017 年 1 月 27 日 農曆除夕團圓夜

來一場台灣走透透

Museum，Go!

　　記得第一本《老產業玩出新文創》自序時，我寫道：「一退休馬上換上布鞋，帶著相機，背上背包，利用雙腳步行、騎腳踏車、公車、捷運、台鐵、高鐵，甚至飛機，全台灣走透透！」當時是以傳統產業為經，新文創發想為緯，串連編織起來。這次《台灣博物館散步 GO》，是透過全台各大小博物館的參訪，編織出一個更大更廣的網路來。

　　一般來說，觀光是 sightseeing，我覺得 site 是風景地點，seeing 是看，就是到處看看，但觀光不只是看看吃吃，應該有更深的內涵。田調攝影的過程中我大部分都是用走的，一步一腳印，徒步的過程中會思考──這是台灣人的「奶與蜜之地」！但到底有多少人踏過這塊土地後有感觸？旅程中會思考──如何觀察台灣這塊土地的變化？看的過程中也會反省，此地風景的變遷，以前是什麼模樣？在如此反覆的過程中就需要閱讀歷史尋求解答，以便了解今昔的變化。

　　攝影非我本行，博物館對我而言更是門外漢，醫療才是我的本業，但是參與這本書的書寫拍照行旅中，又得到女兒明如的指導，對博物館竟能一窺洞天，領悟出一些朝代興亡、物種變遷的道理來；攝影技術也有長足進步，細細品味照片之餘，也常隨著影像，神遊至忘我之境。

　　攝影寫書時，深受內人麗芳全力支援，無後顧之憂，旅途中愛子明正全程參與長相左右、噓寒問暖並提供意見助我良多，旅途中所導致的腰酸背痛竟然豁然而癒，非得提出感謝一番不可，否則良心不安矣！《台灣博物館散步 GO》完成後，鴻鵠之志再度萌發，不知老之將至也！俗話說「人生七十才開始」，雖然已屆七十高齡，但身心狀況很好，可以繼續散步探索台灣這塊寶地。GO！GO！GO！

蘇嘉勇　寫於 2017 年農曆正月初一行春

I N D E X

西元 / 日本紀元	
1895	明治 28 年
1900	明治 33 年
1908	明治 41 年
1912	明治 45 年 大正元年
1913	大正 2 年
1922	大正 11 年
1926	大政 15 年 昭和元年
1929	昭和 4 年
1935	昭和 10 年
1945	昭和 20 年 民國 34 年

導言——旅行台灣

博物館四大時空路徑

博物館實境觀光
Museum，GO！

Museum 繆思的殿堂

博物館（Museum）這個詞彙起源自希臘文 Mouseion，原本指希臘人供奉藝術繆思女神（Muses）的殿堂。繆思是希臘神話中主司藝術與科學的九位文藝女神的總稱。Museum 博物館正是繆思女神的殿堂。

然而，到底什麼是「博物館」呢？全球博物館社群中最具指標性的為隸屬於聯合國教科文組織（UNESCO）的「國際博物館協會（The International Council of Museums，簡稱 ICOM）」，把博物館定義為「博物館是一個為社會及其發展服務的、非營利的永久性機構，以服務社會及其自身的發展，並向大眾開放。為研究、教育、欣賞之目的，而致力於蒐集、保存、研究、詮釋與展示人類的有形和無形文化遺產及環境，以致力於博物館教育、學習與娛樂等目標。」

而在此定義下，又有哪些機構也類似博物館呢？ICOM 進一步指出：「其他機構其目的亦符合博物館的定義，這些機構包括：自然、考古或民族學的紀念物或遺址、歷史紀念或遺址；擁有展現物種的機構；科學中心與星象廳；由圖書館或檔案館永久性經營的非營利藝廊、保存機構或產示中心；自然保留區；其中管理

或負責各種在本定義所列機構的國際、國家級或地區性的博物館組織；從事維護、研究、教育、訓練、記錄和其他與博物館與博物館學相關工作的機構；從事保存、永續維護和管理有形與無形文化遺產的文化中心與其他組織；其他從事與博物館或博物館學相關的部門。」此外，博物館的世界越來越寬廣，當代更為廣義的「類博物館」（quasi-museums）如地方文化館、紀念館等也逐漸興起。

跟著策展人旅行博物館

什麼是「策展人（Curator）」？「策展人」此字原是博物館的管理者或展覽的策劃人，是一個文化藝術的「經理人」與「看守者」，古典意義下，策展人是「文化保存機構」的看門人，專長在篩選什麼作品該被保存，並且要解釋這些作品與文化間的關係。一般常用的是借用自藝術、設計業界的說法，指的是一個藝術展覽活動的規劃及推動，做這件事的就是「策展人」。

在藝術領域，近年策展概念在台灣呈現極端化狀態，一端是極力向國際雙年展看齊的高端型策展模式，需要收集各方資源、邀請明星藝術家並寫出深奧論述，這樣的策展必須訴諸專業者；另一種則是以德國行為藝術家波伊斯（Joseph Beuys）「人人都是藝術家」的觀念，輔佐「人人都是策展人」概念的策展模式，佐佐木俊尚（2012）將這個詞衍生詮釋，在二十一世紀，「策展人」過濾訊息、給予解釋、賦予意義，除了選擇展品之外，更費心安排展覽、撰寫材料、傳達理念，為一則訊息、作品或商品，提出看法、重組價值、分享串聯。因此，所謂策展，在過去，指的是策展人在博物館中所策劃的展覽；而現在，策展也可以是指從恆河沙數的資訊洪流中，策展人

國立台灣歷史博物館內大幅的世界古地圖，展現博物學的世界性

以其價值觀與世界觀淘選資訊，賦予新意並與
大眾共享，少了主流章法，能利用展覽所傳達
的思維理念便更加自由，亦引起不小迴響。

博物館做為一種「舶來品」

以西方博物館脈絡而言，若回溯檢視西方傳統博物館在時
代扮演角色，其與收藏關係密切，從古羅馬富豪收藏之風，到
中世紀教會保存之效，博物館概念具貯藏所特性，是從事學術
場所，而從對外公開程度觀察，顯示早期博物館僅以社會菁英
為服務對象。1683 年英國牛津大學艾許莫林博物館（Ashmolean
Museum）成立，1773 年對普羅大眾開放，成為英語系國家第一
個具公共教育意義博物館。18 至 19 世紀民主運動推波助瀾，對
博物館產生影響，歐洲許多國家級博物館陸續出現，亦反映支持
博物館事業之國家榮耀意圖，以及教化人民功能。

直到 1970 年代，國際博物館界，開始對傳統現代主義
式博物館種種流弊，諸如過於貴族菁英色彩、強勢主流文化
導向，產生諸多反省。歐陸「生態博物館（Eco-Museum）」
運動理念，引發風潮；1980 年代，有關博物館詩學和政治學
（Poeticsand Politics）論述豐富，一股擴及世界的「新博物館學
（New Museology）」思潮展開，自此注重多元文化，以人為
本、關注環保生態、社區社群，與尊重「文化多樣性（Cultural
Diversity）」等觀點，強調提供公共服務，隨時代腳步，影響當
代博物館論述與經營理念。

相較於前述西方世界原生悠遠之博物館歷史，博物館在台灣
則是作為一種「舶來品」。日本殖民統治時期，成立於 1908 年
的「台灣總督府博物館（現為國立台灣博物館）」，被視為台灣
歷史中「現存」最悠久的公立博物館，若以此為開端，台灣博物
館發展至今約略百餘年。當下經文化部統計，台灣廣義的博物館

已有七百餘座，多數在 1990 年代後創館。博物館觀光（Museum Tourism）涵蓋了諸如歷史觀光（Historical Tourism）、族群觀光（Ethnic Tourism）、藝術觀光（Arts Tourism）等，皆讓博物館觀光資源更為多樣豐富。本書經研究編碼，將以殖民主義、國族主義、現代主義、社區主義等四大時空路徑，讓讀者除了認識體驗台灣各地的博物館，更能從中掌握百餘年來台灣博物館微歷史。

博物館觀光 Museum Tourism 四大時空路徑

【時空路徑一】可以從台灣的博物館微歷史開始——在殖民主義的年代（1900s-1940s）：台北城內遇見博覽會。

【時空路徑二】乘載滿滿中華文化使命的博物館——標榜國族主義的年代（1950s-1960s）：南海學園采風趣、全球巨星博物館台北故宮、回嘉真好故宮南院。

【時空路徑三】可以來場博物館版本的社會教育——現代主義的年代（1970s-1980s）：基隆遇見海、恆春熱帶海洋遊蹤、馬卡巴海東台灣。

【時空路徑四】涵蓋了當代類博物館概念，讓旅人行走大城小鎮，處處都有博物館能走訪——社區主義 IN OUR TIME（1990s至今）：街角遇見大稻埕的茶與戲、北投戀戀溫泉、淡水古蹟變明星、平溪、瑞芳、十分好玩、宜蘭博物館家族、桃園大溪風情畫、玻璃工藝追竹風情、新竹之心、台中文化城巡禮、台中公園博物遊、九二一地震教育園區、彰化文青大觀園、雲林有故事、嘉義諸羅演義、台南舊府城文學漫遊、奇美博物館永保安康、斯土斯民國立台灣歷史博物館、愛河文化流域博物館巡禮、甲仙的族群與化石、十方叢林佛光山佛陀紀念館、我庄美濃客家紀行、原鄉人鍾理和文學原鄉、洄瀾原鄉太魯閣。

就帶著本書一起走吧！Museum 博物館實境觀光，GO！

時空路徑 ①

台灣的博物館微歷史從這裡開始，
在殖民主義的年代（1900s-1940s）

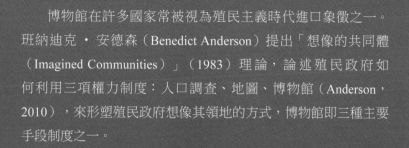

　　博物館在許多國家常被視為殖民主義時代進口象徵之一。班納迪克·安德森（Benedict Anderson）提出「想像的共同體（Imagined Communities）」（1983）理論，論述殖民政府如何利用三項權力制度：人口調查、地圖、博物館（Anderson，2010），來形塑殖民政府想像其領地的方式，博物館即三種主要手段制度之一。

　　台灣博物館事業萌芽，可溯及日本殖民統治（1895-1945），當時設立博物館及鄉土館，諸如 1902 年台南廳設置台南博物館、1908 年台灣總督府民政部遺產局附屬博物館（簡稱「台灣總督府博物館」，為今「國立台灣博物館」）、1909 年台中博物館、1923 年嘉義博物館、1934 年基隆鄉土館、1935 年台東鄉土館等，其中以 1908 年成立的台灣總督府博物館最具指標性。

　　「這個時期的博物館充分展現了殖民博物館（Colonial Museum）的典型，亦即透過博物館對殖民地區自然人文的調查以及意識型態、文化認同的手段。」（黃光男，2007）「就政治或經濟層面而言，它是日本帝國主義對殖民地資源調查，以供其進一步對台灣產物作經濟掠奪的必然產物。就文化政策的層面而言，它是對『帝國新領地』子民宣揚大日本帝國國威，也是對日本來台觀光客介紹台灣風土產物的櫥窗，可說是典型的殖民博物館。」（張譽騰，2007）

　　博物館作為權力的展現形式，和統治者塑造之集體記憶有緊密關係，博物館成為書寫歷史、建構國家論述重要機構，不僅成為殖民帝國研究殖民地原生文化成果展示，成為對日人來台觀光宣揚治理成績的展示櫥窗，也以此作為征服標誌，亦常成為國族主義載體。可知，台灣博物館事業初始，做為殖民地風土產物之櫥窗，即與治理成果之觀光展示息息相關，台灣博物館萌芽時期與觀光展示之連結可見一斑，且讓我們從歷史線索開始旅行台灣博物館吧！

台北城內遇見博覽會

國立台灣博物館設立始末

博物館作為一個「舶來品」，日本殖民時期，日人崇尚西方文明與治理功效，亦將源自西方文化的博物館事業間接引入台灣，成立史料館、標本館、陳列館等文化機構。尤其為紀念台灣南北縱貫線鐵路全線通車，於 1908 年 10 月 24 日設置台灣總督府博物館，可說是日本帝國主義對殖民地資源調查，以供其進一步對台灣產物作經濟掠奪的展示櫥窗。

[策展人帶路]
Curator Talk

為什麼我們說博物館在台灣是「舶來品」呢？邀您一起來探索台灣現存最早的博物館「國立台灣博物館」，從日本殖民時代一開始創設，它的身世就是觀光展示的櫥窗喔！

1906 年（日明治 39 年）總督府為紀念兒玉源太郎總督及後藤新平民政長官之「治台功蹟」，發起全民一人一圓捐資建立紀念館。1908 年（日明治 41 年）台灣總督府發布設立「台灣總督府民政部殖產局附屬博物館」，館址設於今總統府後方之舊彩票局。1903 年（日大正 2 年）「兒玉總督後藤民政長官紀念館」於台北新公園拆除後之清代舊天后宮原址正式動工興建。1915 年（日大正 24 年）「紀念館」落成，並捐給總督府指定作為「台灣總督府民政部殖產局附屬博物館」使用。1915 年博物館的新館舍台北新公園內落成啟用，成為日本殖民政府在台灣興築的首座公共自然歷史博物館，以「台灣現代知識的啟蒙地」為標的。（國立台灣博物館，2011）

日軍占領台北之初，天后宮為陸軍所徵用；1897 年，實施辦務署制度又成為台北辦務屬廳舍及官舍；1901 年後，又將天后

國立台灣博物館大門前銅牛

宮移交給台北醫院使用。天后宮於 1911 年，因接二連三的颱風，部分毀倒後，隔年兒玉後藤紀念館（博物館）預計籌建。紀念館計畫敷地預定於新公園後，總督府與台北廳順勢將公園北半部的各官方占用建築一併剷除。

1935 年 10 月，台北舉辦「台灣博覽會」，城內剛落成的台北公會堂，被編為第一會場，新公園內暨「紀念館」則設置第二會場。城內的面積不過一平方公里多，但城內卻滿布堂皇壯麗的建築，可作為「台灣現代生活文明發展起點」的角度，重新被認識。

國立台灣博物館外觀

建築學者李清志在〈台北 Lost & Found〉寫道：「當日本人進駐台北城後，便大肆改變台北城早年建城的整體結構，重新塑造屬於他們心目中所想像的都市模式。他們以巴洛克風格的街道系統直接鋪陳在原賦有中國風水思考的城池上，並且拆毀城內重要的廟宇、城牆，更藉著 1911 年台北城大水災，拆掉城內的店舖和住宅，重新規劃道路，同時請了許多日籍建築師來台設計街屋的立面與空間；頓時使得台北城內耳目一新，再加上新建的總督府、市役所、火車站、博物館……使得台北城猶如『東方的巴黎』一般，日本人對自己所建設的台北城頗為自豪，因此在 1935 年舉辦了一次『始政四十週年博覽會』，向世界大大宣揚一番。」

初次見面：參觀博物館

建築學者李乾朗認為：「博物館最重要的展品，就是建築物本身。」國立台灣博物館的建築本身就是一件展品。由野村一郎

設計，於 1915 年完工啟用的台博館，採用的是日本明治時代後期相當流行的「圓頂式樣」（Dome Style）的建築，格調莊嚴穩重，簡練且不失細緻。整座大樓的平面配置呈「一」字形的對稱長條形，正門大廳位在建築物中央，展覽室分別向左右兩翼伸展，延伸至東西兩側，體積與高度變得較大較高，正好為建築本體做一個有力的收尾，也展現出對稱均衡的結構特性。

國立台灣博物館外觀對稱結構

走入館內，挑高寬敞的大廳，整體色調與建築外觀一致，呈舒服優雅的米色調，三十二根雄偉的希臘列柱整齊排列，柱頭飾有金黃捲渦及花葉相襯，雍容華貴。大廳中央天花板圓頂下方的鑲嵌玻璃，除了裝飾作用外，兼具採光效果，由上而下投射而來的光束，彷如引來萬花筒式的視覺效果，令人驚艷。而以日本赤坂大理石裝飾的主梯，經過天窗映射的風華，更能突顯魅力風情，一百多年來一直被視為台灣近代難得一見的建築瑰寶。

國立台灣博物館大廳圓頂天窗

台博館常設展部分有「台灣生物展示區」、「台灣先住民展示區」，還有戶外展示區；特展方面特別致力於台灣本土生態人文的展覽；台博館以其自然史深厚的收藏、研究為基礎，運用創意，透過展覽的詮釋與教育推廣的活化，以「文化多樣性」、「生物多樣性」為使命，發揮博物館知識傳播的功能。

走入博物館的歷史層

已知現存最早的台灣古地圖「康熙台灣輿圖」（約1722 年），這幅地圖因八國聯軍時由內府流出，輾轉成為台博館的鎮館之寶。清代「台灣國」的國

國立台灣博物館大廳對稱的列柱與裝飾藝術

旗「黃虎旗」、劉永福黑旗軍軍令旗、不二臣布告等見證台灣的歷史文物也皆在收藏之列。而最早的「台灣人」，1971 年出土的「左鎮人」頭骨化石，經鑑定約有二、三萬年之久，也都是鎮館之寶。就連門口那對深受小朋友喜愛的銅牛，是 1935 年滿州國送給台灣總督府，作為「台灣始政四十周年」的禮物，也為博覽會第二會場增添不少光彩。

十九世紀下半葉開始，博物館或美術館逐漸成為歐美國家城市，尤其是首都所在地的景觀核心，取代了過去教堂或廣場的角色。今天的國立台灣博物館在台北市應該扮演這樣的角色，它位於連接台北車站館前路的另一端，周邊是原來的新公園，緊臨台北賓館和總統府，以都市格局而言，本來就是中心區的核心。清末，這裡也是台北城的信仰中心天后宮的所在地，從舊信仰中心的廟宇，發展到現在的博物館空間，台博館在台灣具有其他博物館所沒有的都市景觀與歷史文化意涵。

跨過衡陽路，斜對面就是 1933 年落成的台灣博物館土銀展館，建築物前身是日本勸業銀行台北支店。由台博館負責古蹟修復及後續經營管理，屬市定古蹟，因此在博物館設計上以尊重其歷史文化風格，並不損傷內部結構為主要原則。2010 年土銀展館正式開館，展場在結構上獨立成一體，故不影響古蹟的建築結構，展出古生物、土銀行史及古蹟修復等內容。

土銀展示館外觀　　　　　　　　　　土銀展示館內部空間之裝飾與古生物化石模型展示

博物 點 線 面

國立台灣博物館 ▶ 228 和平公園 ▶ 台北 228
紀念館 ▶ 台北賓館 ▶ 景福門 ▶ 總統府 ▶ 總統
副總統文物館 ▶ 中山堂 ▶ 北門 ▶ 撫台街洋樓
▶ 明星西點咖啡廳 ▶ 公園號酸梅湯

01

起點須知 info

一日體驗記 start

國立台灣博物館

1908 年 - 設置「台灣總督府民政部殖產局附屬博物館」。

1913 年 - 選定新公園內天后宮原址為「故兒玉總督暨後藤民政長官紀念館」新址,正式動工。

1915 年 - 正式開館。

1916 年 - 落成,指定為「台灣總督府民政部殖產局附屬博物館」使用。

1923 年 - 裕仁皇太子至博物館參觀。

1935 年 -「始政四十周年博覽會」新公園內設置第二會場,博物館也是展場之一。

1945 年 - 建築物遭空襲轟炸受損。

1949 年 - 正式改名為「台灣省立博物館」。

1999 年 - 更名為「國立台灣博物館」。

2010 年 - 土銀展示館正式開放。

國立台灣博物館外觀

上網一點通

國立台灣博物館參觀資訊

228 和平公園

　　228 和平公園建於 1899 年,是台灣第一個承襲歐洲風格的近代化公園,占地超過二萬三千六百坪,原名為「台北公園」,因成立時間較圓山公園晚,故俗稱「新公園」。在西方的「公園」意涵中,本就帶有「文明教化」的概念,因此公園裡都設有博物館、美術館、動物園等教育意涵的設施,日本人的公園規劃,基本上參考了西方的公園概念。

228 紀念公園內的露天音樂台

228 紀念館外觀

228 紀念館在 1997 年 2 月 28 日開館，昔日的「台北放送局」轉而成為迎向公園的開放性展覽館。拆除實質的圍牆，固然有階段性的象徵意義，心中的藩籬卻仍非短期可以消弭，228 紀念館很小，但因其牽涉的敏感度與複雜性，是一個很特別的館。「228 紀念碑其實是一件公共藝術品，設計者以各種形體來隱喻各種情境與事件。雖然紀念碑與 228 紀念館都是悲情城市的紀念物，但省思之下也能喚起人們更加珍惜族群之愛。」建築學者傅朝卿這樣說著。

228 紀念館是座外觀典雅的建築，於 1930 年由日本人栗山俊一設計，以 RC 混凝土結構貼有北投窯出品的面磚，二樓陽台是由蘇澳大理石鋪陳，具有東方式鋪瓦的斜屋頂，門廳極具特色，女兒牆、山牆皆融合本土色彩，可說是日本時代初期運用中國傳統居民的元素設計的建築，造型典雅。

台北賓館原是台灣總督官邸，位於凱達格蘭大道一號，先為精美典雅的文藝復興式建築，後為台灣最華麗的歐洲巴洛克式住宅建築。平時因四周高牆阻隔，且大門有憲兵看守，一般民眾不得越雷池一步，只能遠觀眺望，無緣一親芳澤，故至今仍披著一層神祕面紗。

官邸基本上是以十字形過渡空間，分割東西兩翼及南北兩側，再加上一、二層樓，使每層樓、每翼、每側配置不同機能空間。即同時具備著總督及家眷起居、平日行政辦公及接待貴賓社交等三種機能。所以一樓空間的設計，具備強烈的迎賓社交性質，完全不屬於總督或其家屬的私密空間，顯示總督官邸不是單純的官舍建築。

1945 年，總督官邸由台灣行政長官公署接收；1964 年移撥外交部，最初作為外交部辦公室，待外交部遷出後，主要功能是接待外賓，也是總統、副總統招待嘉賓的場所。1998 年 7 月，台北賓館被指定為一級古蹟（現為國定古蹟）。於 2006 年 6 月首度開放民間參觀，而後每年開放四次，也會配合總統府開放日期，開放給民眾參觀。

台北賓館

總督官邸

景福門（東門）

景福門

位於凱達格蘭大道、中山南路、仁愛路的交會圓環上的東門，原稱「照正門」，又稱「景福門」，是昔日通往錫口（今松山）的重要孔道。日治時期，思想家梁啟超剛好在城牆拆除後不久來台訪問，留下〈台北故鄉毀矣，留其四門〉一詩：「清角吹寒日又昏，井幹烽櫓了無痕。客情冷似秦時月，遙夜還臨景福門。」

戰後，由於東門鄰近總統府，故派有憲兵駐守，且城門內部設有抽水馬桶，此一設備在台北五城門中，絕無僅有。由於憲兵駐守，一般民眾難以靠近，導致民間流傳「東門下面有地道可直通總統府」的謠言。

總統府

總統府，中華民國最高國家領導象徵。儘管它巍峨屹立於台北市的中心位置，每天有無數的車輛、行人在四周的大道上川流不息，但長久以來，由於憲兵森嚴的戒備下，民眾早已視之為凜不可近、威嚴神祕的禁區。

興建完成於 1919 年，台灣總督府成為全台最高的一棟建築。人們可以想像，當殖民地最高統帥台灣總督，站在高塔的頂端時，似乎整個台灣都在他的腳下。這樣的建築藉由雄偉的外觀及富麗堂皇的內飾，強烈的傳達出「威權統治核心」的訊息，就這個功能而言，它是一個成功的作品。

總統府的結構為「日」字型，樓身大部分為鋼筋混凝土結構，部分混用磚石，總樓高約六十公尺，塔台為多角形，線條變化多端，兩旁各有一座衛塔及角樓，以加強結構功能，屬後期文藝復興建築風格。牆面層高九公尺，兩邊各有一片天井。整體而言，結構堅實，外圍以紅磚與灰泥相間，搭配精緻簡潔，並塑造出典雅莊嚴的氣勢。

從威權到民主，目前總統府已開放一樓參觀，分為假日與非假日參觀，進府後先觀賞總統府介紹影片，而後從南苑開始沿著迴廊及各展廳參觀，內容包括入口意象、建築的故事、總督的故事、總統的故事、台灣的故事、總統府藝廊等，最後由北苑離府。而在每月一次的假日參觀中，還可參觀二、三樓內部的敞廳、台灣虹廳及大禮堂等。

總統府

總統副總統文物館

位於總統府後方，建於 1924 年，也是總統府的設計師森山松之助所設計，取西方古典式巴洛克造型建築，十二根列柱，挑高氣派，外觀華麗，登錄為市定古蹟。原為行政院交通部辦公大樓，2007 年由國史館接管後，積極籌設總統副總統文物館，賦予舊建築新生命。除展示歷任總統、副總統珍貴文物史料外，並有來自世界各地送給我國元首的外交禮品，依不同主題布展。常設展內容包括總統的宣誓、總統選舉、總統與憲法、總統與歷史、總統的禮品、友誼走廊、原鄉走廊、民國百人等。

中山堂

中山堂

1936 年才竣工落成，但於 1935 年完成屋面時，10 月即在此舉行「始政四十周年博覽會」，主館即設於公會堂。竣工後，是台灣最大的市民集會場所，也是日治時期最具現代化、象徵進步的建築，僅次於東京、大阪、名古屋等都市公共建築。

建築物是由總督府營繕課井手勳設計，採當時流行的現代折衷主義樣式，原本繁複、華麗的裝飾已被簡單、明朗的立體線條取代。中山堂運用多重立體的小建築組合出整體的形狀，而不顯得單調。外表雖貼淺綠色面磚，但細節處仍保有古典圖案裝飾，運用不同顏色的面磚在牆面外觀拼貼出各種花紋，是中山堂獨具的特色之一。

1945 年 10 月 25 日，陳儀代表國民黨政府在公會堂二樓大宴會廳接受台灣末任總督安藤吉利簽屬投降書，該宴會廳後來改名為「光復廳」，當日訂為「台灣光復紀念日」，即台灣光復節。是年 12 月 20 日，公會堂改名為「中山堂」。1992 年被指定為古蹟的中山堂，在過去歲月裡，經常為政府接待外賓的場所；許多國外元首來訪，都在這裡舉行國宴，甚至中華民國第二、三、四任總統、副總統就職大典也都在此舉行。台灣文學史學者陳芳明在〈昭和記憶‧民國顏色：從公會堂到中山堂〉有言：「台北市中山堂是三個不同時代的權力輻輳地點，一是晚清的撫臺衙門，一是日治的公會堂，一是戰後的中山堂。時間的推移與空間的轉換，都沒有改變中山堂作為權力象徵的事實。」

北門

北門名為「承恩門」，取遙望北京朝廷、承受皇恩之意。為了防禦火砲攻擊，全部牆垣用磚塊與石條砌成，城樓用兩層石牆防禦，屋架為傳統木結構，歇山式重簷燕尾脊屋頂，燕尾翹起，曲線流暢，在嚴肅的城門上增添柔和色彩，是全台灣少數以石頭、紅磚和木材建造的城門。

北門與接官亭

北門是聯絡富饒的大稻埕的通道。清朝時，因淡水河大稻埕碼頭停靠舟舶之便，清朝官員進入台北時，是進入台北城的門戶，所以在北門外附近設有接官亭，每天往來接迎的官宦人士不在少數，惟榮景隨時代變遷，早已被拆，而日本軍隊也由此進入台北城。

1975 年，為解決北門周圍道路的交通瓶頸，興建高架道路，而後鐵路地下化等因素，北門是保存下來，但卻孤零零地矗立於橫向縱走各式道路圍繞之間，獨自見證台北城市的發展脈動。林文義在〈被羞辱的城牆〉言道：「一直到高架橋付之實施，人們才驚覺北門城樓被迂迴的高架橋所圍繞，有如一個被戴上枷鎖的囚犯。」2016 年 2 月 11 日這一天，擁有一百三十二年歷史的北門，在被忠孝橋引道遮蔽三十九年後，終於重見天日，再現古城門風華。

撫台街洋樓

延平南路於清領時期稱為撫台街，曾經繁榮一時，於 1885 年台灣建省劉銘傳任首任台灣巡撫，並在今日延平南路與武昌街口設立巡撫衙門，總管全台衙門事務，這段街道遂被稱為「撫台街」。1910 年代的撫台街曾經建造不少店舖，「撫台街洋樓」就是這個時期的代表作品，古典式四柱三間石造拱廊騎樓，屋頂高挑，有三個老虎窗，規模不大，但彌足珍貴，1997 年被指定為市定古蹟。2009 年春，古蹟再利用，對外開放，結合鄰近博愛路、漢口街形成的攝影商圈，以台北攝影中心的面貌出現，除攝影展外，並展示台北歷史相關文物。

延平南路上的撫台街洋樓

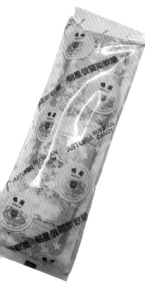

明星咖啡屋俄羅
斯軟糖

　　在武昌街與城隍廟相對而立的「明星西點咖啡廳」，於 1949 年一位流亡來台的俄羅斯皇族與一位台灣年輕人，因緣際會，兩人展開了一段異國忘年之交。為了讓一群來台的俄國人重溫家鄉味，他們在台北市武昌街的廟衝地點掛牌開店，賣起俄羅斯麵包、蛋糕和咖啡。在那種西風仍屬稀奇的年代，俄羅斯西點、咖啡的芬芳引來俄羅斯人、美國飛虎隊員及眾多的西方人聚集，也引來博愛特區的政府官員，以及許多藝文人士，如已成傳奇、在騎樓下擺書攤的周夢蝶身影，或者黃春明、林懷民、陳映真、白先勇等人。

　　早期在新公園西側口，可看見兩棟典雅又富表情的建築，各自站在衡陽路轉角兩側街口，其中一棟，大面的招牌寫著「公園號」三個字，它的酸梅湯遠近馳名。在那個沒有冰箱的年代，夏日逛完公園之餘，喝一杯「冰鎮酸梅湯」，是何等奢侈的享受，仙楂、烏梅、甘草、桂花熬煮的口味，六十年如一日。

衡陽路、懷寧街口公園號酸梅湯

一日
體驗記
finish

在·地·尋寶圖

Local Treasure map

北門

撫台街洋樓

土銀展示館內部空間展示的古生物標本

洛陽街

開封街

重慶南路一段

博愛路

漢口街

明星西點咖啡廳作家群像

在此點了一杯咖啡，爬了一整天的格子，如詩人周夢蝶在騎樓下擺攤長達二十一年，黃春明在此一邊照顧兒子一邊創作，《文學季刊》在三樓編輯長達一年以上，林懷民、陳映真、白先勇等人先後皆到此流連。

中華路

延平南路

明星西點咖啡廳

蒸汽火車展示亭

公園號酸梅湯

中山堂

明星咖啡屋

騰雲號蒸汽火車展示

公園號酸梅湯滋味

朱天心小說《擊壤歌》裡，北一女學生的最愛「公園號酸梅湯」，已經走了六十多個年頭。除了酸梅湯外還有台北最早的「叭噗冰」，紅豆、牛奶、芋頭等三種經典口味，數十年來不曾改變。

總統府

寶慶路

長沙街一段

桃源街牛肉麵

總統副總統文物館

博愛路

總統府

懷寧街

重慶南路一段

貴陽街

桃源街

公園號酸梅湯

黃氏貞節牌坊

3

忠孝西路

台博館鎮館之寶：黃虎旗（台灣民主國國旗）

館前路

南陽街

公園路

台北天后宮遺址

土銀展示館

襄陽路

國立臺灣博物館

二二八和平公園

一日體驗記 start

常德街

台大醫院舊館

9

徐州路

台北賓館

公園路

台北228紀念館

凱達格蘭大道

台大醫院舊館內部空間與建築裝飾　台大醫院舊館外觀

景福門

仁愛路一段

長榮海事博物館

中山南路

信義路一段

美食攻略

台北牛肉麵

牛肉麵是台灣獨創一格的代表性美食，長久以來，深植台灣飲食文化，成為廣大民眾日常享用的國民美食，更以獨特的風味享譽國際，深受各國觀光客的喜愛。台北市因歷史與人文的因緣際會，匯集了大江南北各式流派的牛肉麵風味，牛肉麵店的數量和密度更是世界第一，而有「牛肉麵之都」的稱譽。

牛肉麵中以「川味紅燒牛肉麵」最為知名，雖名為「川味」，卻是台灣獨創，四川當地並無此味。川味紅燒牛肉麵可能起源自岡山，岡山是空軍官校之所在，官校自成都遷來，眷屬多為四川人。川味牛肉麵雖起於岡山，卻流行於台北。曾經和川味牛肉麵同在台北流行的，還有清燉牛肉麵，清燉牛肉麵原先集中在台北市懷寧街與博愛路一帶，後來整頓交通，這些牛肉麵攤就四散了，只剩下川味牛肉麵一枝獨秀。

時空路徑 ②

滿滿中華文化使命的博物館，標榜國族主義的年代（1950s-1960s）

博物館歷史與殖民主義交纏，亦常和「國族主義（Nationalism）」緊密連結，許多國家透過博物館設立，產生一種文明化的儀式，藉此強化國族認同。「國族主義」係指牽涉國家概念的意識型態，強調對「國族性（nationality）」的肯認，具有相同國族主義人們會提出自身領土訴求，以合理化現有國族國家，或是創造新國家或恢復舊有國家。

左派歷史學家霍布斯邦（Eric Hobsbawm）與多位學者指出，西方社會近兩百年來，一則由於工業資本社會日新月異，另因「民族國家」（Nation-State）紛紛建立，於是產生許多「新傳統」。有的被少數人有心刻意創造出來，有的是許多人於短時期內一窩蜂營造。當代國族主義背後意識型態，可說是一種「被發明的傳統（The Invention of Tradition）」，是創造出來的傳統，所謂過往歷史，事實上是由當時政治參與利益所操縱。許多我們以為有古老淵源的傳統，其實不過是相當晚近的創造，甚至是不合於過去幾世紀長久習慣。其論述諸如英國皇室排場、蘇格蘭格紋花布等，皆是被創造出來的新傳統，引起吾人深思何謂國族？何謂民族國家？等議題。

　　1945 年二次戰後日本戰敗，結束其殖民統治，由國民政府接收台灣，揚棄日本殖民文化，強調建立中國文化傳統。1946 年接管日本在台灣設置的各博物館，並逐步恢復營運。1949 年國民政府因國共內戰，從中國大陸撤退，正式移治台灣。1950 年代國內博物館代表作，為 1955 年倡議籌備的「國立歷史文物美術館」，1956 年正式開館，1957 年更名為「國立歷史博物館」，為國民政府遷台後設立的第一座公共博物館。同一時期，南海學園陸續成立國立台灣科學教育館、國立台灣藝術教育館等機構。

　　1960 年代，彼岸中國大陸於 1966 年展開文化大革命，當時國際間，適逢美蘇對峙冷戰氛圍，以台澎金馬為基地的中華民國政府，則以中華文化企圖反制，強調中華民國為「中華文化之正統」。1967 年 7 月行政院成立「中華文化復興運動委員會」、國民黨成立「中華文化復興運動推行委員會」、11 月教育部成立文化局，積極推展「中華文化復興運動」。此一時期，博物館可說是注重中華文化在台灣的傳承與發揚，兼具文化外交觀光展示之功能，其中以 1965 年在台北外雙溪復館的「國立故宮博物院」最具代表性。

　　檢視故宮從北京輾轉到台北歷史脈絡，當年國民政府政策決定將故宮文物帶來台灣，一方面基於保護文物崇高使命感，但另一大因素在於故宮文物代表國民政府對「中國」政治法統擁有權，如此背景，使故宮政治符碼非常強，遠重於作為一現代博物院被看待。國族主義有其時代背景象徵性，然經時代流變，當代注重多元文化訴求，已非國族主義所能涵蓋。是故，如何從國族主義的強調，回歸到當代博物館思考，是許多背負國族象徵的國家級博物館之新使命與挑戰。博物館從此一時期做為文化外交角色，重視中華文化之闡揚，其豐厚的典藏文物與代表性，至今亦仍為來台觀光客，作為旅遊台灣首選之文化觀光朝聖景點，有其不可取代之觀光展示代表性。

南海學園采風趣

南海學園

南海學園所在的台北城南地區，自日治時期以來一直是台北的文教核心場域。自然和人文對話，街區內蘊藏著人文、生態、藝術、教育、創意等多元素的種子，彷彿一座歷久彌新的生活知識寶庫，看似僻靜的老區域著實醞釀著深厚蓄勢待發的創意能量。位於南海學園的國立歷史博物館，周邊環繞著國立台灣藝術教育館、台北當代工藝設計分館、台灣教育資料館等，這一大片兼具知性與感性，人文與科學的文教園區，早已成為休閒好去處。

1945 年二次戰後日本戰敗，結束其殖民統治，由國民政府接收台灣，揚棄日本殖民文化，強調建立中國文化傳統。1946 年接管日本在台灣設置的各博物館，並逐步恢復營運。1949 年國民政府因國共內戰，從中國大陸撤退，正式移治台灣。

1950 年代國內博物館代表作，為 1955 年倡議籌備的「國立歷史文物美術館」，1956 年正式開館，1957 年更名為「國立歷史博物館」，為國民政府遷台後設立的第一座公共博物館。同一時期，南海學園陸續成立國立台灣科學教育館（2003 年搬遷至士林新館）、國立台灣藝術教育館等機構。

[策展人帶路]
Curator Talk

南海學園的「國立歷史博物館」是國民政府遷台後第一座成立的「公共博物館」，鄰近植物園的博物館園區有藝術的多樣性，也有生物的多樣性，從早期的歷史文物美術館出發，十數年來引進很多國際大展，哪一個展是您最難忘的呢？

整座南海學園內有非常多的博物館與美術館

國立歷史博物館

國立歷史博物館創建於 1955 年 12 月，構想起於時任教育部長的張其昀，他要求深鎖在霧峰的故宮古物來台北開放閱覽，俾提升歷史文化教育，并擬選件出國展出，但不能獲得故博保管委員會同意，因而決意自創「文物美術館」（史博館前身）。它於 1957 年接收大量來自河南博物館及戰後日本所歸返的中國古物，而成為國立歷史博物館的主要收藏。

國立歷史博物館

國立歷史博物館入口石獅

原先位於南海路現址，係一木構建築「商品陳列館」，戰後為台灣林業試驗所接收，借予林務局當員工宿舍。1957 年改名「國立歷史博物館」，初步計畫興建古物、美術與工藝三個陳列館。直至 1962 年，一座綠瓦白牆紅柱、揉合明清風格、典雅瑰麗的建築體完工，才正式成為國家的法定機關，是政府遷台後開辦的第一所公共博物館。館中三樓為常設展區，以主題方式輪展所典藏的珍品；一、二、四樓為特展區，不定期推出各項特展及國際交流展。

博物 點 線 面

牯嶺街 ▶ 牯嶺街小劇場 ▶ 郵政博物館 ▶ 楊英風美術館 ▶ 建中紅樓 ▶ 台北當代工藝設計分館 ▶ 國立台灣藝術教育館 ▶ 國立歷史博物館 ▶ 台北植物園 ▶ 欽差行台 ▶ 台灣菸酒公司 & 台北樟腦廠（國立台灣博物館南門園區）

起點須知 info

國立歷史博物館

1955 年 - 成立「國立歷史文物美術館」。
1957 年 - 正式更名為「國立歷史博物館」。
1958 年 - 進行館舍改建，增建陳列室及畫廊。
1971 年 - 展覽大樓改建成傳統建築樣式。
2001 年 - 首創行動博物館，改裝大型貨櫃車為小型博物館，巡迴偏遠地區。
2012 年 - 5 月 20 日改隸文化部，積極推廣文創產業。

上網一點通

國立歷史博物館參觀資訊

一日體驗記 start

牯嶺街

如果時光倒流數十年，牯嶺街曾是台北舊書攤的大本營，至今仍有松林書店、書香城等老字號二手書店召告昔日書香痕跡；也曾因楊德昌導演的電影《牯嶺街少年殺人事件》，名噪一時。

牯嶺街小劇場

在藝文界人士奔走下，將曾象徵統治威權的日本憲兵分隊、台北市警察局中正二分局變身為「牯嶺街小劇場」。牯嶺街小劇場是台灣第一個以經營劇場名義，委託藝文團體經營閒置空間的案例。一樓小型實驗劇場可容納五十到七十位觀眾，麻雀雖小，但五臟俱全。深處三間往昔關犯人的拘留室，成了公共裝置藝術的另類展場。昔日的警局與今日的劇場，氛圍的轉變中，融合了戲劇的失序和人性的兼容。

上圖 | 牯嶺街
下圖 | 牯嶺街舊書店

成立於 1984 年的郵政博物館是國內唯一蒐藏、展出郵政文物及各國郵票的專業博物館。館內收藏文物超過四千件，介紹歷代郵驛制度的演進，與現代郵政事務史料等，像是插著羽毛的插羽文書、燒角文書、清代郵差的腰牌、台灣早期的運郵牛車及自助郵亭等珍藏。此外更有六十五萬多枚各國郵票，其中以英國於 1840 年發行的世界第一枚郵票：黑便士、中國第一套郵票：清代大龍郵票，更是珍品中的珍品。

國立郵政博物館

楊英風美術館

1992 年，楊英風美術館正式成立，全樓開放，成為緊臨國家歷史博物館最近的一座頗具特色的私人美術館，楊英風最為人熟知的不鏽鋼雕塑，從館外延伸到館內。所在地「靜觀樓」原是一百坪的正方形空地，但開闢道路被切割成五十坪的三角形基地，在有限空間中，尋求最大視野及功能運用的規劃與設計。靜觀樓成為當時台灣建築與設計界的一個典範之一。

楊英風（1926-1997），出生於宜蘭羅東。楊英風的藝術成就表現在多方面，從美術到建築和環境的規劃設計，從版畫、油畫、水彩、漫畫、插圖、設計到雕塑，而最具代表性和最有影響力的則是雕塑，1970 年大阪萬國博覽會中華民國館前的「鳳凰來儀」，就是他的作品。他不以任何一種媒材自限，在戰後台灣美術史上有其地位。

建中紅樓

一進入建國中學校門，迎面一棟建於 1908 年古典紅磚洋樓，是建中百年歷史最好的見證。紅樓二樓的校史室內，整齊陳列著建中百年史料。1898 年創校時原稱「國語學校第四附屬學校增設尋常中等科」，1922 年改稱「台北州立台北第一中學校」。當時專由日本人就讀，而台北二中則專收台籍子弟，戰後兩校爭名一中，相持不下，最後一中成為建國中學，二中改名成功中學。

建中紅樓建築景觀

台北當代工藝設計分館

　　原位南海學園內的國立台灣科學教育館，自 2003 年移至士林，這棟仿北京天壇祈年殿造形、三層綠釉琉璃瓦、圓形重簷攢尖頂的美麗建築，直至 2008 年，由國立台灣工藝發展研究中心接手，透過古蹟活化再利用，將所屬的「台北當代工藝設計分館」打造出一個親民的美感生活場域。

　　位於草屯的國立台灣工藝文化園區，象徵傳統工藝的大觀園，而台北當代工藝設計分館則展示傳統工藝與時尚創新的作品為主，希望成為工藝文化中心在台北對外發聲的舞台。以工藝、文創、設計及文化四大面向規劃，在各樓層都有精心的安排，其二樓集合展售台灣設計製造的工藝品，三樓是展演空間與工藝設計工坊，六樓有二間工藝設計學堂及工藝圖書室。

上圖｜國立台灣工藝研究發展中心台北當代設計分館
下圖｜台北當代設計分館內工藝展示

國立台灣藝術教育館

　　國立台灣藝術教育館設立於 1957 年 3 月，是以推動「藝術教育」為核心業務的政府機構。當時教育部為遵行蔣介石總統所著《民生主義育樂兩篇補述》，昭示「復興藝術、弘揚社教」，乃於 1956 年籌建「國立台灣藝術館」，1985 年更名為「國立台灣藝術教育館」，負責台灣藝術教育之研究、推廣與輔導等事宜。有典藏作品三千多件，館內分南海劇場與南海書院兩區。南海劇場（原稱演藝廳）是提供音樂、戲劇、舞蹈的表演場地；南海書院原為日治時期的建功神社，1954 年國立中央圖書館在此復館，1987 年國立教育資料館遷入，並於 2006 年命名為「南海書院」，另在中正紀念堂內設有分館「中正藝廊」。

國立歷史博物館

國立藝術教育館

台北植物園蓮花池

　　滿眼桃紅鬧綠的夏日荷塘，是大家對台北植物園的共同印象，賞荷、畫荷、攝影，成了許多人例行的活動，也為園區帶來熱鬧的景象。台北植物園除了著名荷池外，園區內蒐集了一千五百餘種植物，使它成為推廣自然教育的最佳戶外教室。

　　1896年，總督府先在小南門闢建苗圃，由殖產局拓殖課管理；1900年購地設立台北苗圃；1905年，著手整理池沼，開闢道路，規劃分區進行母樹園的增建；1921年，台灣總督府將它畫歸林業試驗所林場試驗用地，並冠以植物園的名稱，成為台灣第一座正式的植物園。戰後改隸台灣省林業試驗所；1999年，精省後改隸行政院農委會。

　　台北植物園成立的主要目的在於廣泛蒐羅活的植物標本，以達到觀察、研究、教育及展示的目的。園內植物依植物系統分類成十七區，共有溫室、蔭棚六間，展示各類植物和提供試驗場所，還掩藏著一座國定古蹟「台灣布政使司衙門」。植物園不僅是一片提供新鮮空氣的寶貴綠地，更是瀕臨絕種、珍貴稀有植物的最佳保育與繁殖基地。

　　位於植物園中的欽差行台，始建於1892年。首任巡撫劉銘傳在今台北中山堂至北門一帶，設立撫衙門、布政使司衙門及籌防局，分掌政治、財政及軍事，並增建欽差行台。日治初期曾做為台灣總督府臨時辦公廳，1931年該址改建台北市公會堂（今中山堂），將一部分的欽差行台建築移建植物園，戰後由林業試驗所接管，一度作為台灣省林業陳列館。1997年6月整修復原七開間三進的官式建築舊貌，煥然一新。1998年10月底成立「布政使司文物館」，開放參觀，展示相關史料文獻，現已改為文創展場。

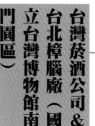

　　日治時期，台灣總督府的專賣事業始於1897年，以阿片專賣令規定鴉片專賣。專賣機關則始於1896年3月底成立的台灣總督府製藥所，製造販賣鴉片煙膏；1899年成立鹽務局、樟腦局；1901年合併三單位，統一成立專賣機構「台灣總督府專賣局」，專賣總局設於台北。戰後，台灣省行政長官公署沿襲日治時期的專賣制度，改組成台灣省專賣局，業務縮小範圍為菸、酒、樟腦三項。

　　1998年6月，內政部公告指定專賣局為國定古蹟，其中包括專賣局建築本體及原台北樟腦廠建築本體。2006年，台北樟腦廠被正式移撥國立台灣博物館，與勸業銀行舊廈、台灣總督府交通局鐵道部同時被納入國立台灣博物館系統計畫中，定位為台灣產業史博物館。

一日
體驗記
finish

在·地·尋寶圖

Local Treasure map

台北當代設計分館內展售空間

台北當代設計分館內工藝品展示

博愛路

台北植物園蓮花池

欽差行台

台北植物園

國立歷史博物館

國立台灣藝術教育館

建中紅樓

台北當代工藝設計分館

南海路

台北苗圃小誌

　　台北苗圃初期的設立原選定小南門附近的陸軍用地，後來為興建陸軍衛戍病院，短暫遷移至圓山與大龍峒一帶。1911年台北苗圃擴大改制為「林業試驗場」，除了台北苗圃，下轄嘉義林業試驗支場、恆春林業試驗支場；1921年台北苗圃又改稱「台北植物園」，林業試驗場則改隸「中央研究所」。

國立藝術教育館展場

國立歷史博物館

建國中學紅樓建築

和平西路二段

專賣局建築鑑賞

　　專賣局由台灣總督府營繕課的森山松之助設計，1922 年全館落成，外觀上的裝飾、屋頂、柱式、山牆、衛塔、廳室及拱廊等，皆可細細鑑賞。

1930 年代的台北南門（麗正門）

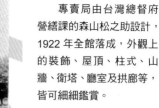

1935 年台灣博覽會期間專賣局發售的紀念糯米酒

台灣總督府專賣局初期建築

9

重慶南路二段七巷

台灣菸酒公司＆台北樟腦廠

楊英風美術館

郵政博物館

南昌路一段

湳口街

南海路

國立台灣博物館南門園區

牯嶺街小劇場

牯嶺街

一日體驗記 start

南門市場／胡文青提供

重慶南路二段

美食攻略

台北南門市場風味

提起賣臘味、冰糖蓮藕與粽子的南門市場，像個充滿大江南北氣息的年貨大街。此起彼落的鄉音，又充滿鄉愁故事。在日治時期它稱為「千歲市場」，是有名的蔬果集散中心。市場一樓主要販賣熟食和南北雜貨，二樓以進口服飾精品為主，地下一樓則賣新鮮蔬菜、生肉及魚類海鮮。

南門市場的美食，有傳承三十多年的老字號「快車肉乾」、販售金華火腿的肉品名店「萬有全」、極具傳統風味的北方糕點、包子饅頭老店「合興」，還有立家湖州粽、億長御坊、逸湘齋等。

全球巨星博物館 台北故宮

兩個故宮

台北故宮博物院為全球五大博物館之一，與法國羅浮宮、英國大英博物館、美國紐約大都會博物館及俄羅斯隱士盧博物館（冬宮）並稱「世界五大」。典藏的寶物近六十多萬件，累積自宋朝以來歷代皇室的珍藏，可說是集華夏人文藝術的精粹。

說起「故宮」，我們指的就是矗立在台北外雙溪，典藏著谿山行旅圖、翠玉白菜、肉形石等瑰麗國寶的中華文物寶庫。而在北京，也有一座以「紫禁城」為主體，融合歷史、建築、文物的故宮博物院。在故宮八十多年的歲月裡，兩院有二十四年共同的歷史，直到 1949 年分離，從此兩岸故宮自成為兩岸華人文化藝術的精神堡壘。

日本記者野島剛說：「故宮是一個不可思議的博物館，兩個名稱一模一樣的博物館，同時存在中華人民共和國與台灣兩個地方，雙方如果向對方提出商標權訴訟，也非新奇之事。然而『兩個故宮』互不否定彼此的存在，也沒有誰高喊『我才是正宗』。雙方默默地使用相同的名號，展示著雷同的中華文物，同樣肩負著代表『國家』的觀光景點名號，不斷吸引世界各地的人們。」

清朝末代皇帝溥儀出宮，決定「故宮」誕生的契機。1925 年

台北故宮博物院

10 月 10 日，在北京紫禁城北面的神武門上，嵌上了「故宮博物院」青石匾額，故宮文物從此由宮庭步入民間。後因抗日戰爭、國共內戰，從北京南運南京、上海、四川，最後於 1948 年底遷徙來台，初期暫安置於台中霧峰北溝，建有倉庫及陳列室，1965 年才遷到今日大家所見的現址。

其實，台北故宮當初設立的目的，並非像一般博物館想要提供給參觀者啟蒙、教育之用，而是為了保管文物而建。或者也可以這麼說，與其說是博物館，台北故宮更像一座倉庫，過往並不重視陳列的美觀及參觀者的需求。

故宮在台北

回溯故宮歷史，1925 年，故宮在北平清宮原址上正式成立，隨著時局動盪不安，數量龐大的珍貴文物被迫數度遷移，輾轉到台灣，故宮文物的顛沛流離，是人類文化史一大傳奇，台北外雙溪復館，使珍貴文物有典藏所在。以人類文明資產來看待，當時國際冷戰對峙情勢，相對於海峽彼岸中華人民共和國發動文化大革命，造成中華文化嚴重流失，這批因緣際會來到台灣的故宮珍貴文物，有了免於動亂的典藏所在，台灣投入極多國家資源予以保護，為人類文化多樣性留下璀璨資產，在青史上有其貢獻。

1965 年在台北士林外雙溪落成的台北故宮博物院，外觀雖融合綠瓦黃脊、斗拱飛簷等中國傳統建築特色，卻是一座不折不扣的現代化建築，與北京故宮的皇家木構宮殿有著本質上的不同，如今的台北故宮早已成為展示、教育、研究、遊憩、藝文展演等多重功能於一身的複合式博物館。

四十多年來，台北故宮的規模早非昔比，從單一館舍到擴充

雙翼，又在左側綿延而出，故宮經過四期的擴建，已經演變成建築群。近年與國際知名品牌合作，開發商品，強調博物館將由old走向new，走向時尚化、年輕化。

故宮分為展覽大樓與圖書文獻大樓，主要展示活動均在展覽大樓，現在一至三樓為展覽陳列空間，一樓展場包含青銅器陳列室、商代甲骨文陳列室及華夏文化與世界文化的關係；二樓展場有陶器陳列室、瓷器陳列室及書畫陳列室，還有故宮文物遷運史等；三樓展場是玉器陳列室、珍玩多寶格陳列室及圖書文獻室等。

四樓原為休憩茶座：三希堂，提供精緻的中式茶點，可品嚐美味的中式點心與茶飲，享受中華文化的餘味，但已於2015年8月暫時停止營業。「三希堂」原是北京紫禁城內養心殿的西暖間，是當年乾隆皇帝的書房。而所謂的「三希」是指王羲之的〈快雪時晴帖〉、其子王獻之的〈中秋帖〉及其姪王珣的〈伯遠帖〉等三件稀世寶物。〈快雪時晴帖〉收藏在台北故宮，其他兩件則在北京故宮。近年，又順著山勢往地下開挖一層，增加視聽室，並擴大兒童教育推廣中心。

藏寶故宮 · 驚艷故宮

花氣薰人欲破禪，心情其實過中年。

春來詩思何所似，八節灘頭上水船。

——北宋 黃庭堅〈花氣薰人帖〉

左圖 | 台北故宮博物院
右圖 | 台北故宮博物院參觀人潮

取材自世界現存最古墨跡之一的故宮典藏——宋代黃庭堅墨寶〈花氣薰人帖〉拍攝而成的故宮博物院形象廣告「Old is New ——時尚故宮」。畫面首先帶領觀眾進入茶香四溢與「花飛花謝飛滿天」的意境，而後進入台灣本土音樂創作人林強的電子音樂工作室，簡潔古典的空間配上科技音響等創作器材中，緩緩道來「看這樣東西我會有感動……對於現代媒材的掌握與古代詩詞意涵的領會……原始和前衛其實是相通的」。青山綠水、茶香繚繞，微醺的電子節拍音符配上河洛閩南古語吟唱，裝置藝術般的十數座卸掉外殼的電視母體，鮮活地映出〈花氣薰人帖〉的影像，宣示故宮活化的核心概念：「OLD is NEW」，用創意重新詮釋經典，融入生活美學實踐，聽講者無不被影片濃厚的人文氣息與現代感的視覺語言所深深吸引。

這支形象廣告，獲得 2006 年美國博物館協會（聯盟）繆思獎（AAM MUSE Award[1]）推廣宣傳類金獎，得獎原因在於大會評審認為：「此形象廣告短片極唯美，呈現了電影的質感，並將傳統與現代有變化之音效做了完美的結合。具有劇情的意象及音樂，能充分而精準的傳達故宮所要彰顯的 OLD is NEW 的理念，這部耀眼的片子能很快吸引觀者的注意；看到最後，讓我們對故宮的未來充滿期待。」

故宮近年致力於將科技與人文整合，如虎添翼，扮演引領者的角色，人文加上高科技，和當代社會更為緊密。二十一世紀是一個整合的時代，人文和科技必須結合，否則就失去競爭力了。主打「Old is New ——時尚故宮」的概念，從數位博物館計畫、邀請侯孝賢導演拍攝紀錄片「歷史典藏的新生命」、以〈寒食帖〉衍生的故事「經過」、與義大利知名設計品牌 ALESSI 的授權合作等等皆是此一訴求的具體呈現。故宮並與台灣創意設計中心共同推廣文化商品設計，希望可以擺脫以前博物館衍生商品的刻版

1　「繆斯獎」（MUSE Awards）隸屬於美國博物館協會的「媒體與科技專門常務委員會」（The Media and Technology Standing Professional Committee）

印象，注入年輕時尚及活化古物概念，重點是希望讓故宮和當下的台灣更為親近，不像之前文人或貴族色彩的高不可攀。

「到故宮找驚奇，到故宮找美夢，到故宮找想像力，到故宮找流行」。如同形象廣告文案所言，故宮擁有六十五萬四千多件最精美的中華文物，絕對有足夠的能量，讓大家來故宮找創意，是現今台灣發展文創觀光最大的一個寶庫。

汝窯青瓷盤、蓮花碗、水仙盆，范寬〈谿山行旅圖〉、郭熙〈早春圖〉、李唐〈萬壑松風圖〉、徽宗〈蠟梅山禽〉及〈詩帖〉」、蘇軾〈寒食帖〉……皆囊括在內。

如果說故宮典藏的文物是「美學的無限大」，這些珍貴的人類文化遺產又會在台灣在地如何發酵？甚或，故宮會在台灣的國家文化競爭力中扮演怎樣的角色？用文化產業國之重寶的角度重新看待故宮，是當下台灣推動文創觀光時代應優先重視之課題。

故宮重寶

【翠玉白菜】

翠玉白菜原是一塊半綠、半白的翠玉。若依一般思維，其材質並非上選，因為玉料中不乏裂璺、斑塊，假如用在璧鐲等飾件或瓶罐上，都是嚴重的瑕疵。但是巧匠擺脫僵化，雕琢成一棵鮮綠可食的白菜，綠成菜葉、白是菜梗，裂璺不再是傷裂，而是水分遊走的莖絡；斑塊也不再是瑕疵，而是經霜後的甘美。停留在白菜的兩隻昆蟲，更為作品賦予了生命力。

翠玉白菜是台北故宮的藏品中，名氣最大、最令人印象深刻、也是最深受觀光客喜愛的一件。遊客中所謂「故宮三寶」，依序是翠玉白菜、肉形石與毛公鼎，雖然博物館研究人員認為的故宮國之重寶顯著不同，但可瞭解翠玉白菜是多麼受到觀眾喜愛。據傳翠玉白菜是光緒皇帝的妃子瑾妃嫁入清宮的嫁妝，綠色和白色象徵純潔。

【汝窯：雨過天青】

世界上僅存的汝窯作品約七十件，有二十一件收藏在台北故宮，其中的水仙盆是人氣文物之一，也是世界公認最好的汝窯作品，主要原因是沒有開片（裂痕），非常稀奇。汝窯的藍色，是帶著白色的藍，稱為「天青釉」，像似雨過天青的藍色。

【四庫全書】

清乾隆皇帝時開始編纂這部世界最大的叢書，自 1773 年起，約耗時十年，分為經、史、子、集四類，裝訂的封面顏色也各不相同。它幾乎網羅蒐集中國所有的經典，共製作成七套，台北故宮收藏的這套稱「文淵閣版」，是所有抄本的原型，原放在紫禁城，1949 年隨著第二艘乘載故宮文物的海滬號，從南京運往台灣，收藏於台北故宮。至於其他複製出來的版本分放中國各地。

【蘭亭序】

〈蘭亭序〉是書聖王羲之的重要作品之一。四十歲的王羲之到會稽（今浙江紹興）當官，他邀集當地仕紳四十一人齊聚蘭亭，在小溪旁飲酒吟詩，舉辦曲水宴。宴會上，參加者各個輪流讀詩，後來把這些詩集結成冊，由王羲之寫下序文，就是〈蘭亭序〉的由來。但真跡卻無緣留下，因被唐太宗當作自己的陪葬品而埋葬，台北故宮收藏的〈蘭亭序〉，是在河北定武發現的失蹤碑文，經由拓本而流傳下來。

故宮博物院遠景

博物 **點 線 面**

國立故宮博物院 ▶ 至善園 ▶ 至德園 ▶ 故宮晶
華 ▶ 順益台灣原住民博物館 ▶ 張大千紀念館

起點
須知
info

一日
體驗記
start

國立故宮博物院

1949 年 - 行政院設國立中央博物
圖書院館聯合管理處於
台中霧峰北溝。
1957 年 - 北溝陳列室正式開放。
1965 年 - 台北外雙溪新館建成。
1971 年 - 第二期館舍擴建完工。
1983 年 - 成立張大千先生紀念館
並開放參觀。
1985 年 - 至善園完工。
1987 年 -「國立故宮博物院組織
條例」頒布實施,正式隸屬行政院。
1995 年 - 第四期擴建及至德園竣工。
2003 年 - 故宮南部院區設於嘉義縣太保市。
2015 年 - 南部院區開館試營運。

國立故宮博物院

上網一點通

國立故宮博物院參觀資訊

至善園

　　作家羅蘭說:「山路迂迴,細細的相思木落葉灑
了滿地,林中偶有鳥鳴。陽光透過林樹,輕輕渲染出一片寧靜的生
機,使我想起常見的詩句:『清晨入古寺,初日照高林。』故宮博
物院雖不是古寺,卻比現代的寺更具有『山光悅鳥性,潭影空人心』
的幽寂高古之美。」至善園可說是附屬於故宮博物院又完全獨立的
空間,與博物院本身的互動性較小,卻也提供了參觀者另一種選擇。
至善園在 1985 年 3 月才正式開放,為一仿古代宋明庭園,園區的構
建不僅擷取傳統的造園經驗,著力於自然水形象的塑造,規劃成曲
水流觴、蘭亭、松風閣、碧橋西、洗筆
池、換鵝、聽鶯及招鶴等八景,處處可
見以王羲之〈蘭亭序〉為藍本的造景,
為園景增添一份人文氣息。

由故宮正門遠望至善園的入口處

與至善園分居於故宮博物院兩側，如同故宮的兩大庭園內院。至德園以帶狀蓮花池為重心，穿過九重葛花棚與枝葉茂密的老榕，步上曲橋更能感受幽靜典雅的庭園之美。

位於故宮博物院院區的故宮晶華，於 2008 年 6 月開幕，由晶華國際酒店經營管理。特別推出以故宮典藏品為構想的「故宮國寶宴」，包括翠玉白菜、肉形石、白玉錦荔枝等各式菜色造型，令饕客們大為驚艷。

故宮晶華院區

順益台灣原住民博物館成立於 1994 年，它是一座私人博物館，展覽、典藏與研究諸功能一應俱全，而陳列空間講究的動線，一點也不輕忽。所展示的器物是以創建人林清富的個人收藏為基礎，再陸續經由購買、各界捐贈而擴充。且館內的陳列方式，也依器物的功能類別來區隔，分別為台灣原住民的族群與分布、原住民的生活環境、衣飾與文化、泛靈信仰與祭典等四大主題。館內設有多媒體導覽及定時播放影片。

從故宮沿著外雙溪往東走，步行約十五分鐘就可抵達張大千紀念館。紀念館占地五百七十八坪，包括摩耶精舍及前、中、後三個庭院。在摩耶精舍裡可以一窺一代繪畫大師張大千生前的家居生活；其三個庭院儼然是座小型園林山水，遍植梅樹。參觀張大千紀念館採預約制，須先向故宮登記。

一日
體驗記
finish

在‧地‧
尋寶圖

Local
Treasure
map

國立故宮博物院

一日
體驗記
start

台北故宮博物院

故宮晶華

故宮晶華

至善路

113巷

行政大樓

至善園

原住民文化主題公園

至善路二段

外雙溪

至善園

國立故宮博物院參觀入口大廳

台灣創價學會至善文化會館

至善路二段 113巷

至善路二段

力行街

故宮停車場

至德園

故宮路

至善路二段

美食攻略

士林夜市

夜市是台灣享譽國際的一大觀光特色，便宜又美味的小吃讓遊客趨之若鶩。士林夜市為台北市最具規模的觀光夜市，是外國人最常去的夜市，堪稱台灣夜市的代表。主要有二大部分，一為劍潭捷運站對面，另一個是以陽明戲院為中心，延伸至文林路、基河路、大東路、大南路，範圍廣大。

士林夜市早自 1909 年設立的士林市場發展至今，2002 年台北市政府將原士林市場折除，將攤販遷移至捷運劍潭站對面的士林臨時市場，等到新建的士林市場完工後再遷回，一拖七年，直至 2011 年 12 月新市場才啟用。

國立故宮博物院第二展覽館

張大千紀念館

外雙溪

劍南路204巷

順益台灣原住民博物館

外雙溪公園

劍南路

淨因寺

圓明寺

蓮池禪寺

湧泉寺

九蓮寺

劍南山

從草山到陽明山

　　陽明山原稱「草山」，泛指大屯山、七星山、紗帽山所圍繞的山區。十七世紀西班牙統治北台灣時北投山區已有硫磺交易；早期先民大量移入後，森林資源遭砍伐利用，而芒草因迅速生長在林地裸露地，逐漸形成大片的芒草地，故此山區被先民稱之為「草山」；日治後期為「大屯國家公園」預定地。戰後成立草山管理局，接管士林與北投；1950 年因應地方人士建議，改名「陽明山管理局」；1985 年公告實施陽明山國家公園計畫。

北投地熱谷

1930 年代七星山頂眺望大屯山區

故宮南院
遇見亞洲

故宮南院到太保

　　嘉義縣治所在的太保市，原名「前溝尾」，因出身於該庄的清代台灣最高官王得祿，受封為「太子太保」，此即太保市的由來。而故宮南院座落在嘉南平原的一片約七十公頃面積台糖公司的甘蔗園上。「國立故宮博物院南部院區：亞洲藝術文化博物館」選定於 2015 年 12 月 28 日開幕。

　　南院現場建築主題是由姚仁喜建築師設計，以中國傳統書法意象，取法濃墨、飛白與渲染等三種技法，形成實體、虛體與貫通滯洪湖及穿透博物館的連接空間、建築結構交織、曲線優美、量體龐大，象徵中華、印度與波斯三股文化交織出悠遠流長的亞洲文明。

[策展人帶路]
Curator Talk

館藏極為豐富的全球巨星博物館國立故宮博物院，在嘉義設立了南部院區，為什麼南院會以「亞洲藝術文化博物館」作為定位呢？台灣位在亞洲，但我們真的認識亞洲嗎？不懂亞洲，所以我們探索故宮南院。

　　為善盡環保與節能減碳，故宮南院建築採綠色工法、材料、設計，是一座鑽石級綠建築。近二十公頃的「至善湖」與「至德湖」同時兼具景觀、滯洪、防旱等功能。

連接湖泊與故宮南院跨橋

故宮南院落成

入口橋梁的結構流線

耗時十五年、歷經二任總統、五位院長、二次變更,才落成的故宮南院,是一座具宏觀多元視野的博物館,肩負著「平衡南北・文化均富」的教育使命,與台北院區相輔相成,成為台灣文化建設的新亮點。故宮南院是一座通往認識亞洲藝術文化的博物館,透過院藏及來自其他博物館豐富精美的文物,為觀眾訴說亞洲數千年各地區文化的遞嬗和演變,展現藝術彼此交融的過程。

故宮南院分博物館區及景觀園區。博物館區設有常設展廳五間、專題展廳二間、多媒體展覽廳、兒童創意中心及借展廳各一間。五大常設展分別為佛陀形影:院藏亞洲佛教藝術之美;錦繡繽紛:院藏亞洲織品展;芳茗遠播:亞洲茶文化展;奔流不息:嘉義發展史;認識亞洲:新媒體藝術展。故宮南院以本院豐富的典藏為主,輔以國際借展。

故宮南院 / 胡文青提供

博物點線面

故宮南院 ▶ 蒜頭糖廠蔗埕文化園區 ▶ 朴子藝術公園 ▶ 梅嶺美術館 ▶ 朴子刺繡館 ▶ 東石漁人碼頭

起點
須知
info

一日
體驗記
start

國立故宮博物院南部院區

2004 年 - 12 月 15 日核定在嘉義縣太保市設置國立故宮博物院南部院區，定位為「亞洲藝術文化博物館」。

2008 年 - 原訂竣工開館，惟因工程問題與水災而修正計畫。

2010 年 - 辦理第二次修正計畫增列軟體建置，並加入 BOT 園區投入開發，總計籌建經費達一百多億元。

2015 年 - 12 月 28 日開館試營運。

2016 年 - 4 月 1 日院區參觀開始收費門票。

故宮南院

上網一點通

故宮南院參觀資訊

蒜頭糖廠蔗埕文化園區

　　位於朴子溪畔的蒜頭糖廠建於 1906 年，因土壤、天候條件佳，適合蔗作栽培，早期有「明治寶庫」、「台糖寶庫」之稱，曾是日治時期全台第三大糖廠。2001 年停止製糖後，2002 年全面轉型，成為人文懷舊的文化園區。蒜頭糖廠保存了極具風味的五分車，改頭換面為觀光列車，以時速五公里的速度，帶你認識嘉南平原。

　　六腳蒜頭村不產蒜頭，產甜度高達二十五度的白甘蔗。騎二十五公里的朴子溪自行車道回到糖廠，再吃碗紅豆酵母冰，非常爽快。朴子溪自行車道沿著朴子溪畔而建，由蒜頭糖廠出發，經六腳、朴子、東石三個鄉鎮，前段以田野景致為主，後段則是悠閒的漁村風光。

蒜頭糖廠糖鐵五分車軌道

左圖｜舊神社之
石獅子
右圖｜朴子藝術
公園內舊神社之
參道

　　朴子藝術公園最先映入眼簾的是高大亭立、青灰的鳥居，沿著林蔭蔽天的舊參道前行，狛犬依然如故，這兒原是日治時期「東石神社」遺址。神社基座猶在，但其上的社殿早已不見蹤影。神社舊址旁刻意營造一日式庭園，假山流水、花木扶疏、泉池游魚，倒也有模有樣。戰後成海巡部隊的駐防地，後由朴子市公所收回，改建成今之藝術公園。

　　參道旁的三樓混凝土建築就是梅嶺美術館，乃紀念前輩藝術家吳梅嶺而建，1995 年落成啟用。區分為展覽廳、研習教室、典藏室及行政區等。提供繪畫、書法、攝影、雕塑及陶藝等的展覽活動。

　　吳梅嶺（1897-2004），生於嘉義朴子，享年107歲。他一生跨越三個世紀，畢生致力於美術教育和鄉里的文化推展。他的繪畫作品，早年以膠彩寫生，1931 年入選第四回台展，而後在第六、七回皆有作品入選。戰後，不論國畫、油畫、水彩、素描，無不兼擅，而以國畫最優，內容以山水、花鳥居多，尤精於花卉。

上圖｜梅嶺美術館外觀
下圖｜梅嶺美術館內部展覽

51

朴子刺繡館

　　朴子早期為台灣刺繡重鎮之一，與鹿港、艋舺、府城齊名，號稱全台四大刺繡中心。當地婦女自幼習得一手「做針黹」好手藝。從廟宇的八仙彩、布幔，到嫁娶、節慶用門簾、繡枕等日用品，樣樣精通，聞名遐邇，而有「朴繡」美名。拜媽祖的配天宮前的開元路上，極盛時期曾有二十多家繡莊集結，被稱為「刺繡街」。

　　2002 年，地方人士創立刺繡文化協會，設立「刺繡文化館」，前身為清朝的鹽館，日治時期改為船舶總隊。展示各式作品，積極培訓刺繡種子教師，開班授課。

刺繡文化館內部展示空間

DIY 體驗

　　利用暑假期間開辦「兒童刺繡體驗營」，教小朋友刺繡技巧，推動刺繡技藝與文化傳承。近年更推動刺繡文創商品，傳統刺繡不再局限於裁縫布上，紙張、塑膠環保塑材也能繡上美麗圖案。

刺繡文化館內 DIY 體驗區

　　東石位於嘉南平原西部沿海，地處朴子溪和北港溪下游，屬沖積平原，內湖沼澤遍布，但土壤鹽分偏高、海風強勁，不利耕作。因外有外傘頂洲為天然屏障，海域富含蚵仔滋長所需的養料，養蚵遂成東石主要經濟收入來源，「東石蚵」遂成饕客們心目中的首選。而當時知名電影《蚵女》也以此地為主要取景之一。

　　體驗海港碼頭風情，飽覽台灣西海岸正港漁村景觀，也可坐在漁人碼頭的草坪上，觀看晚霞落日及蔚藍地平線。園區內設置著展現海洋意象的造型景觀。東石漁市場則提供遊客選購漁船歸帆的現撈魚貨。

東石漁人碼頭公園　　　　　　漁港內待批發的飛魚漁貨

一日體驗記 finish

在·地·尋寶圖
Local Treasure map

刺繡文化館外觀

朴子藝術公園

梅嶺美術館內部展示空間

157

嘉南大圳朴子支線

19

開元路
中正路
朴子配天宮
鐵枝路公園
山通路
朴子刺繡館
文明路
四維路一段
朴子藝術公園
梅嶺美術館

海通路
八德路
文化南路

167

嘉47

朴子配天宮

朴子舊稱「樸仔腳」，相傳信徒從湄洲分靈開基媽祖回鄉，行經牛稠溪（今朴子溪）畔在樸樹下休息時顯神蹟，宮廟於是立基此地。有三百多年歷史的配天宮，參拜之餘更可細細鑑賞技法精湛、造型獨特的泥塑四大天王像。2013 年 3 月 26 日凌晨配天宮大殿發生火警，受損嚴重，整修工程至 2016 年 3 月舉行正殿上梁大典，後續修護仍進行中。

東石港漁市

介於外傘頂洲及陸地間的海洋與蚵棚

朴子配天宮舊觀 / 郭喜斌提供

← 往東石漁人碼頭

中央公路

朴子溪

台灣博物館散步 GO

蒜頭糖廠的小火車

嘉59

美食攻略

東石鮮蚵

東石海濱因外海有外傘頂洲為天然屏障，不易受到污染及災害，且海域富含蚵仔滋長所需的養料，因而形成最佳的蚵仔養殖場。東石蚵肥美碩大，且產量多，遂成饕客們心目中的首選，而嘉義東石也被稱為「蚵仔的故鄉」。

來到東石，路邊常常可以看到上了年紀的婦女們坐在成堆的蚵殼山中，以挖取蚵仔來賺取生活費用，這也算東石特別的景象。走訪此地可以買些新鮮的蚵仔回家自己料理，也算不虛此行。

朴子溪

嘉58

一日
體驗記
start

至德湖

嘉45

蒜頭糖廠蔗埕文化園區

故宮南院

至美橋　至善湖

嘉南大圳朴子支線

故宮大道

故宮南院內部開闊的中庭空間

168

太子大道

博愛路

博學路

朴子和小屋故事館

　　嘉義朴子和小屋故事館原為日本警察宿舍，經過整修後已於 2016 年 11 月開幕。作為地方的歷史建築，經營團隊有更深度的思考，並塑造成為認識朴子在地故事的出發點。除了講座、音樂會與市集活動，定期展覽的規劃也極有民間文化特色，附近並有刺繡文化館可順道一訪。

左圖 | 朴子和小屋舉行「世紀婚禮」百年照片與復古婚禮用品展覽 / 胡文青提供
右圖 | 朴子和小屋舉行「世紀婚禮」復古婚禮用品展覽 / 胡文青提供

時空路徑 ③

來場博物館版本的社會教育，
現代主義的年代（1970s-1980s）

現代主義博物館起源於十九世紀初的歐洲，是政府為提升國民福祉所設的公立機構，其宗旨在展示藝術、歷史或科學上具學理基礎的權威性展品，並為專門的知識與文明的行為設立典範。現代主義博物館的風格呈現，除了視覺上的嚴謹外，還結合「專家指導門外漢」這種正規的教誨心態。當時其他視覺媒體尚未出現，博物館可以說是視覺資訊的主要傳導媒介。這個時期所發展出來的風格呈現以及與參觀者的關係，歷久不衰而影響深遠，我們今天對於博物館的觀念，其實主要源自於此。（Hooper-Greenhill，2001）

博物館學者胡波格林 Hooper-Greenhill（1992）撰《博物館與知識的形塑（Museums and the Shaping of Knowledge）》一書，藉由當代思潮大師傅柯（Michel Foucault，1926-1984）闡述的「知識就是權力」論述，媒合讓絕大多數歐陸事件翻轉的 1789 年法國大革命，及伴隨其後拿破崙戰爭，使十八世紀歐陸公共博物館（Public Museum）蔓延，尤其是羅浮宮演變歷史，來透視一般以為作為文化事業核心，理應秉持中性超然立場的博物館，是如何形塑觀者知識，博物館如何作為規訓個人的場域。

對照國內，相似的公民個人自我規訓思維，台灣因應現代主義治理觀念，籌設博物館等文化機構，可見於 1977 年行政院頒布第十二項文化建設政策，每一縣市設立文化中心，內容包括圖書館、博物館及音樂廳，並由教育部主導，開始在北、中、南、東部地區，興建國家級大型的博物館與美術館。

政策影響所及，台灣多數國家級博物館或公立大型美術館，皆於此時期開始籌備，而後陸續開館，開館時間經彙整，依序為 1983 年台北市立美術館、1986 年國立自然科學博物館、1988 年台灣省立美術館（現國立台灣美術館）、1994 年高雄市立美術館、1997 年國立科學工藝博物館、2000 年國立海洋生物博物館、2002 年國立台灣史前文化博物館，以及 2014 年最後開館的國立海洋科技博物館。

此一政策促進台灣博物館事業蓬勃興起，這些國立或市立級大型館舍，無論是各級學校校外參訪或是國內旅遊行程規劃，皆提供豐富觀光展示資源，在台灣博物館觀光扮演重要角色，藉由觀光展示達到社會教育，都是相當受歡迎的文化觀光景點。

基隆遇見海

雨港基隆美景

基隆海洋廣場

基隆位於台灣島的北端，三面環山，中開大澳，東北一面臨海，形勢天成。基隆的外海寬廣豐富，海可以為田，沿海近海漁業乃居民賴以為生。谷灣式沉降地形，造成多灣澳和島嶼，基隆港原本就是一個大澳；島嶼則有和平島、八斗子島和基隆嶼。海也可以為通路，沿海而來的是移民，但也有侵略者，不再戰爭的海，讓人們可以真心溫柔對待。

台灣鐵道縱貫線起點路碑

[策展人帶路]

Curator Talk

早期的十二大建設把博物館首次納入國家建設，大家所熟悉的三大美術館：台北市立美術館、國立台灣美術館、高雄市立美術館，以及國立自然科學博物館與國立科學工藝博物館，都是現代主義博物館，作為社會教育的重要基地，是旅人們很愛造訪的館舍。而其中最晚開館也是位置最北的，正是位於基隆的「國立海洋科技博物館」，讓我們來一探究竟。

新建基隆火車站　　　　　遠眺東北海岸

1930 年代基隆港岸

雨港基隆，在經年不斷的綿綿細雨背後，蘊藏著鮮為人知的深邃內涵，若非用心、費時細細地體驗品賞，絕難窺其動人的全貌，如風情獨具的雨港、魚市、神奇罕見的海岸景觀、充滿烽火滄桑的砲台古蹟以及精緻豐美的民俗祭典等。

日治時期雨港名人許梓桑創作「基隆八景」：雞山驟雨、獅嶺匝雲、魴頂瀑布、鱟魚凝煙、仙洞聽濤、社寮曉日、海門澄清、杙峯聳翠等。後來又有市民票選的新八景：中正慈光、慶安朝聖、竿林仙境、獅嶺匝雲、千敷疊翠、靈泉晚鐘、大覺梵音、仙洞探幽及次八景：八斗夕照、暖江春水、寶明蝠影、瀚海光華、湖光儷影、木山垂釣、聖濟眺雲、旭丘吊古等，皆訴說基隆美景的繁盛多樣。

國立海洋科技博物館

2007 年底破土興建的國立海洋科技博物館，至今仍未全館開館，是建構在一座除役的火力發電廠廠區內，融合舊廠房與新建築設計，為台灣博物館建築的一大創舉。坐落於八斗子地區，面積約四十七公頃，內含海洋科學與科技展示館、海洋劇場、行政與教育中心、區域探索館、海洋生態展示館（水族館）等。其主旨在於激起民眾「親近海洋、認識海洋、善用海洋、善待海洋」。

主題館是北部火力發電廠舊址，館區內還保留了許多發電廠痕跡，全區採「開發再利用」的方式，外觀打造成貨櫃輪造型。主題館內含海洋環境廳、海洋科學廳、船舶與海洋工程廳、水產廳、海洋文化廳、深海影像廳、深海展示廳、兒童廳、特展廳等九大展廳。

1｜2｜3

[1] 國立海洋科技博物館外觀
[2] 海科館大門入口
[3] 主題館內劇場

博物 點 線面

國立海洋科技博物館 ▶ 潮境海洋中心（潮境公園）▶ 碧砂漁港 ▶ 原住民文化會館 ▶ 和平島公園

起點須知 info

國立海洋科技博物館

一日體驗記 start

1978 年 - 海洋博物館列為十二項建設「國立社教機構及縣市文化中心興建計畫」之一。

1989 年 - 核定於基隆設立「海洋科技博物館」，屏東設立「海洋生物博物館」。

1999 年 - 行政院通過「國立海洋科技博物館整體計畫」，總經費暫列五十億元。

2002 年 -「潮境公園」正式啟用並對外開放。

2003 年 -「潮境工作站」正式啟用並對外開放。

2012 年 -「區域探索館」啟用。

2013 年 - 海洋劇場正式營運。

2013 年 - 12 月 30 日，國立海洋科技博物館舉行主題館開館試營運典禮。

2014 年 -「台鐵深澳線復駛」通車；海科館月台正式啟用。

2014 年 - 1 月 26 日，國立海洋科技博物館主題館開館典禮，並舉行海科館揭牌儀式。

主題館內熱帶魚類展示

上網一點通

國立海洋科技博物館
參觀資訊

潮境海洋中心（潮境公園）

　　海科館除了展示、教育收藏和研究活動外，並與東北角、水金九風景區串連成觀光休憩廊帶，形成一風格獨具的「海洋教育園區」。其中位在潮境公園內的潮境海洋中心，於 2008 年底正式啟用，這裡是海科館推展海洋教育的基地，有專屬的生命科學實驗室、濕式與乾式標本典藏空間。

　　面對秀麗的基隆山和九份山城，依偎著優美的番仔澳海灣的潮境公園，昔稱「舊厝門口」，海岸遍布礁石，附近漁場生態豐富，具有步道與八斗子公園相通。潮境公園原為垃圾掩埋場，經由規劃如今成為綠草如茵、觀賞海景的園區。

1	2
3	4
5	

[1] 潮境公園的裝置藝術　[2] 潮境公園涼亭
[3] 潮境公園的貝殼溜滑梯　[4] 潮境公園海岸步道
[5] 潮境公園的裝置藝術

碧砂漁港

碧砂漁港漁獲原不如鄰近的八斗子漁港豐饒，但自從以觀光休閒漁港重新規劃後，成為觀光漁產直銷中心，已成饕客大啖海鮮的美食重鎮。假日遊人如織，是北台灣極負盛名的觀光魚市。在大啖美食之餘，也可搭乘遊船到基隆嶼一遊，或是夜釣白帶魚。漁港岸邊停靠著台灣第一艘遠征南極的遠洋研究漁船：海功號，這艘功成身退的漁船，儼然成為碧砂漁港的地標。

碧砂漁港重新規劃後成為一處觀光休閒漁港　　碧砂漁港停靠的海功號

原住民文化會館

基隆的原住民凱達格蘭族，往昔活躍於社寮島（今和平島），從事狩獵、捕魚與耕種，是島上的主人。原住民文化會館為地下一層、地上五層建築，會館一樓設有活動中心，三到四樓為藝文展覽會場、原住民文物展覽，及多媒體簡報會議廳等。會館五樓樓頂通往兩側廣場的吊橋，有漢人與原住民搭起溝通橋梁的意涵，可通往原住民文化廣場，廣場設有原住民木雕與石板屋，也可眺望基隆嶼和基隆港，視野極佳。

左圖｜原住民文化會館
右圖｜原住民文化會館內
展示蘭嶼拼板舟化會館

和平島公園

旭日東昇彩鳳鳴，雲霞散漫曉風生；天開曙色曈曈映，水國清光入畫明。

——許梓桑，〈社寮曉日〉

　　和平島原名社寮島，以和平橋與台灣本島相連，以往是軍事要塞管制區。終年受到東北季風與海浪拍打的影響，擁有豐富的海蝕景觀，包括海蝕崖、海蝕平台、海蝕溝等，最著名的「豆腐岩」和「萬人堆」（蕈狀石），是絕佳的地理教室。1989年才開放為觀光風景區，其中的和平島公園遊客服務中心為仿聖薩爾瓦多城堡造型，為西班牙風格的保壘建築。

　　作家陳世一在〈台灣頭踏行：基隆〉中說：「這是一段狂野的海岸、大地的雕刻工廠，大自然以狂風、海浪耐心的雕琢岩層，洶湧的海浪就像手持著刻刀的征服者，劃開海蝕溝，濺出雪白的浪花，而一座座石雕就如藝術品擺置在海蝕平台展示場。」

和平島公園琉球漁民慰靈碑

和平島公園遠眺海洋

和平島公園一景

一日
體驗記
finish

05

在地．尋寶圖

Local Treasure map

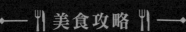

美食攻略

基隆廟口小吃

基隆奠濟宮前仁三路有六十多攤小吃，愛四路更是商店小吃林立，這兩條街形成L形夜市區，是基隆人氣最旺，觀光客必遊之地。基隆廟口小吃在 2010 年被票選為最佳口味夜市，除了口味佳外，種類多樣也居全台之冠。

廟口人氣旺、生意好、營業時間長、鄰近台北、交通便利，只要觀光客來到基隆，一定被廟口小吃所吸引，不光顧廟口小吃，就不算來到基隆。

忘幽谷

忘幽谷至高景觀亭

福靈宮

基隆廟口小吃

八斗街

八斗街96

漁港三街

八斗街8

國立海洋科技博物館外觀

←往碧砂漁港、原住民文化會館、和平島公園

環港街

國立海洋科技博物館區域探索館

漁港三街

一日體驗記 start

國立海洋科技博物館

北寧路369巷

觀海街

調和街

和平島公園

主題館內海洋科學館

基隆廟口

　　基隆廟口最著名的是夜市小吃，但夜市的發跡與奠濟宮有很深的淵源，早年因奠濟宮香火鼎盛，從日治時期就有流動攤販聚集此處解決香客吃的問題，後來經市府重新整頓規劃，夜市小吃店家即從奠濟宮廟口延伸而出成為市集。常有老饕或網友在網路上推薦心目中的好吃攤位，但無須擔心，只要來到此地，想吃的東西應有盡有。

基隆奠濟宮內殿

台灣博物館散步 GO

65高地停車場

忘幽谷觀海平台

八斗子海濱公園

潮境海洋中心工作站（潮境公園）

北寧路369巷

長潭里漁港沙灘A區

國立海洋科技博物館主題館內展示空間

長潭里漁港沙灘B區

長潭里漁港

遺址廣場

長潭里漁港

望海巷

科館停車場

北寧路446巷

停車場

北部濱海公路（基金公路）

2

海洋廣場

　　海洋廣場位於基隆火車站前，為一新闢建的原木景觀平台，讓來到基隆的遊客一出車站即可感受基隆港區意象風情。廣場設有海洋意象造型的木製礁石、波浪流線雨遮及景觀玻璃橋，展現有別以往的親水性，也增添港區遊客漫步時的魅力。

基隆海洋廣場

恆春熱帶 海洋遊蹤

恆春半島

　　恆春半島斜照的陽光，景調色澤仿如沿途洗盤，雲朵和浪花從天邊迂迴一步步走到跟前；尖山、縱谷，銀合歡滿山遍野，棋盤腳油亮著闊葉，讓梢頭舉著神祕的粉紅花蕊，風的喘氣口、候鳥的棧頭；海床複雜、海流錯綜，岬灣迤邐呼應，珊瑚礁自動圍成了半島的裙擺。（廖鴻基，〈天邊海角〉）

　　在台灣本島所有的海岸線中，位在最南端的恆春半島珊瑚礁海岸，獨特性就在於它是一條座落於熱帶地區的海岸線。在這裡，人的成分淡了，人類的活動退居其次，真正的主角是生機蓬勃的各種生物。在這片隆起的珊瑚礁岩層上，百年大樹盤根錯節；飽滿的水分，從密林汩汩溢出，涓滴成流，水流從山林渲泄而下，水瀑如簾，層層疊疊。

　　恆春半島珊瑚礁海岸珊瑚多，「珊瑚礁是海中的熱帶雨林，也被稱為海中綠洲，這裡的生物多樣性非常高。」海生館台灣珊瑚研究中心企畫研究組指出：「全世界的造礁珊瑚有五百八十種，台灣大約有三百種，澳洲大堡礁也差不多這個數量，夏威夷也才五十種，像大溪地、加勒比海海島等地也都比台灣少。」

立足貓鼻頭，巴士海峽及台灣海峽盡在眼底，正所謂的天邊海角

國立海洋生物博物館內的魚群大展示缸

國立海洋生物博物館

國立海洋生物博物館位於屏東縣車城鄉，是以海洋生物為主題的大型博物館。水族館部門採 BOT 方式，開創國立社教單位首宗委外經營、專業分工合作案例，館內分台灣水域、珊瑚王國、世界水域三大區段，另有教學中心，水族實驗中心等。2000 年 2 月開館，占地六十五公頃，其中展示空間高

$\dfrac{1}{2}$

[1] 海洋生物博物館外觀
[2] 海生館鯨魚噴水池

達一萬二千多坪，號稱為東南亞最大的水族館。海生館以低密度的建築開發方式，讓空間的配置，自然而然地與周圍環境融合。由建築物外觀的流線曲度、屋頂的藍色色彩系列呈現、波浪狀的造型，到內部展示區的設計，皆以展現「水」的特性及精神為主，藉此傳達出海的生命躍動力，也讓人有置身大海的體會。海生館在此聚水為海，管理水質，畜養魚族，以水族展示、海洋生物研究、海洋保育、海洋教育為經營主軸。

一出遊客中心，最先映入眼底的是「太平洋親水廣場」，設置模擬實際生物以 1:1 的模型，包括十六米的大型鯨鯊、十三隻二米四長的海豚，四尾鬼頭刀和三尾旗魚。配合著中間被水包圍的圓型舞台，是全台灣最大的親水廣場。海生館的入口處，設計成一座「鯨魚親水廣場」，以實際比例鑄造的抹香鯨、座頭鯨定時噴出水柱，大翅鯨躍然於水面，讓遊客感受到海洋中龐然大物的巨無霸身影，常吸引小朋友在此駐足戲水，玩得不亦樂乎。

探索海洋世界

全館主要分為台灣水域館、珊瑚王國館及世界水域館等三大館區。台灣水域館是以本島與鄰近海域豐富的生態為主題，透過「小水滴的旅行」，串連起展示動線，引領旅客體驗一場從山到海的歷程。從高山上匯集的融雪、雨水而成小溪，順流而下，沖刷切割河床，挾帶各種物質，逐漸堆積到平緩的中下游，最後蜿蜒流入大海。

以南海作為建構主題的珊瑚王國館，則是打造了一座海底裡的夢幻龍宮。不妨循著航海家探險之路，走一趟亞洲最長的海底隧道，欣賞美麗的海洋世界。海底隧道長八十四公尺，透過玻璃帷幕，極目所見，盡是魚兒悠游自在的身影，以及繽紛綺麗的海中樂園，五彩繽紛的珊瑚，爭奇鬥艷，置身其中，每次都有不同的感受與驚喜。

到了世界水域館，藉由虛擬實境的影音呈現方式，透過先端科技的整合，運用 3D 立體互動動畫、電子影音、巨型環繞裝置及海獸海鳥的活體展示，讓遊客在虛擬與實體結合的情境營造中，達到寓教於樂的參訪體驗。帶領遊客認識古代海洋、海藻森林、深海水域到極地水域等四大主題及探索教室共五大區域，涵蓋全球的海洋生物景觀，為台灣首座數位水族館。

一夜體驗
——夜宿海生館

　　海生館還推出「夜宿海生館」的體驗活動，可令人了解台灣水域館、珊瑚王國館、世界水域館不為人知的情形。夜晚的墾丁星空燦爛，陪同你在專屬的活動空間探索學習大自然的神奇奧祕，體驗與魚共眠的神奇感受。

夜宿海生館活動吸引大小朋友露營海生館內。圖為珊瑚世界甬道

$$\frac{1}{\frac{2}{3}}$$

[1] 台灣水域館
[2] 珊瑚王國館
[3] 沈船漁礁聚落展示

上網一點通

夜宿海生館行程立即通

06

起點須知 info

一日體驗記 start

國立海洋生物博物館

1991 年 -「國立海洋生物博物館」籌備處正式成立。

2000 年 - 2 月 25 日「台灣水域館」開館。

2005 年 - 館方與國立東華大學共同成立「海洋生物科技研究所」、「海洋生物多樣性及演化研究所」。

2009 年 - 國立海洋生物博物館推出手機語音導覽服務。

2013 年 - 1 月 1 日《國立海洋生物館組織法》施行。

國立海洋生物博物館

上網一點通

海生館交通資訊

萬里桐

　　恆春西海岸著名的連續珊瑚礁地形是從萬里桐開始，萬里桐這個小村落真正成名，是電影《海角七號》男主角「阿嘉」為了逃避一切、找尋自我，獨自跑去堤岸看海的地方。實際上，萬里桐擁有無敵海景，瀕臨著台灣海峽，夕陽晚霞美得恍若仙境，靜謐的小漁村，樸素無華的美感，比之電影的鏡頭畫面，有過之而無不及。從下水崛、萬里桐到蟳廣嘴一帶的海底生態完整，下水崛到萬里桐已被墾丁國家公園規劃為海域生態保護區；萬里桐到蟳廣嘴段，沿海石珊瑚非常豐富，為海底公園預定地。

關山夕照

　　關山舊名「高山巖」，是恆春西部台地高丘，海拔一百五十二公尺，係由隆起珊瑚礁所組成。由於地勢高亢，展望極佳，可俯瞰紅柴坑全線海岸風光。每當夕陽西下時，落日餘暉，西南海面上泛著亮麗金光，美得令人屏息。襯以珊瑚礁與瓊麻景觀，常吸引慕名「關山夕照」而來的遊客，且獲美國 CNN 推薦為全球夕照景點。墾管處在此規劃為關山遊憩

關山夕照名
列全球夕景
之一

區，設有賞景亭、眺望台，以及由原木、洗石子構成的觀景平台與步道，在此視野極為寬廣，是觀賞關山夕照的最佳地點。

白砂灣

　　白砂灣，名符其實是一處以白沙得名的海灣，綿延近五百公尺長、寬約四十公尺的白色沙灘，晶瑩剔透，由兩端黝黑的珊瑚礁捍衛著。此地冬天有恆春西台地保護，東北季風很難進入，海灣裡幾乎波浪不興，全年都是游泳、潛水、駕駛帆船的戲水天堂。

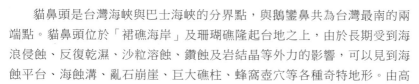

貓鼻頭

　　貓鼻頭是台灣海峽與巴士海峽的分界點，與鵝鑾鼻共為台灣最南的兩端點。貓鼻頭位於「裙礁海岸」及珊瑚礁隆起台地之上，由於長期受到海浪侵蝕、反復乾濕、沙粒溶蝕、鑽蝕及岩結晶等外力的影響，可以見到海蝕平台、海蝕溝、亂石崩崖、巨大礁柱、蜂窩壺穴等各種奇特地形。由高處俯瞰，如同百褶裙般形狀，故稱「裙礁海岸」，是觀賞珊瑚礁地形的天然教室。沿貓鼻頭遊客中心旁步徑上行，強風吹襲，眼前盡是無限蔚然的海，在潮聲盪漾中不斷捲起白色浪花，正處於右邊是台灣海峽，左邊是太平洋之間。

貓鼻頭自然景觀

後壁湖

後壁湖並不是「湖」，而是恆春地區最大的漁港，是台灣東、西兩岸漁業的交會點，東、西海岸的漁船，在這兒都可看到，漁獲以迴遊性表層大型魚類為主。墾管處在此闢建遊艇碼頭，供合法經營水上活動的業者使用，海釣船、遊艇及各種遊樂船紛紛進港停泊，使得後壁湖一躍而成墾丁水上活動的大本營。且在岸上建有遊客中心、候船中心、塔台等必要設施外，並設有海鮮餐廳、咖啡座等休憩空間。

龍鑾潭自然中心

龍鑾潭位處台灣最南端，是候鳥南來北往的重要補給站。根據歷年來的調查，龍鑾潭區域的鳥類多達二百種以上，其中以候鳥居多占百分之七十以上，雁鴨科是主角，目前以小水鴨數量居冠，鳳頭潛鴨次之，花嘴鳥第三。每年 11 月至翌年 3 月是最佳賞鳥季節，尤其在冬季，甚至一天就可看到五十種不同的鳥類，澤鳧的數量就超過四千多隻，因此享有「水鳥天堂」的美名。

龍鑾潭賞鳥有兩個最佳據點：一是南岸賞鳥區，就是核三廠圍牆旁的南光路邊；另一就是龍鑾潭自然中心。自然中心位在潭的西南面，是全國第一座以鳥類為主的展示與觀察設施。內部設有鳥類觀察區，備有十二架二十五倍單筒望眼鏡，旁邊還有「墾丁國家公園賞鳥手冊」，以資查閱對照，館內還提供影片播放、專人解說等服務。

建築本體乃仿自然生物體的造型，外型像一隻展翅欲飛的鳥。整體建築以低緩的入口立面造型構成的水平線條，與遠山遙相呼應，而且刻意下降建築量體，在在營造出自然的地形景觀；而戶外的地景也刻意利用人工與自然交織而成的優美線條，尤其在臨水的岸邊草坡，鋪以突狀的石頭，室內的觀鳥平台與巢穴屋的屋頂造型，均與自然地形環境融為一體。

$$\frac{1}{\frac{2}{3}}$$

[1] 龍鑾潭 [2] 龍鑾潭自然中心
[3] 龍鑾潭自然中心展示空間

恒春算來是半島

好比外嶼小澎湖

好得瓊麻來進步

荒蕪變作好肥土

——〈在風中，唱一段思想起〉

　　墾丁國家公園成立後，利用原「恆春麻場」遺址的十四公頃用地，於1987 年委託美籍顧問畢林士博士規劃設計，將舊有廠房、機械加以整修，並興建新的展示室，開闢了「瓊麻工業歷史展示區」，於 1990 年正式對外開放。展示區包括簡報室、機具展示室、自動採纖房及資料展示室，露天曬麻場及運麻軌道、地磅等舊有設施也保存下來。

1 | 2
—
3

[1] 瓊麻工業歷史展示區

[2] 瓊麻植栽示範 [3] 瓊麻產品展示

一日
體驗記
finish

台灣大學墾丁天文台

台灣大學墾丁天文台

座落於屏東縣車城鄉的「國立海洋生物博物館」的研究區的墾丁天文台，是國內天文科學研究、教育和推廣的基地。以位居東亞的位置進行小行星觀測和特殊天象觀測，不論學生或一般社會大眾只要上網登記參訪，都能來此體驗，一探天文觀測的奧祕，對科學和宇宙太空有興趣的朋友是不可錯過的好地點。

在•地•
尋寶圖

Local
Treasure
map

龜山

屏1

後灣路

一日
體驗記
start

海景世界企業股份有限公司

海洋生物博物館鯨魚親水廣場

國立海洋生物博物館

海洋生物博物館水族實驗中心

真武廟

屏153

墾丁西海岸景觀自行車道

後灣路　往車城、恆春

⟨ 美食攻略 ⟩

小杜包子

很難想像，買包子還要排隊拿號碼牌，位在恆春公路的小杜包子，就讓旅客如此的初體驗。為何如此？就是包子好吃。辣獅子頭肉包，內餡是一顆完整的獅子頭，搭配滿滿的酸菜；鹹鹹的起司包，一口咬下滿是起司的內餡，香味撲鼻，而且越吃越順口；另有麻糬紅豆包，紅豆泥內餡甜度適中，搭配黏Q的麻糬還不錯吃。

小杜包子門庭若市

後灣港

後灣橋

龍鑾潭原為低凹濕地，1948 年龍鑾潭建為水庫，變成半人工水澤。現今屬於國家公園的特別景觀區。圖為龍鑾潭自然中心展示空間

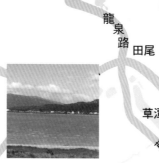

龍鑾潭是台灣最南端最佳賞鳥地點之一

山海路

水坑仔

龍泉路

田尾

龍鑾潭自然中心

龍鑾潭
(恆春鎮)

台灣博物館散步 GO

草潭

重興路

南光路

瓊麻工業歷史展示區

瓊麻工業歷史展示區員工宿舍殘址

紅柴路

關山

樹林路

高巖福德宮

砂尾堀

砂尾路

恆春三寶

　　恆春三寶洋蔥、瓊麻、港口茶，其中瓊麻會落地深根此地成為重要的經濟作物，主要是日治時期台灣纖維株式會社在 1913 年設置「恆春麻場」，直接推動瓊麻種植。戰後石化工業興起，尼龍繩逐漸取代瓊麻繩，致使瓊麻產業走入歷史。位於恆春鎮龍水里草潭路的恆春麻場舊址，如今已改為瓊麻工業歷史展示區。

大乳乳

南樹林

水泉莊

頂泉路

頂水泉

瓊麻工業歷史展示區舊神社的鳥居

大光路

大光路

後壁湖

後壁湖漁港是恆春最大的漁港，可同時容納漁船與遊艇

白砂

北勢鼻

白沙灣海灘

白砂灣

白沙路

南邊田

水泉

屏153

下泉路

屏161

頂潭仔

隱龜鼻

下潭仔

下泉路

下泉

檳榔腳

龍蝦堀

檳榔腳島

雞仔頭

貓鼻頭公園

貓鼻頭

鵝鑾鼻與貓鼻頭是台灣最南端之二處岬角，從貓鼻頭眺望海景，可見巨大的珊瑚礁岩

國立史前文化博物
館大門

十二大建設把博物館作為國家建設，其中唯一一座位在東台灣的，正是台東的「國立台灣史前文化博物館」，它包含了博物館本館與考古遺址現場，還有旅館「台東文旅」，很適合博物館深度旅行。

國立台灣史前文化博物館

台東昔為卑南族、阿美族居住地，舊稱「寶桑庄」（paposogan 阿美族語，意指「突出那地方」，直到清朝咸豐年間才有平埔族原住民和漢人移居。1874 年設卑南廳，1888 年改設台東直隸州，始有「台東」之名；日治時期，1919 年改稱台東街。戰後，廢街設鎮為台東鎮，1976 年改制為縣轄的台東市。

台灣史前文化博物館是台灣首座國家級考古博物館，展示台灣各地的史前文物，以保存、研究史前與原住民文化為主題。史前館包含「本館」和「卑南文化公園」兩個館區，「本館」位於康樂火車站右側，占地十公頃，以「時光步道」串連介紹台灣史前自然與文化的發展史、南島民族的文化與發展史，展出八百四十一

1
2

[1] 史前館內展示
的臘像
[2] 史前館園區的
水舞空間

件蒐藏；「卑南文化公園」座落在台東火車站後方，占地十八公頃，是國內第一座考古遺址公園。

「本館」之常設展以人、自然與文化的互動為主題，設有台灣自然樣貌的形成與多樣性、人類的演化、台灣史前文化時光之旅、科學的考古學、展示中庭及台灣南島民族的多元文化等常設展廳。又設有四個特展室，不定期舉辦各項特別展示。

挖掘出的陪葬玉器，其中四組八件，包括人獸形玉玦、鈴形玉串飾、喇叭形玉環、玉管（一組五件），由於形式、數量稀罕，色澤質地優美，外形完整，2012 年被核定為國寶。鎮館之寶「人獸形玉玦」是台灣史前物質文明的代表，灰綠色台灣玉磨製成長七公分，頭上頂著一隻雲豹，站立兩人膝蓋張力十足。很小的耳飾，造型獨特，是史前館館徽的原形。

史前館園區雕像：獵人

建築由美國後現代主義建築師邁可‧葛雷弗（Michael Graves）與台灣建築師沈祖海所共同設計。廣場上的巨大青銅日晷，營造史前文化的意象氛圍，館外規劃有水舞、迷宮、兒童遊戲區、景觀花園等設施。

卑南文化公園

1980 年，南廻鐵路台東新站及調車場在遺址上進行工程，挖掘許多石板棺而受到注目，繼而展開遺蹟搶救。此後十年陸續出土一千五百具石板棺和二萬多件石器、陶器、大量玉器陪葬品，以及少見的住屋與結構完好的墓葬，這是台灣考古史上最完整的考古遺址，稱為「卑南遺址」。根據學者研究，此遺址約為 2000 到 5000 年前，新石器時代卑南文化人的聚落，這裡出土東南亞

及環太平洋地區最大的石板棺墓葬群,方位皆呈南北向,朝向聖山都蘭山。

座落於卑南山腳下的卑南文化公園,結合遊客服務中心、生態園區與考古現場的展示與遊憩功能,是台灣首座考古遺址公園。鋼製棚架所遮蓋的「考古現場」規劃為國內首見,訪客可親眼目睹考古工作隊現地發掘、採集與記錄實況。走在十分遼闊的卑南文化公園,可想像古老的故事與文化就曾經在腳下發生著,讓人不禁放輕了腳步。

昔日聚落中心的月形石柱,已列為國定古蹟,成為永恒地標。登上二層樓的木造瞭望台,可飽覽台東平原和太平洋明媚風光,也是展望卑南文化遺址的最佳地點,瞭望台下的三具石板棺作為現場展示,可以時空回溯,現場體驗史前文化。公園以遊客中心為展示核心,周遭環境力求復原原始地貌與人文背景,猶如自然生態博物館。

1 | 2

[1] 卑南文化公園
的考古現場
[2] 卑南文化公園
草地上的集會所

卑南文化公園展示中心內的
卑南月形石柱／胡文青提供

卑南遺址公園
PEINAN SITE PARK

展示廳
Exhibition Hall

月形石柱區
Slate Pillar

遊客服務中心
Visitor Center

考古現場
Excavation Site

卑南文化公園草地
上的路標

廁所
WC

展示中心內展出的石棺

博物 點 線 面

07

國立台灣史前文化博物館、卑南文化公園 ▶ 台東文旅休閒行館 ▶ 台東糖廠文化創意園區 ▶ 台東美術館 ▶ 寶町藝文中心 ▶ 台東兒童故事館 ▶ 鐵道藝術村 ▶ 鐵花村 ▶ 台東故事館：誠品書店

起點須知 info

國立台灣史前文化博物館

1980 年 - 南迴鐵路台東新站興建工程時發掘卑南遺址。
1990 年 - 2 月 1 日成立史前館籌備處。卑南史前遺址原址規劃成為遺址公園用地。
1991 年 - 12 月卑南文化公園遊客中心正式對外開放。
2001 年 - 7 月 10 日史前館試營運。
2002 年 - 8 月 17 日正式開館。

一日體驗記 start

上網一點通

國立台灣史前文化博物館參觀資訊

國立台灣博物館外圍區景觀

台東文旅休閒行館

台東文旅是全國唯一座落在博物館區內，且兼具鄉村莊園風格的旅舘，與台灣史前博物館的主展館為鄰。來到文旅，就像造訪一間設計師的家，沉穩的赭紅、深灰與木質基調，讓人自然放鬆，融合現代與古樸的住宿環境，簡約典雅風格，能感受住進博物館的自然藝術感。

與台灣史前博物館為鄰的台東文旅

80

台東糖廠文化創意園區

在「台東區處製糖產業文化資產再利用計畫」中，除了對糖廠內的廢棄機具再利用創意與技術傳習外，最重要的是發展定位為「東糖文創園區」。台東糖廠以保存製糖產業的歷史建築，將閒置倉庫等建築整修後，提供本地琉璃珠、木雕、石雕等工坊進駐，以休閒產業及文化創意工坊為優先，發展休閒文化、創意產業及文資保存為目標，結合台東原住民文化及藝術創作能量，搭配國內設計產業趨勢，開發文創商品。

上圖 | 台東糖廠文創園區　下圖 | 台東糖廠文創園區內的演練場

台東美術館

台東美術館是六都之外，第一座縣立美術館，整體以山與海為設計概念，融合了台東天然資源意涵。館區規劃有「山歌」展廳與「海舞」展廳，以南島文化為主題，為台灣在世界定位，純以藝術及可動手觸摸的展演方式為主，提供一處可交流學習的文化殿堂。

走進台東美術館，展場面積不大，但戶外空間卻不小，自然光線流動，可見藍天白雲及遠處都蘭山。三萬六千平方公尺的基地，館內展覽空間只占二千平方公尺，把最多的空間留給戶外，用美術館的建築景觀呈現台東環境之美。

台東美術館

寶町藝文中心

寶町藝文中心是由日治時期街役所（相當今鎮公所）的職員宿舍改建而成，共有六棟雙併式木造日式建築，其中一棟是台東街役長官邸，戰後曾為台東市長公館。2000 年，闢為藝文特區，成為台東地方文物館，不定期舉辦各種藝文活動及原住民手工藝展示。2016 年 7 月颱風尼伯特從台東登陸，寶町日式建築受損嚴重，仍持續整修中，若要造訪可留意寶町藝文中心官方臉書。

寶町藝文中心

寶町藝文中心臉書，可隨時留意近期動態

台東兒童故事館

故事館本身是一座日式建築老屋子，原是台東舊菸酒公賣局的閒置宿舍，後經縣政府規劃為兒童公園。進入兒童故事館，就像在家裡一樣自在舒服，日式的地板，讓孩子可以隨意坐躺在任何角落，進入書中世界。台東兒童故事館當初就以「祕密基地」為主題，讓整個園區不管哪一個角落，都充滿了故事童趣和想像力。

鐵道藝術村

成立於 1922 年的台東舊火車站，於 2001 年正式熄燈停駛，為了保留往昔鐵道文化的素樸風貌，於是將舊站妝點成鐵道藝術村。賦予新生的藝術內涵，形成具有文化素養的觀光景點。原車站大廳變妝為旅客服務中心，舊鐵道路廊沿線的空間藝術裝置，豐富了鐵道的表情，建物牆上的彩繪藝術，為古老記憶換上新裝。碩果僅存的三角盤廻車道、木構桁架保存完好的機關車庫、倉庫等歷史記憶，見證了東部地區鐵路的百年歷史。

台東舊火車站鐵道藝術村、台東轉運站整合為一藝術園區。圖為轉運站內展示空間

從鐵道藝術村到台東新站間的鐵道，於 2001 年 6 月裁撤，不再具有運輸功能。沿著舊鐵道鋪設木棧道，是台東市民重要的休閒散步空間，也是一條風景宜人的單車路線。蕭裕奇說：「台東舊鐵道是體驗台東慢活最重要的一條慢步之道，整條鐵道散發出微光，從白天到黑夜，它都在不同的季節、不同的時刻，等待著旅人來尋找時光軌道及旅行的意義。」

舊鐵道標誌

台東舊鐵道改成自行車道

民歌教父胡德夫說：「來到台東，最愉快的事，就是到鐵花村，聽聽音樂，在大樹下輕拂著微風。」鐵花村並不是一個真正的村，只因它位在鐵花路上，此路是紀念清朝台東直隸州，治理後山有成的州官胡鐵花（胡適的父親）而取名。2010 年，交通部觀光局推出「國際光點計畫」，而鐵花村正是計畫中的重要據點。

2010 年 7 月 31 日正式營運，鐵花村就像部落裡一個開放的小廣場，提供一個讓音樂人可以自在表演的舞台。每週三晚上的「唱作聚家」開放給所有人參與，特別歡迎年輕人，每人最多可唱三條歌。作家徐璐說她最喜歡在週三晚上，坐在鐵花村，聽著傳來或成熟、或生澀、或五音不全的歌聲。「唱作聚家」這些年來，也培養了許多年輕的歌手。

不同的日子，不同的時刻，踏入鐵花村會看見它不同的樣貌。有人聽到音樂，有人說它是市集。每週五、六、日的下午四點後，在地的小農、手工、文創工作者的「慢市集」開鑼。慢市集從三個小舖，發展增加到二十六個攤位，2014 年，又增加了一個「木空間」，集合展售落單原住民木匠、中輟生、喜歡木藝的學生的作品。

左圖｜鐵花村
右圖｜鐵花村內樹屋

原為台東縣地政事務所，2004 年由縣府規劃成台東故事館，委託誠品書店經營管理。館舍有二層樓空間，一樓做為書店及咖啡館空間，書店內設有台東專櫃，從文史、生態、文學創作，甚至專論，從不同領域，發現不一樣的台東；二樓是台東故事館的展場，主題是以鄉土人物的生命歷程彰顯台東精神。

台東故事館有誠品書店進駐

一日
體驗記
finish

在·地·
尋·寶·圖

Local
Treasure
map

1930年代台東市街鳥瞰，可
遠眺海濱

寧波街

← 往卑南文化公園

卑南豬血湯台東店

傳廣路

洛陽街

← 往台東糖廠、台東糖廠文創園區、
國立台灣史前文化博物館

正氣路

博愛路

南京路

正氣路

一日
體驗記
start

台東縣公教會館

台東故事館二樓展示空間

台東觀光夜市

1930年代鯉魚山上的台東神社

鯉魚山公園

鯉魚山

卑南文化公園草地上的
集會所

史博館園區內的雕像：
豐收的婦人

博愛路

台東故事館：誠品書店

鐵花村

台東舊線撤廢後，舊鐵
道看守班房人去樓空

桂林北路

台東糖廠文創園區倉庫
化身文創商品展售空間

台東糖廠文創園區舊倉
庫成為文創空間

鐵花村一景

台東舊站

台東體育場

台東舊站
機關車庫

鐵道藝術村

美食攻略

台東米苔目

台東市幾乎每家麵店都有賣米苔目，多數麵店的米苔目口感都不會讓你太失望。其中最有人氣的，非位於正氣街與福建路口的老東台米苔目莫屬。老東台是觀光客和旅遊書上最常介紹的米苔目店，味道不錯。不過在地人最喜愛的，則是位在文化街小巷弄裡的榕樹下米苔目，滿滿的柴魚韭菜鋪在米苔目上，加上便宜實惠的價格，即使沒有冷氣的老舊店面，也願意大汗淋漓的來上一碗。

寶町藝文中心的展示空間

往台東森林公園 →

四維路一段

寶町藝文中心

寶桑路

中正路

光明路

鯉魚山

相傳此山埋藏許多金銀財寶，還有兩尾大魚在此地游藏，荷蘭人到卑南後將山中的寶藏挖走後，徒留鐵道旁兩個大山洞，當地人都傳說這是失去雙眼的鯉魚以致無法游動，因此擱淺在原地，由於形狀像似魚背因而得名鯉魚山。登上鯉魚山居高臨下，台東市與台東平原一覽無遺，是眺望風景的好去處。山上還有如紀念碑、防空洞、忠烈祠、碉堡、砲台等遺跡，充滿歷史記憶。此外還有莊嚴的龍鳳佛堂及龍鳳塔和觀音亭等景觀聖地。

海濱公園與黑森林

到台東市如果想親近海洋，不論想迎接第一道曙光或倘佯海洋風光，最佳去處就是台東海濱公園。園區內有人文主題步道、劇場、廣場、湧泉地景以及公共藝術，往北更接連台東的後花園——森林公園，在這當地人俗稱的黑森林的木麻黃林中，還有經地下湧泉形成的琵琶湖等湖泊，與珍貴的河口海濱濕地生態，要如何到達呢？騎鐵馬順著台東山海鐵馬道抵達是最好的選項。

榕樹下米苔目

大同路

和平街

廣東路

精誠路

楊記家傳地瓜專賣店

台東兒童故事館

光明路

信義路

安慶街

寶桑湯圓

正氣路

中華路一段

復興路

林家臭豆腐

寶桑豆花店

時空路徑 ④

大城小鎮都有博物館，社區主義 In Our Time（1990s 至今）

「社區主義（Communitarianism）」辭根是 Community，通常譯為社區、社群、共同體，而 Communitarianism 亦譯為社群主義或共同體主義。社區主義首要關懷，就是對地域集體記憶，及人民直接參與公共事務聲浪高度重視，結合本土化與去中央化思潮，影響博物館事業發展甚鉅。文化政策學者 Bennett 論及：

博物館發展最顯著的差異，在於藝術和文化的主要對象，由分階層的「個人」轉為「社群」的社區營造任務。要求使用藝術資源作為建立強大自信心社群，能夠管理本身，同時在社群層次上，對於解決社會問題作出貢獻。以把社區組織作為情感投資和認同點，以便使它們可以變成集體自我治理。藝術和社群被湊在一起，在社區藝術、社區文化發展，社區多元化和社區維護方案、社區博物館、生態博物館或是在較大型博物館中的社區藝廊，藝術在這些新空間和形式活躍起來，伴隨著新形式的知識和專門技術。（Bennett，2000，p. 1420-1423）

　　台灣博物館引入社區概念，思維與西方國家博物館發展，從博物館原作為「個人規訓」，朝向「社群治理」，有著同步趨勢與相近的關注。1994年配合當時國內政局「生命共同體」論述，文建會（現為文化部）提出「社區總體營造計畫」此一攸關社群治理的文化政策，其社區總體營造政策之效應，帶動地方風潮，強調身世認同，接近生活，向作為中心的首都或城市，訴求地方形象。表現在當時地方報導開始受到主流媒體重視、鄉土史教育實施等，其中二個子計畫特別與博物館有關：其一，「輔導縣市主題展示館之設立及文物館藏充實計畫」，其二，「充實鄉鎮展演設施計畫」。強調傳統文化保存、地方文化休閒產業、社區自主參與、社區集體意識凝聚、強化地方認同意識等，進一步將社區文化與地方型博物館相結合。

　　社區博物館（Community Museum）這個名詞與營運的形式，歐美地區約於1970年代便在博物館界展開討論與推展。台灣則於1998年社區博物館尋根活動中，正式亮出這個名詞。一個現代社區博物館的功能與宗旨，是應用展示、教育推廣活動，讓居民深入社會與文化議題，要引導社會認知、要展現博物館的社會責任。（陳國寧，1999）

　　此外，行政院原住民族事務委員會、行政院客家事務委員會，針對族群專設社區性、彰顯認同的文化會館，亦豐富台灣社區博物館面貌。

　　承接1990年代以來的社區思潮，二十一世紀初，行政院於2002年提出「挑戰2008：國家發展重點計畫」，影響台灣博物館生態甚鉅的文建會「地方文化館計畫」，為其第十大項「新故鄉社區營造」之一環。文建會於計畫總說明表示，地方文化館是配合暨有政策，並具有「社區博物館」性質，且企圖作為「國內旅遊發展方案的重要內容，以及地方文化休閒遊憩產業的起點」（行政院文化建設委員會，2002），宗旨即包含有觀光展示此一面相，彰顯在地多元特色，是地方文化館政策標的之一，這些分布台灣城鄉的數百座地方文化館群，已為台灣發展文化觀光，提供多樣的面貌與資源。

街角遇見大稻埕的茶與戲

1895 年日人初領台灣時期攝於大稻埕淡水河畔

大稻埕街角巷弄就是一個博物館

大船碼頭世界行，
茶行塩館淡水岸；藝妲
美麗的形影，江山樓頂
拚輸贏；

波麗路啊山水亭，自由思想尚時興；
文學歌謠美術和電影，無論啥麼阮是攏莫
驚；

攏莫驚，攏莫驚，文明的腳步就愛踏
乎定，汝是台北城外繁華的現代大稻程！

——〈大稻程進行曲〉

大稻埕是繼艋舺之後，台北最繁華
的地段。它的崛起，非常富於傳奇，在
短短數十年內，從一片荒蕪田野，躍升
為全台灣最富裕繁盛的地方。尤其在清末到日治期間，無論在經
濟、社會、文化活動上，都占有舉足輕重地位，除了茶葉、戲劇
外，布匹、農産（南北貨、中藥）等行業也都與大稻埕息息相關。

大稻埕原是平埔族原住民凱達格蘭「奇武卒社」的居住地，
大稻埕之名最早見於 1872 年，陳培佳所
修的《淡水廳志》。在當時農家每逢收穫
時，都會把成捆的稻穗搬到淡水河岸邊的
一塊空地曝曬，這塊晒穀場被叫做「大
稻埕」，也因此淡水河又有「稻江」之稱。

1858 年，清廷在英法聯軍之役戰敗
後，簽訂天津條約，於 1860 年，淡水正

[策展人帶路]
Curator Talk

台灣廣義的博物館群已經有七百多座，
多數在 1990 年代以後創設，點線面的串
連，老聚落也成為露天的環境博物館、街
角博物館，「大稻埕」就是一個街角巷
弄的博物館聚落，邀您來走訪，重
回如老電影畫面中的時空。

1930 年代大稻埕城隍廟祭典活動人潮

大台北盆地的發展軌跡

大稻埕昔日的繁榮，皆展現在建築的氣派上。圖為辜家舊鹽館建築

式開港通商。英美等國商人，紛紛在大稻埕沿河的貴德街和南京西路底（六館街）上設立洋行，形成所謂的「外國人居留區」。後來又因外商鼓勵北部農民大量種植茶葉，在大稻埕精製後，運銷海外。在洋行帶領下的茶葉貿易，不但使市場擴大，也迅速造就大稻埕驚人的財富。

日治中期，日人極力建設城內地區（城中區），大稻埕的繁榮市況，逐漸由城內所取代。當時日人都在城內地區生活，大稻程則是漢人群聚的首善之區。許多優秀人才匯集於此，為台灣現代化思潮掀起首頁，如推動民族文化自覺的「台灣文化協會」、台灣民眾黨以及話劇、美術、音樂、文學、電影、歌謠等蓬勃發展。

戰後，大稻程因淡水河淤淺，逐漸失去河港功能。原先興盛多時的茶葉貿易也大多衰退，再加之台北快速擴充發展，中心區位逐漸轉移，大稻埕的人口隨之外移，舊日的繁榮盛況逐步褪去，變成台北市外圍的老街區。

台茶第一街：貴德街

1885 年台灣建省後，首任巡撫劉銘傳將大稻埕闢為外國貿易區。邀得當地茶商李春生、富商林維源的金援，於 1887 年在貴德街興建新式二層洋樓店舖街屋，專門租給來台經商貿易的洋人居住。當時北段稱為「建昌街」，南段稱「千秋街」。因接近淡水河，深怕河水氾濫，故地基加高，高出地面甚多，形成此

街的特殊景觀。每一棟洋樓裡，都設計有西方人生活必需品，如壁爐，長期租給來台經商的外國人。

最早的英、德、荷、法領事館就設在街北的河溝頭附近，美國領事館則設在貴德街尾，知名的外國洋行如怡和、德記也在光緒年間進駐，在此設立辦公室和倉庫。從清末到日治期間，大稻埕的茶葉外銷總額占全台灣第一名，當時貴德街上的茶莊、茶館櫛比鱗次，每到採茶製茶季節，撲鼻而來的盡是茶香和茉莉花香。

貴德街上的全祥茶莊

貴德街每年在開始製茶時，揀茶的婦女往來雜沓，茶箱堆滿街道廊下。張純甫曾作〈揀茶詞〉一首，描寫當時盛況，頗為貼切。

輕裝窄袖薄羅裳，貼體紗衫染汗香；
但見美人翻覆手，幾疑雲雨幻襄王。……

作家林文義曾經以「侯門深似海」比喻貴德街：「狹長的貴德街，古洋樓把夜空都擠成一條長縫，幾顆冷冷的星子很孤高的閃眨……鼻息裡，仍然有淡淡的茶葉香，在繁複虛華不實的新社會，貴德街似乎一直堅持著它沒落貴族的尊嚴。」

日治時期的建昌街（今貴德街）

池宗憲在〈貴德街的不朽〉中說：「『台灣茶街』是文化消費，拜訪老茶街不僅是懷舊，透過對茶行巡禮，重新認識台灣的品茗文化。由於『台灣茶街』凝聚的歷史紀錄是冷靜的、遙遠的，必須用生氣勃勃的休閒觀找尋成為休閒產業一環的可能性，台灣茶街才能活化，走入民眾。」

林柳新紀念戲偶博物館

2000 年，台原基金會董事長林經甫在大稻埕民樂街設立大稻埕偶戲館，是一個二十多坪的展館，其展示空間實不足讓數千戲偶有露臉機會。2005 年，遷址至西寧北路，具有二百到三百坪館藏空間，更名為「林柳新紀念戲偶博物館」，以資紀念其父林柳新醫師。

博物館本體建築是一棟受文物保護的老房子，館內分四層，具備典藏、展覽、表演、教育推廣及學術研究等各項功能的創意空間。一樓是木偶工作坊與賣店；二樓是各地戲偶的收藏展示、台灣布袋戲發展史與亞洲戲偶史展場；三樓以提供線木偶及東南亞皮影戲為主題；四樓是彙集各國面具特展會場。

一尊尊戲偶是林柳新紀念戲偶博物館的「藝術品」，也代表這個館的精神與內涵。本館的鎮館之寶，是林柳生醫師從日本橫濱購回的一座、已有百多年歷史價值的彩樓（布袋戲台），該採樓原屬於台北圓環知名布袋戲團「真西園」所有，後來賣至日本，如今這座骨董彩樓已重回台北，值得珍惜。

二樓是常態展示區，戲棚旁的「偶頭雕刻專櫃」，那是赫赫有名福建的雕刻大師江加走的作品。傳統布袋戲的角色大致以京戲的「生、旦、淨、丑」為主，但其分類又比京戲更細緻，江加走雕刻的角色多達二百六十餘種。不能錯過江加走師傅用他特有的「五形三骨」工法來表現出木偶的喜怒哀樂、善惡忠奸。另有「金光布袋戲」、「亞洲戲偶史」專區。

三樓是「傀儡館」，也即提線木偶專區。四樓是特展館，長期展示「水世界：越南水傀儡」，備有水塘，可讓來賓自己體驗操縱越南水傀儡的難得經驗。偶博館轄下有二個劇團：台原偶戲團及納豆劇團。台原偶戲團致力於台灣傳統偶戲，《大稻埕的老鼠娶新娘》是其經典戲碼。而納豆劇團主要融合西方戲劇美學，強調創新。

博物 點 線 面

起點須知 info

一日體驗記 start

大稻埕老街（台茶第一街貴德街）

1860 年代 - 淡水正式開港，大稻埕躍升貿易港埠區。

1887 年 - 茶商李春生、富商林維源在貴德街興建新式二層洋樓店舖街屋。分為南段的千秋街與北段的建昌街。俗稱為領事館街的貴德街，洋行與領事館大都聚集於此區。

大稻埕碼頭廣場

1920 年代 - 茶商陳天來興建仿巴洛克風格的三層樓住屋在貴德街，即今錦記茶行陳天來故居。

1933 年 - 李臨秋在大稻埕創作出膾炙人口的歌謠〈望春風〉，其故居即在貴德街附近。

1947 年 - 原南街、中街、中北街等舊街改制成為「迪化」。

1977 年 - 台北市政府核定「變更迪化街寬度案」。

1978 年 - 引發歷史街區保存與否之爭議。

1995 年 - 迪化街專用區計畫定案，迪化街優先保留原有歷史街道風貌。

1996 年 - 首創「年貨大街」活動。

2010 年 - 台北市政府推動都市再生前進計畫，「URS127 設計公店」在迪化街開幕，由淡江大學建築學系代管經營。

上網一點通

大稻埕遊客中心地圖位置

錦記茶行

在貴德街與民生西路口附近有棟非常華麗的洋樓，名為「錦記茶行」，是日治時期顯赫一時的茶商，陳天來的住宅。此棟建築落成於 1923 年，為三層樓西洋建築，外觀結合仿巴洛克式華麗浮飾，裝飾優雅，內部陳設也極具考究，中西合璧、美侖美奐。據說，日治時期每有日本親王來台，都會被日本政府當成台灣人的居住樣板，供親王參觀，因此被稱為「台灣人模範住家」。登上二樓陽台，眺望淡水河上帆影點點，觀音山晚霞落日，一面品茗飲酒，也品味大稻埕的異國風情。

錦記茶行大門

李臨秋故居

由錦記茶行一直到連棟盡頭，就是作詞家李臨秋（1909-1979）的故居。李臨秋的〈補破網〉、〈望春風〉等歌謠，濃縮成雋永的歷史感情和百姓的哀歡，也是從這個角落傳喚出來，此處正是「在寫歷史的街角」。李臨秋的么兒李修鑑，在 2009 年李臨秋百歲冥誕時，將老家稍作整修，作為故居展示。

迪化街

[1] 迪化街的
老建築立面
[2] 迪化街

迪化街是台北市現存唯一的老街，最能表現大稻埕昔日的風貌。這裡聚集了許多老行業，如布莊、中藥行、南北貨、農產器具等，不但貨品五花八門，而且大多保存著傳統的經營交易型態。街上房屋建築，從清末至今的各種形式變化，包括閩南式店屋、洋樓形式、仿巴洛克和現代主義式樣等，可說是台灣近代建築史的縮影，宛如一座迷你的「國際版」建築博物館，十分精彩可觀。

大稻埕出身的名畫家郭雪湖，在他的〈南街殷賑圖〉描繪 1930 年代某年中元節時迪化街的熱鬧景象。為了表現豐饒熱絡的場面，也將整個樓層拉高，從畫面中可看出日治中期，迪化街已有幾家布行、藥店，但行業集中的情形還不十分明顯。楊德昌 1985 年拍的電影《青梅竹馬》，由侯孝賢飾演男主角，身世背景就是迪化街的布商世家。

1996 年，原本漸趨沒落的迪化街，重新規劃為年貨大街，由中盤商轉變成大眾都可消費的零售商圈。每到春節期間總是湧入大量採買年貨的人潮。迪化街是全台布帛、中藥和南北貨最大批發與零售市場，這也是迪化街最吸引人之處。近年迪化街的老房子活化，許多文創品牌、咖啡館與餐廳進駐，可說是台北最有藝文氣息的老街之一。

迪化街屈臣氏大樓

永樂市場

　　永樂市場，日治時期稱「公設永樂町食料品小賣市場」，曾是日本進口印花布料批發中心，是個人氣匯集、繁榮熱鬧的物質集散地。無論任何山珍海味，都可買得到吃得到。國府時期，改建成九層樓建築，二到三樓專營各式布料的販售及縫製、加工。市場內共有超過二百家布莊，再次確立大稻埕屹立不搖的布市地位，櫛比鱗次的布商小店，鋪排如羊腸小徑，宛若迷宮。布市小舖也跟迪化街的舊屋一樣，都有凝結時空的本事，見著那白髮仕紳挺直腰桿站好，讓裁縫師量身。據說老一輩人家，可穿不慣成衣，非要自己剪布自己找師傅量身訂做不可。

大稻埕戲苑

　　位於永樂市場樓上的大稻埕戲苑，以演出、推廣、保存傳統戲曲為宗旨。位在八樓的是曲藝場和九樓的是劇場，八樓常設展出「掌中千秋 · 藝傳百年」的小西園掌中劇團百年文物展。

大稻埕戲苑

1	[1] 永樂市場內的布莊
2	[2] 永樂市場周邊的布莊
3	[3] 永樂市場

台北布事館

　　2011 年 9 月，為了展現傳統產業的時尚創新風貌，台北商業處與永樂布業商場及眾多優質布藝店家，一同於大稻埕商業中心打造了全台北獨一無二的布藝生活展示中心，稱之「台北布事館」。

台北布事館主要分為五大展區，分別為布藝漾花園、布質飾畫廊、夢想布家居、巧思布思議及時尚布殿堂。

永樂市場是台灣知名的布市

台北布事館

霞海城隍廟

林柳新紀念戲偶博物館

霞海城隍廟是大稻埕最著名的寺廟，已被指定為市定古蹟。座落在狹窄的街道旁的廟身，乍看之下，非常不起眼，不像一般大廟有宏偉高聳的殿堂、寬闊氣派的廟埕。可是，仔細探討它在大稻埕發展過程中所占的重要地位，以及從日治時期至今，在信仰上廣大的影響力，就不得不對它刮目相看。

據說，這是因為城隍廟所在地處「雞母穴」，猶如母雞保護小雞。如果輕率翻動，恐怕會破壞巢穴，帶來地方不安，因此一百多年來，一直維持原貌而未加以擴建。雖是如此，每逢城隍祭典，大稻埕各界都不惜花費鉅資，以號稱「北台灣第一慶典」的盛大儀式，來感謝城隍爺的庇祐。

<table>
<tr><td>1</td><td>2</td><td>3</td></tr>
<tr><td colspan="3">4</td></tr>
</table>

[1] 霞海城隍廟匾額
[2] 霞海城隍廟
[3] 霞海城隍廟土地公
[4] 霞海城隍廟

月下老人

霞海城隍廟的眾多神祇中，月下老人是最受歡迎的神明之一，拜月老也成為一種時尚。鬈鬈白鬚、雙頰紅潤，終日面帶微笑，左手拿著婚姻簿，右手柱著拐杖的月下老人，每天在廟裡面，熱忱的將紅線發給未婚男女，促成好姻緣。多年來，每逢情人節前夕、七夕和中秋節前夕，常常大排長龍。

月下老人姻緣一線牽，是霞海城隍廟最受歡迎的神明之一

涼州街

涼州街，清末授武獅館遍布，故舊稱「獅館巷」。涼州街以前也被稱為「布袋戲街」，曾經同時有過十數個布袋戲團及有名的布袋師傅聚集分布在此，也幾乎大部分的布袋戲團在此都設有聯絡處，要請布袋戲班，來涼州街接洽就萬無一失。著名的「亦宛然」布袋戲大師李天祿、「小西園」的許王和「新興閣」的鍾任壁都曾在此待過。

涼州街街景

陳悅記老師府

位於延平北路上的市定古蹟：陳悅記老師府，現住著一代布袋戲名師陳錫煌，他是已故布袋戲國寶藝師李天祿的長子。高齡八十五歲的陳錫煌師傅，嘴裡操著抑揚頓挫分明的口白，操弄戲偶的動作起落，架式十足，一如多年來布袋戲的轟動武林、驚動萬教。

波麗路西餐廳

波麗路西餐廳

波麗路西餐廳至今仍在延平北路與民生西路交會處，於 1934 年由喜好西洋古典音樂的廖水來所開設，為全台最老牌的西餐廳。店名就取自法國作曲家拉斐爾的一首管絃樂舞曲之名「Bolero」。室內擁有當時台灣最好的音響設備與西化典雅的裝潢，吸引文人雅士、政商名流駐足。又因當年民風淳樸，較少有時髦地點，年輕男女也多選擇波麗路做為相親約會場所，遂稱台北市最佳的定情場合。

波麗路是當時年輕文化人最常聚集的地方，如名畫家楊三郎、郭雪湖等，除畫家外，文學界的張文環、呂赫若、王白淵等都是波麗路的常客，齊聚一堂，談論創作，共抒理想。波麗路成為台灣美術運動史上，非常值得紀念的場所之一。而早年美術界會在此舉辦年展，直到歷史博物館開始辦展覽，才轉移陣地。波麗路也曾是紀錄片《跳舞時代》的取景場所。

波麗路連餐具都很簡樸，就像老一輩人的行事風格，講求實在耐用。二樓機艙式設計，隱藏燈和彩色引導燈，可是男女最浪漫的飛行遐想。潔淨舒適的空間，擺脫了老餐廳的舊氣息。波麗路對餐飲品質的堅持，更為新時代的西餐文化，注入一股復古的正統香味。吃一客「酷似小學時代才會有的不繡鋼圓形便當盒」盛裝的鴨子飯，鮮嫩的鴨腿肉，淋上特製的法式醬汁。

位於朝陽公園旁的有記名茶，是大稻埕有名的茶行。來到此間，古樸的紅磚房配上綠蔭蔽天的公園，賞心悅目，一進門，茶香撲鼻。最特別的是有記名茶的茶場中保留著舊時的「焙籠間」，老師傅仍以炭火焙茶。二樓的清源堂，成為藝文空間，提供不定期的藝文表演。

戰後初期，法主宮廟後繁華異常，常聚集著許多流動攤販。由於國府軍警在此地的「天馬茶房」附近查緝私煙，行為粗暴，不幸傷人，引起民眾不滿，進而爆發激烈的「228 事件」，遍及全台，造成許多的無辜受害者，可說是台灣近代史上，影響深遠的歷史地點。1998 年，台北市文獻會在法主宮廟後的南京西路巷口，即城市商旅飯店前，豎立「228 事件引爆地」紀念碑，概述事件始末，「藉以憑弔，並警戒世人」。電影《天馬茶房》也曾在此地拍攝 228 事件的片段。

228 事件引爆點，天馬茶房舊址 / 胡文青提供

一日
體驗記
finish

在地尋寶圖

Local Treasure map

港町文化講座

現今知名的大稻埕千秋街店屋除了過往的巨賈與洋商,也蘊藏非常深厚的文化基因,1920年代「台灣文化協會」在港町(貴德街49號舊址)設置講座,講堂空間分為前進的讀報社,及後進的演講場所,每週舉辦文化講座,啟迪思想。蔣渭水醫師指導成立的台北青年會、台北青年體育會、台北青年讀書會等,都曾在此舉辦演講活動。

貴德街上經常舉辦港町文化講座的茶行舊址

大稻埕碼頭

大稻埕碼頭廣場

五號水門堤外停車場

錦記茶行

錦記茶行

貴德街

貴德街46巷

西寧北路86巷

李臨秋故居

西寧北路

林柳新紀念戲偶博物館

迪化街

貴德街

南京西路

🍴 美食攻略 🍴

大稻埕飲茶

1869至1895年是大稻埕茶葉的黃金期,當時,茶業占了全台出口總值的53%,高居輸出總值首位,而其中約90%,都是在大稻埕精製後,由淡水港出口,行銷世界各地。可以說沒有茶葉就沒有大稻埕,也不為過。

就在延平北路二段,向東的巷子裡,可到一特別的「朝陽茶葉公園」,是以茶葉為主題而改建的公園。在茶公園旁有家「有記名茶」,是在台灣茶葉史占有重要地位的百年茶行。

老茶行跟上懷舊時尚的腳步,重新裝修店面及紅磚外牆,一掃暮氣沉沉但保留原有傳統。全廳布置現代感的櫃檯和泡茶區,提供明亮舒適的空間,以供顧客品茗。

小藝埕 Art Yard 文創街屋

台北故事工坊

民藝埕

永樂市場

年貨大街迪化街

迪化街的南北貨老店

民生西路

↑ 往陳悅記老師府

台灣博物館散步 GO

波麗路西餐廳

延平北路

重慶北路二段70巷

朝陽茶葉公園

重慶北路二段

64巷

有記名茶

民樂街

延平北路二段61巷

永昌街

霞海城隍廟

民藝埕

歸綏戲曲公園

早年大稻埕由於商業貿易的興盛，隨之而來的消費場所與娛樂文化也蓬勃發展，如江山樓、蓬萊閣等酒家、永樂座、第一劇場等戲院，此外傳統戲曲文化在大稻埕也盛行一時。如今呼應過往的歲月，將歸綏戲曲公園設置在昔日大稻埕最負盛名的「江山樓」酒樓對街。

大稻埕故事工坊

民樂街

大稻埕戲苑

台北布事館

永樂市場

南京西路233巷

屈臣氏中藥

迪化街一段

南京西路

228事件引爆點（天馬茶房）

北投戀戀溫泉

溫泉風華小鎮

坐火車到北投溫泉一日遊，在日治時期已非常興盛

北投地居大屯山畔，三面環山，峰巒秀麗，翠綠欲滴。遠處與淡水河、觀音山相呼應，美景天成，有如夢幻仙境。北投谷地向北可遠眺大屯山；西向觀音山，靜臥淡江，帆影點點；東有紗帽山，綿延起伏與大屯山相連，景色壯麗；向下可觀賞谷地磺煙裊裊，提供溫泉鄉獨一無二的視覺景觀與空間位置。由於得天獨厚的溫泉資源，為人稱道，故有詩人雅士諸多歌頌，舉如洪以南先生寫出的〈北投雜詠〉：

此地有溫泉，浴之氣爽然。盪胸忘俗慮，酣夢傲神仙。

身淨如無物，心澄別有天。松濤應一醉，風詠邁前賢。

北投地區豐富的地理環境，保留許多原住民和漢人祖先的遺跡，更受到歷史遞邅的影響，使本身形同一座具有文化意義的生活環境博物館。在這裡，人們可以感受地方特色、環境生命力，是一個在地的博物館、活的博物館；人們可以瞭解北投地區的溫泉文化與歷史脈絡，也是一個可以充分傳達環境訊息的生活博物館。

1935 年北投已是知名的溫泉觀光聖地，也是溫泉旅館業者必爭之地

[策展人帶路]
Curator Talk

北投就是一個生活環境博物館，也是台灣十大觀光小城，北投溫泉博物館為台灣文資空間轉換為在地特色博物館的先驅之一，邀您來走訪，博物館之溫泉與觀光。

昔日的新北投支線已為捷運新北投支線取代　　　　地熱溫泉是北投招牌景觀

　　2011 年底，交通部觀光局舉辦「台灣十大觀光小城」，台北市「北投風華小鎮」入選為十大觀光小城之一，並成為國際上亮眼的星星，包括米其林綠色指南三星級城鎮，美國福斯新聞網及紐約時報旅遊網都曾熱情推薦。

北投溫泉博物館

　　位於北投公園內的北投溫泉博物館，原是個簡陋棚架的露天沐浴池。日治時期，北投溫泉公共浴場曾改建於 1913 年，仿日本靜岡縣伊豆山的公共浴場，融合英國鄉間別墅風格，採用角窗、望樓、拱廊及羅馬式浴池等造型，一樓的大浴場鑲嵌著天鵝圖案的彩繪玻璃。1923 年為迎接日本皇太子裕仁到訪，擴建休息所多間，號稱全日本最大規模的公共浴場，孫逸仙先生也曾在此沐浴過。

北投溫泉博物館

　　戰後，曾當過台北縣議會招待所、國民黨北投區黨部、民眾服務站和光明派出所等，1988 年遷出後，報廢於荒煙蔓草中，逐漸被人遺忘。1994 年，

北投國小師生從事「北投溯源」鄉土教學時，才發現此一建築。經由社區工作者與地方人士熱心奔走，於1997年經內政部公告為古蹟，1998年進行重修後，開館營運。由於北投國小師生的努力，有令人高興的結果，於開工

北投溫泉博物館內大浴池

典禮當日，北投國小的小朋友歡喜的吟唱改篇自日本詩人平田源吾的〈北投四季吟〉：

> 北投啊！春天來時，櫻燦桃紅杜鵑繁。
> 北投啊！夏天來時，薰風蟬鳴吹面涼。
> 北投啊！秋天來時，楓香紅芒遍滿山。
> 北投啊！冬天來時，青白礦水暖心房。

博物館建築物本身就是展示重點。全館分為十三個展區，依序展出北投發展史、北投社（凱達格蘭時期）、柱廊（建築精神）、望樓（溫泉浴池的由來）、榻榻米大廳（為昔日觀賞藝妓、那卡西表演場所，現為研習活動場所）、東側露台（可眺望綠地和北投溪）、北投石、北投溫泉（北投溫泉的發展歷史）、玉川溫泉、大浴池（仿效羅馬大浴池風格）、溫泉沐浴用器具、溫泉沐浴禮節，還有公共浴場的保留與再利用等展區。

周純慧〈北投記憶〉寫著：「陽光從窗外透進來，彩繪玻璃絢爛地烘托出一屋子明亮華麗。依稀是水聲流瀉的北投溪，依稀

1	[1]1930 年代公共浴場時期的大浴池內
2	3	[2] 北投石 [3] 北投溫泉博物館迴廊空間與廊柱

是煙霧氤氳的溫柔記憶，那年那卡西彷彿在耳邊迴盪，只是一眨眼，時光已然流進了一個世紀……。揮別舊滄桑，北投溪畔交錯響起的音樂，添加了新世紀的輕快愉悅，唯一不變的空氣中，依然飄盪著濃濃淡淡的硫磺味，隨著參訪群眾的腳步，繚繞在優雅的木梯階間。」

博物 點 線 面

北投公園 ▶ 凱達格蘭文化館 ▶ 台北市立圖書館北投分館 ▶ 湯煙天狗碑 ▶ 瀧乃湯 ▶ 北投溫泉博物館 ▶ 露天溫泉（千禧湯）▶ 梅庭 ▶ 地熱谷 ▶ 逸邨（星乃湯）▶ 吟松閣 ▶ 北投文物館 ▶ 少帥禪園

起點須知 info

一日體驗記 start

北投溫泉博物館

1913 年 - 台北州廳仿日本伊豆山溫泉的方式，興建了北投溫泉公共浴場。

1945 年 - 戰後一度成為國民黨北投鎮黨部及民眾服務社，並做為「台北縣議會招待所」與北投分局光明派出所使用。

1988 年 - 一度淪為私人占用。

1994 年 - 逢甲大學建築系的學生測繪並呼籲搶救。

1994 年 - 北投國小老師因「鄉土教學」探勘後陳情保留。

1997 年 - 2 月內政部定為第三級古蹟。

1998 年 - 台北市政府整修後以「北投溫泉博物館」重新開。

北投溫泉博物館

上網一點通

北投溫泉博物館參觀資訊

北投公園

走出捷運新北投站，一股刺鼻的硫磺味迎面而來，彷彿告訴大家，北投溫泉鄉到了。首先映入眼簾的是北投公園，1913 年沿著山勢與溫泉溪流設計而成。電影《向左走向右走》就在這裡的日式噴水池取景，遊人可在樹蔭密布的小徑散步，不妨在參天古木旁的石凳坐下，欣賞四周蒼翠的山色；聽聽林梢傳來的山風，或潺潺流水，或鳥叫蟬鳴，彷如置身畫境。

上圖 | 日治時期北投公園
下圖 | 北投公園地標

　　凱達格蘭族為台北盆地的平地原住民，四百多年前，北投也是凱達格蘭人活動的族地，當時有北投社人居住於此。凱達格蘭文化館是第一座以原住民族為主體的文化藝術與教育研習中心，以展現原住民族藝術文化之優勢，提升原民文化能見度，增進族群競爭力為目標；以文化技藝研習、語言教育訓練、資訊網絡及文化藝術為發展主軸；期望朝多元化、國際化文化館發展為願景。

左圖 | 凱達格蘭文化館　右圖 | 凱達格蘭文化館內展示

　　2006 年於北投公園內啟用，這棟二樓船型建築以木質建構，具有暖和溫馨的感覺，也頗有環保綠建築概念。2007 年得建築首獎，更是台北市景觀地標民眾票選第一名，被譽為「最美麗的圖書館」。委由美國及郭英釗建築師規劃設計，不但造型搶眼，且強調環保節能，可說是台灣建築的模範生。創作歌手與專輯製作人許哲珮說：「這裡不似一般圖書館的冷冰冰，就像一座度假小木屋。新潮木式綠建築與傳統公園風景相互呼應，型塑北投特有的怡然悠閒氣氛，更能傳達北投新舊融合的一面。」

台北市立圖書館北投分館採綠建築設計，節能的空間利用非常傑出

湯煙天狗碑

北投公園內有豎立「湯煙天狗」大理石碑，來紀念 1896 年日本商人平田源吾在北投創立台灣第一間溫泉旅館「天狗庵」，為北投溫泉歲月揭開序幕，帶入輝煌的溫泉鄉歲月。對北投深具意義的天狗庵，可惜只留下石階與兩根門柱，依偎在新潮豪華的加賀屋溫泉旅館之旁。

上圖｜天狗庵遺址的門柱　下圖｜天狗庵遺址

瀧乃湯

北投溫泉博物館

當今遺留保存下來最古老的溫泉旅館，原建於日治末期。北投溪就有簡易涼亭稱為「湯瀧浴場」，但結構簡陋，雜亂無章，後來才成為瀧乃湯浴室。目前保有男女大浴池各一，以唭哩岸石為建材，以簡單、樸實的庶民風格見長。由於歲月痕跡，石壁已被磨平，小型浴池也破漏停用，可謂歲月如流水。

瀧乃湯地標

露天溫泉（千禧湯）

北投親水公園露天溫泉群山環繞，景色十分優美，讓人能盡情泡湯，忘卻煩惱，且交通方便，收費低廉。泉池區規劃有六座石砌湯池，一邊是冷水池，另一邊為溫泉池；溫泉池依水溫由上而下共分四個大池，愈上層溫度愈高。

親水公園露天浴池

梅庭位於溫泉飯店密布的北投中山路上，建於 1930 年代末期，是一棟見證戰爭時代歷史背景的日式木造建築，也是首任監察院長于右任的避暑別館。于右任號稱「一代草聖」，書法磅礡大器，作品極多，除了門柱親題的「梅庭」瀟灑勁揚引人矚目，大廳內懸掛多幅于老恣筆揮灑的草書墨寶。大師故居書房是直通大師精神層面的空間，物意重重，人情交疊，一股思古幽情湧上心頭。

梅庭

地熱谷入口

位於中山路底、北投溪上游，終年煙霧裊裊，是硫磺氣與溫泉的出口，也是北投當地最早開發的溫泉。早在日治時期，地熱谷便有「礦泉玉霧」的美譽，為台灣八勝十二景之一。泉質為青磺泉，水質清澈呈酸性，故有「玉泉谷」之稱；泉溫高達攝氏九十度，含有少量的鐳，而北投特產之「北投石」也源自地熱谷。地熱谷經年蒸氣蒸騰、氤氳瀰漫，又見泉水咕嚕咕嚕冒出，猶具高溫的阿修羅境地，彷彿人間地獄再現，故有「地獄谷」之名，此乃日治時期稱呼。

位於溫泉路上，從逸邨俯視地熱谷，絕對是最佳的地點。在此視野寬闊，地熱谷的裊裊煙霧，一覽無遺。星乃湯是 1925 年利用岩石鑿成山洞，供奉佛教不動明王石雕佛像處。神態威猛的不動明王石雕是大日如來的化身，在台灣頗為罕見。因為孫逸仙曾在此洗過溫泉，故改稱為「逸邨」。

溫泉路沿北投溪而闢，有知名的瀧乃瀑景觀

位於幽雅路上，建於 1934 年，為少數保存原貌的日式木造建築，大部分建材皆為台灣檜木。日式庭院假山、瀑布、小橋與石燈籠的布置，氣質優雅，具有強烈的人文風格。由於歷史悠久，同期的溫泉旅館不是沒落關閉，就是屈就現實而改觀，失去原有韻味，只剩下吟松閣屹立不搖，堅持著以台式日本風招待老客人。對常客而言，吟松閣不只是泡湯休息所在，更代表著對北投溫泉鄉濃濃的眷戀。

　　順著地熱谷旁的山路，繞過了春天酒店，轉個彎沿坡而上，可達一座日式庭園建築的北投文物館，前身為「佳山招待所」，始建於 1921 年，當時是北投最高級的溫泉旅館。日治時期一度作為日軍士官俱樂部，國府抵台後由外交部接管，經拍賣成為民間物產。1984 年，由民俗文物收藏家張木養等人創辦「台灣民俗北投文物館」，以清末民初的台灣民俗文物為主要收藏。

　　常設展位於文物館南側，故事以北投溫泉為始，一路講述北投的地理位置與時代變遷，加入遊人抒懷的文學吟詠，從多面向呈現北投文物館的時代故事。二樓的大廣間常被用來拍武打場面，如電影《古月莊》就在此拍攝，也讓北投文物館多了一個「古月莊」的別號。文物館內尚有正宗手作和菓子與日本裏千家茶道課程，可體驗與台灣茶截然不同、清寂的日本茶道，品嚐清寂的風味。

北投溪石橋，據說為早期電影
《溫柔的吉他聲》的場景之一

　　禪園最早並非居所，而是旅館。1920 年，日本人在此開設新高旅社，二戰時期被徵為日本軍官俱樂部，作為神風特攻隊隊員在進行自殺任務前飲酒作樂的地方。1960 年代，主導西安事變，人稱少帥的張學良與夫人趙四小姐，被蔣介石總統軟禁在新竹縣清泉溫泉二十多年，解禁後來到北投，至當時尚稱「北投安全局招待所」的禪園幽居一年。後來才遷居到復興崗自建屋宅。因為有這樣的歷史淵源，對於「少帥禪園」，歷代主人無不費心呵護，全力保留建築最原始的質樸風貌。

一日
體驗記
finish

在・地・尋寶圖

Local Treasure map

北投地名傳說

　　「北投」地名最早從平埔族「北投社」（Kipatauw）而來。平埔族語「Kipatauw」，指的是女巫之意，或許與此地硫穴終年散發白氣與硫磺味有關。漢人到此地開墾後，直接音譯為「八頭」地名，以後再轉變成「北投」。日本統治時期，將溫泉文化帶入台灣，在北投進行地熱開發與溫泉療養，如今北投溫泉也成為最具代表性的地方產業之一。

今北投公園噴水池

日治時期北投溫泉一日遊蹤

北投兒童樂園

一日體驗記 start

北投社區大學

北投梅庭

千禧湯

北投公民會館

泉源路

中和街

中山路

中山路

光明路

光明路

光明路

光明路

凱達格蘭文化館

北投公園

台北市立圖書館北投分館

北投溫泉博物館

光明路73巷

溫泉路

奇岩路

凱達格蘭文化館內展示

北投溫泉博物館

北投溫泉博物館榻榻米大廳

北投圖書館挑高的大廳空間

台灣博物館散步 GO

美食攻略

北投溫泉煮蛋

老台北人常懷念北投溫泉源頭地熱谷的「溫泉蛋」。以前地熱谷的溫泉溪流是可以煮蛋的，後來發生燙傷事件才取消煮蛋池，封閉逾十年之久，最近市政府重整地熱谷環境，地方人士期盼重新開放，創造商機。

不過，位於地熱谷旁的水都飯店門口的一處小小煮蛋區，溫泉水就在石缽內。先向飯店咖啡廳買雞蛋，先將生蛋放入竹簍再浸入石缽中的溫泉水即可，大約七至八分鐘，放入水槽中冷卻洗淨殘留重金屬，即可食用。

林泉公園

泉源路

新民路 62 巷

泉源路

少帥禪園

北投文物館

幽雅路

杏林巷

地熱谷

幽雅路

梅庭

中山路

溫泉路

北投溪景觀

瀧乃湯溫泉

地熱谷景觀

溫泉路銀光巷

普濟寺

新北投車站

1916 年啟用的新北投車站原係日式木造站房，1988 年廢站後，台北市政府以象徵性一元價格賣給彰化的台灣民俗村。2012 年台灣民俗村遭法拍，彰化縣政府將車站列為暫定古蹟。經北投地方人士發起「新北投車站回娘家」計畫，搶救瀕臨拆除的車站。2013 年台灣民俗村產權人無償捐贈新北投車站給台北市政府，新北投車站終於回到新北投出生地。2016 年台北市政府舉辦多次公聽會後，確定重建於新北投捷運站前七星公園。

北投捷運站往新北投月台，可搭乘轉往新北投的捷運列車，近年新北投已名列台灣十大觀光小城之一，是台北熱門觀光地區

淡水古蹟變明星

上圖｜觀音山遠景
下圖｜淡水海關碼頭

淡水古蹟博物館

淡水位於觀音山下，淡水河出海口旁的小鎮。因淡水河與觀音山孕育出的自然景觀，淡水的山光水色渾然天成。在歷史痕跡裡，歷經多元文化洗禮，呈現濃濃的異國風采；在建築空間上，留下豐富、多姿多采的名勝古蹟。

觀音山在遠處靜默，淡水河劃過城市鋪成閃爍銀帶，蒼穹為幕，山海為舞台，音色比夜色還美，在月光中涼涼的震盪。頂樓的花園中，一場吟風弄月的音樂饗宴正在露天陽台上展開，蘭桂芬芳，抵不上琴聲醺人；夜涼如水，旋律卻沸騰在眾人心中。（王鴻坪，《淡水生活風情》）

[策展人帶路]

Curator Talk

淡水的文化資產豐富，可回溯自西方海權帝國向世界擴張版圖談起，是外國人如馬偕牧師留下許多足跡之地，淡水作為台灣的世界遺產潛力點名單，成立「新北市立淡水古蹟博物館」，整合近二十處古蹟，以博物館之名邀請旅人深度探訪。

2005 年 7 月 1 日新北市政府以生活博物館的概念成立「淡水古蹟博物館」，是對全國的古蹟保存與觀光營運所進行的一項嶄新的嘗試。整合淡水的觀光、文化、教育、生態等產業，讓淡水博物館群更豐富多樣，擁有二十一座古蹟及一處歷史建築，古蹟的歷史故事與豐富的自然生態，如同穿越時光隧道走一趟古蹟之旅。

淡水紅毛城

十六世紀以來，如珍珠般的淡水，吸引葡、西、荷等國注意，因此在 1626 年，西班牙占領台灣北部的雞籠（基隆），

日治時期的紅毛城

1629 年再據淡水，以確保其對東南亞的經營，進而統治台灣北部達十七年之久。淡水的真正開發應自 1629 年，西班牙提督嘉紐烈（Dantonio Carenio）選擇淡水為船運的中繼站，取名為「嘉士多港」，並在淡水河口北岸山崙上建立「聖多明哥城」（San Domingo 堡壘），這便是紅毛城的前身。1642 年，荷蘭人趁西班牙忙於菲律賓戰事，舉兵攻打雞籠，結束西班牙人在台灣的統治。並在已毀損的聖多明哥城遺址附近，興建「聖安東尼奧城」（即今紅毛城）。1860 年訂定北京條約後，1862 年英國與福建巡撫徐忠幹議定租用紅毛城，租期為九十九年。從此紅毛城成為英國租界地，英國才大肆整修，並增建二樓露台，另將城牆粉刷成紅色。未整修前，紅毛城是一座灰白色、極具防衛功能的城堡。1877 年，英國人再於紅毛城主堡東側增建領事官邸。領事官邸為維多利亞風格建築，紅磚、迴廊、傾斜式屋頂，令人感覺細緻、溫暖。與主堡作為軍事碉堡陽剛之氣，恰似明顯對比，再加上兩棟建築間翠綠色的坡地，搭配出一種非常協調的美感。

艋舺詩人林逢源遊紅毛城，感嘆地寫下〈戍台夕照〉的詩篇，且「戍台夕照」也被列為淡水八景之一：

高台矗立水雲邊，有客登臨夕照天；
書字一行斜去雁，布帆六幅認歸船。
戰爭遺跡留孤壘，錯落新村下晚煙；
山海於今烽火靖，白頭重話荷戈年。

1895 年中日甲午戰爭後，台灣被日本統治，在紅毛城的英國領事館旋遭封

上圖｜紅毛城領事官邸
下圖｜紅毛城砲台

10

閉。1942 年二次世界大戰後,日軍退出台灣,英國人又重回紅毛城,直至 1950 年中英斷交。1972 年,英國撤館,但未將城交還,反而委託澳洲、美國代管。直到 1980 年,在政府與熱心人士努力奔走下,才正式收歸中華民國所有。目前,紅毛城被指定為國定古蹟,其中紅毛城主堡與前清英國領事官邸,皆有分出數間陳列室和展示空間,供民眾參觀。

紅毛城領事官邸的內部展示

淡水海關碼頭園區

在許多人心目中,「金色水岸」是淡水河岸景觀最美的一段,包含老街後方的淡水河岸,從海關碼頭起,至淡水捷運站的河濱公園止,全長約兩公里。沿著淡水河畔散步,岸邊有各色各樣的商店,以及多家咖啡館,坐在咖啡館或露天庭院,一面喝杯咖啡,一面遠眺對岸的觀音山或出海口,觀音山倒影在淡水河上,彩色的風帆與渡輪交錯而過,令人驚豔。每當夕陽西下時,山水之間交錯成一幅美麗夢幻的水岸景致,淡水的暮色總是令人難忘。若有明月相伴,海風輕拂,如此淡水夜景,如痴如醉,不知歸途。

1930 年代淡水遠眺觀音山美景

最初的海關公署位在今日紅毛城停車場位置,戰後,大陸帆船再度來台貿易,海關碼頭也成了 228 事件走私船停泊處。但在兩岸隔離對峙後,海關碼頭就毫無功能,後來軍隊進駐,碼頭開始荒涼崩落。以觀音山石交丁相砌而成的二百

淡水海關碼頭

米長淺水碼頭,工法精純,面對海口景緻磅礡;兩座歷史悠久的港務倉庫與荒置的稅關樓房,已成為淡水港埠時代的見證,於 2000 年指定為古蹟。

前清淡水關稅務司官邸（小白宮）

小白宮

淡水開港，日漸繁榮。躍升正港後，要綜理全台關務，隨著業務增多，人手明顯不足，外籍關員也隨之增加。為了解決外籍關員住宿問題，1870年，於淡水埔頂三塊厝興建三棟殖民地式迴廊豪宅，分別規劃由稅務司、祕書和其他下級關員居住。可惜中法戰爭時一棟被毀，剩餘的兩棟建築，於日治時期曾作為官方活動中心。二次戰後，日漸荒廢，戰後又拆了一棟，如今僅存一棟建築，為當時總稅務司署長的住所。於1996年一度被財政部報廢，準備拆除，興建大樓。後來經淡水地方人士、團體與學者專家發起「小白宮搶救行動」，獲得善意回應，於1997年指定為古蹟而保留下來。

小白宮是一棟十九世紀殖民地風格的建築，其特點有抬高地基、四周有大面積的迴廊涼台、落地門窗及煙囪等設施。於十八世紀時由英國移民到北美洲所建造模仿歐洲的住宅，稱為「殖民樣式」（Colonial Style）建築，後來英國擴大殖民地，在印度、南洋所建者也稱為殖民樣式，如淡水與高雄的英國領事館官邸，小白宮也屬之。它的特色是將維多利亞時代的紅磚鄉村建築（Victorian Style），結合印度熱帶建築特色的拱廊，所發展出的一種新的建築型態。常見有外廊設計，故也稱為「陽台式」（Verandah）建築。

小白宮迴廊

滬尾礮台

滬尾礮台

　　滬尾礮台因其隱蔽的軍事建築特性，常讓慕名而來的遊客不得其門而入，一旦登臨，礮台門額上劉銘傳親題的「北門鎖鑰」四字，赫然映入眼底。被列為國定古蹟的滬尾礮台，建於1886年，由劉銘傳聘請德人鮑恩士（Bonus）督造，原為回字形碉堡建物，外圍牆垣高達三丈，牆垣內建有相通甬道。由於礮台過往並未實際參與戰事，因此保存相當完整。1991年修復後，開放民眾參觀，寬敞挑高的甬道裡陳列著中法戰爭相關歷史圖片，以及淡水一百年來演變過程的老照片，也會不定期推出新的主題展與戶外表演。

理學堂大書院（牛津學堂）

　　走進真理大學校園，一眼便見那座古色古香的理學堂大書院，這是當年馬偕所創辦的第一所學校。1882年理學堂落成，取名「理學堂大書院」，為了紀念加拿大牛津郡鄉親捐款興學的義

行，英文校名取為「Oxford College」，故後人稱「牛津學堂」。

理學堂從此成為教會培育傳教、醫療和教育的重要場所。理學堂所教授的科目，除了神學與聖經外，另有社會科學（歷史、倫理）、自然科學（天文、地理、動物、植物、礦物與地質）、醫學及臨床實習等。1914 年在此增辦淡水中學，是台灣第一座西式學堂。1965 年，長老教會創設「淡水工商管理學校」，之後升格改制為今日的真理大學，大書院原址則成為大學的「校史館」。

理學堂大書院是中西合璧、饒富趣味的建築，出自馬偕博士的設計，它與一般禮拜堂風格不同，不再以仿歐、仿美為設計主軸，馬偕相當努力地將建築本土化。它的主體模仿閩式四合院磚造農舍，以糯米、黑糖、石灰與砂土相拌。坐北朝南，二進二護龍，可惜第二進已被拆除，所用的磚瓦皆由廈門運來。美麗的彩繪玻璃卻是歐式風格，正堂屋頂中心點豎立十字架，但各屋頂角落上卻築有中式的小寶塔。據說這個奇異的組合，是為了緩和當時民眾反對教會所設計，由此可知早年傳教的困難和馬偕的用心。在台灣建築史上，理學堂占有一頁重要的地位，呈現十七世紀東西建築文化交流的成果。

真理大學內牛津學堂，今為校史館

10

博物 **點 線 面**

起點須知 info

淡水紅毛城

1628 年 - 統治台灣北部的西班牙人在淡水興建「聖多明哥城」。

1644 年 - 荷蘭人於原址附近重建城垣，命名為「聖安東尼奧」。

1724 年 - 台灣府淡水捕盜同知王汧整修紅毛城，增闢四座外圍城門。

一日體驗記 start

1867 年 - 英國政府租用紅毛城作為領事館，並興建領事官邸。

1932 年 - 紅毛城被列為「台北州指定史蹟」之一。

1980 年 - 產權正式移轉給中華民國政府。

1983 年 - 內政部指定為一級古蹟。

1984 年 - 開放一般民眾參觀。

2002 年 - 紅毛城列為首批台灣世界遺產潛力點之一。

2005 年，變更指定為國定古蹟。同年 7 月 1 日淡水古蹟園區則升格為淡水古蹟博物館。

淡水紅毛城入口處

上網一點通

淡水紅毛城參觀資訊

淡水捷運站

1996 年淡水線捷運通車，為淡水帶來蓬勃的觀光發展。每逢假日，各觀光景點充滿人潮。此時的淡水，再次風姿綽約地展現其萬種風情。走出終站，後頭就是捷運公園，為紀念修築捷運淡水線殉職人員所闢建。公園綠草如茵，園內常有街頭畫家在藤椅上作畫或街頭藝人表演，好不熱鬧。而寬闊的視野，一覽淡水河岸無遺；黃昏浪漫的夕陽，更為小鎮增添迷人的風采。

左圖｜淡水捷運
右圖｜1940 年代火車通勤的淡江中學學生在淡水車站留影

來到淡水，不能不到老街。來到老街，喧鬧的人聲、車聲及叫賣聲，讓你感覺到自己走進一處世俗且真實的生活空間。盧佩暄在〈在變革中的堅持〉上說：「在淡水的歷史上與老淡水人的心中，這塊在清代原為『滬尾街』的區域，由重建街、清水街、還有中正路的一部分共同組成的古老記憶，才是真正的老淡水，是淡水的發展中心，也是文化與人文的孕育之

處。隨著中正路老街的發展，重建街也慢慢的，在年輕人的心中被遺忘。」

日治時期淡水街景，背景是長老　　淡水老街 / 胡文青提供
教會淡水禮拜堂

淡水福佑宮座落在老街中正路上，主祀天上聖母媽祖。目前廟中所供奉的媽祖，聽說是約二百年前（清嘉慶元年）由湄州媽祖分靈而來。福佑宮前臨淡水河，面向觀音山，後倚崎仔頂山崙，擁有「枕山、面屏、環水」的良好地理位置，即所謂的「後山為屏、前山為鏡」的寫照。1796 年正式落成，是淡水最老的寺廟。福佑宮的建築格局是兩殿兩廊式，三川殿後帶拜亭，兼作戲台用。步廊為八角柱，所用的石材皆取自本地所產的觀音山石，渾厚中兼具其細膩之風。正殿內壁嵌有「望高樓碑」，具歷史價值，為清代中葉作品。

福佑宮

位在淡水老街的三協成餅舖，創店於1935 年。除維持傳統口味，並著力研發新口味。2000 年成立「糕餅博物館」，除了展示相關的糕餅製作工具和相關知識，而且以多國語言寫成，以便外國觀光客能了解其歷史概略，並定期舉辦油畫及雕塑等展覽，讓餅店不再只是餅店而已。

登峰魚丸博物館

福佑宮對面是登峰魚丸博物館，自 1950 年起登峰公司開始從事魚酥、魚丸行業，至今已五十多年。目前除大樓一樓為門市外，在二、三樓成立了小型博物館，展出魚類食品相關的知識。其中二樓展示的是台灣各地代表性魚丸：淡水魚丸與高雄旗魚丸、台南虱目魚丸、南方澳鬼頭刀魚丸並列為台灣四大魚丸，饒富趣味。台灣四大魚丸？更想每種都嚐看看！

登峰魚丸博物館

馬偕雕像與馬偕街

我衷心所愛的台灣呀！我把有生之年全獻給你

我的生趣在於此

我衷心難分難捨的台灣呀！我把有生之年全獻給你

我望穿雲霧，看見群山

我從雲中的隙口俯視大地

遠眺波濤大海，遠眺彼方，我好喜歡在此遠眺

誠願在我奉獻生涯終了時

在那大浪拍岸的聲響中

在那竹林搖曳的映影下

找到我的歸宿

——馬偕

馬偕雕像

中正路與三民街口的三角公園，最先映入眼簾的是馬偕博士黑黝的頭部雕像。一大把長鬚，莊嚴堅毅的表情，令人緬懷。雖然是外國人，這座紀念雕像卻遠比任何政治或商業銅像更受人們歡迎，因為這位外國人的一生與淡水地區居民的歷史記憶息息相關，他的一生傳奇其實也是淡水歷史的一部分。往前岔入其中一條小街，即是以「馬偕」名字命名的街道「馬偕街」。

滬尾偕醫館就在馬偕街前頭，稱「偕醫館」是為紀念同名的馬偕船長，因其遺孀捐款興建，作為衛生保健、教育推廣等醫療服務之用。開設之初，除了洋行醫師及加拿大教會派人員進駐外，馬偕的學生也來幫忙。1901年，馬偕因喉癌逝世，偕醫館才停止醫療工作。1906年，重開門診，由宋雅各醫師主持，由於看診病患大增，漸漸不敷使用，因而建議將醫療中心由淡水移往台北市，此即馬偕紀念醫院成立的緣由。

滬尾偕醫館　　　　　　　　滬尾偕醫館內展示空間

淡水長老會教堂

偕醫館之旁就是淡水禮拜堂，為1872年馬偕設計建立的第一間教堂。禮拜堂採英國小教堂形式，仿哥德式建築，品質良好的紅磚，砌功精細，精美的彩繪玻璃和造型典雅的鐘塔，完美地烘出教堂聖殿的氣勢。百年前的古鐘與古琴依然保持原貌，禮拜堂的鐘聲，猶如早期歌謠〈淡水暮色〉的歌詞：

　　淡水黃昏帶詩意，夜霧罩四邊

　　教堂鐘聲心空虛，響對海面去……

　　連對岸的八里坌都可以聽到，這樣地打動淡水河兩岸人們的心。

　　與官邸比鄰而居是馬偕故居，前輩作家葉石濤老師在〈真理大學的小白宮〉寫著：「這小白宮是馬偕醫師的故居，馬偕醫生1872年3月登陸淡水。那麼這故居蓋造的時間大約是1880年到1890年代，起碼已有一百多年的歷史了。房間大概有六間吧，每一個房間都很寬大，大約有十多坪的光景，房間都留有壁爐，是英國風格的。當然這壁爐是現今留著裝飾用的，前面還排著做燃料的短圓木材。說不定一百多年前的淡水比較冷，馬偕一家人真的用到這壁爐。我找到一把小沙發椅把身體埋下去，舒舒服服的打盹起來，猶如回到我的老厝一樣。在幽暗的房間裡默默地坐著，好似我從古老的年代一直住在這房間一樣，心裡充滿了幸福的感覺。那晚上，一反常例，我卻睡得甜，一直到了雞鳴。」

馬偕故居／胡文青提供

　　此地原是淡水外僑墓園，馬偕逝世後家人遵其遺囑，以一堵圍牆將其墓與其他洋人之墓隔開，以表明馬偕是台灣人。墓碑較高如燭台（方尖碑）者為馬偕墓，右邊是妻子張聰明之墓，左邊是兒子偕叡廉夫婦之墓，外圍則是學生、姻親的墳墓。

淡江中學校門

淡江中學

淡江中學創於 1872 年，校園內老樹成林，蒼古寂靜。八角樓與淡江大教堂是融合中式寶塔和西方拜占庭式建築，由該校老師長老教會加拿大宣教士羅虔益（K.W.Doawie）所設計。淡江中學校舍呈非對稱的合院，中心以「八角塔」作為精神象徵，左右有廂房拱護，左廂較短、右廂較長，呈八字形布局，並有衛塔。校舍後的體育館使用巨大的台灣式山牆，入口有石雕宮燈，皆為中西合璧之嘗試，外觀造型優美，相當具有鄉土特色，成功的結合西洋與東方建築的神韻。

原為淡水第二漁港的漁人碼頭，規劃成遊客們耳熟能詳的休閒碼頭，不同於一般漁港充斥著魚腥味與林立的海產店，這裡更多的自然人文的浪漫氣息，不論是公園草坪、情人橋、河岸平台等設施，入夜後在五顏六色的投射燈照映下顯得格外美麗，淡水地標漁人碼頭吸引很多遊客來此休閒賞玩，一邊遠眺觀音山、欣賞淡水暮色，一邊在海風輕拂下漫步聊天。

上圖 | 漁人碼頭與情人橋
下圖 | 漁人碼頭夜景

淡江中學

理學堂大書院（牛津學堂）

淡水紅毛城

淡水海關碼頭園區

滬尾礮台

漁人碼頭

一日體驗記 finish

滬尾礮台

紅毛城領事官邸

今為真理大學校史室的
牛津學堂

滬尾礮台

私立淡江中學八角樓

真理街 3 巷

淡水紅毛城

理學堂大書院（牛津學堂）

真理街

真理街4巷

← 往滬尾礮台、漁人碼頭

中正路

淡水海關碼頭園區

淡水長老教會

偕醫館 馬偕街

淡水文化園區：殼牌倉庫

　　十九世紀末淡水開港後，原英商嘉士洋行承租鼻仔頭地段（今淡水殼牌倉庫園區）作為貿易據點，1900 年殼牌公司買下倉庫，陸續擴建幾座大小倉庫及油槽，經營油品貿易。二次世界大戰時遭轟炸，油槽在大火中燒毀。2000 年 6 月指定公告為古蹟，並活化為社區大學與展覽場地。

曾是小白宮建築群的其中之一：前清淡水關稅務司官邸

日治時期淡水美景

淡水黃金海岸步道

在·地·
尋寶圖

Local
Treasure
map

淡水渡船頭

　　淡水渡船頭碼頭可銜接淡水與八里兩岸，渡船也是當地居民很重要的交通工具，碼頭已超過三百年歷史。2004 年淡水河藍色公路啟航，如今淡水渡船頭已是前往漁人碼頭、八里渡船頭、八里左岸或關渡碼頭的搭船處，每遇假日遊客如織，都為了體驗短程搭船樂趣而來，是淡水老街最熱鬧的區段之一。

淡水渡船頭 / 胡文青提供

1882 年牛津學堂竣工開校當時

淡水阿給

老牌的淡水阿給店家集中在真理街，是學生與在地人的早餐，往往賣完為止，通常下午就會收攤。阿給的食材簡單，將一塊剖肚的方形大油豆腐塞滿冬粉，裝得大腹便便，再以魚漿封口，蒸熟後淋上醬油或甜辣醬汁，入口之前要記得先以筷子撐開阿給肚皮，讓原無調味的冬粉釋出並吸飽醬汁，如此吃起來滿嘴才過癮。

淡水阿給

新民街

新生街

中山路

重建街

原德路

文化路

三民街

重建街

清水街

馬偕雕像

淡水紅樓

中山路

中正路一段

公明街

英專路

水源街一段

博愛街

淡水禮拜堂 / 胡文青提供

淡水清水巖

淡水老街

福佑宮

淡水龍山寺

登峰魚丸博物館

渡船頭

一日
體驗記
start

淡水捷運站

位於淡水老街上的福佑宮

魚丸博物館

淡江中學八角樓 / 胡文青提供

平溪、瑞芳、十分好玩

觀光小鎮

平溪區位在新北市東北方，為雪山山脈分支下的丘陵地帶。平溪曾經是台灣煤礦產量第一的地區，是帶動台灣經濟發展的火車頭。平溪的雨量為全台之冠，每年這兒下的雨超過兩座石門水庫的水量。而平溪也是基隆河的源頭，孕育著大台北地區的水源，所以「台北人喝的水，全都要經過平溪人的腳下」。

平溪也是台灣瀑布最多的地方，大大小小的瀑布共三十餘座，包括全台最大的十分瀑布。平溪線鐵路沿途景致秀麗，坐擁蒼鬱山色與壯闊水文，加上煤礦業興盛時期所遺留下來的工業遺蹟、充滿濃濃懷舊特色的老街，「平溪線火車」已成為鐵道迷及觀光客的首選。平溪線鐵路走過近百年歷史，完成階段性任務，其背後所隱藏的豐富

[策展人帶路]

Curator Talk

平溪放天燈近年成為台灣意象之一，平溪線的鐵道景觀不僅風光明媚，其實這裡還有多處以礦業為主題的產業博物館，值得旅人進一步深度探訪。

十分瀑布　　　　　　　　平溪線火車

文化，正是平溪觀光資源最大的寶藏。

猴硐煤礦博物園區

　　猴硐位於大東北角旅遊帶上，平溪鐵路起點。由基隆火山群、基隆河谷及鐵道所界定的鐵道溪谷風景系統範圍內；亦是位於煤礦與金礦礦業文化遺產分布的中界帶。這裡曾是全台灣最大、品質最佳的煤礦場，在台灣煤礦史上具有深遠影響的地位。

　　曾經盛極一時有「產煤裕國」自許的「瑞三煤礦」即設址於此，1934 年創立的瑞三煤礦，拜猴硐煤儲量豐富之賜，使得煤產量僅次於台陽礦業及基隆炭礦株式會社。採礦全盛時期，員工人數多達一千五百人，為當地帶來繁榮與財富，居民高達九百多戶，六千多人。但隨著礦業的沒落，瑞三煤礦在 1990 年結束營運，人去廠空。遊客只能從錯落在軌道旁一棟棟廢棄的廠房、腐鏽的窄線鐵軌以及斑駁的運煤台車，遙想當年繁榮盛景，物換星移之快，令人不勝唏噓！

　　為了守護台灣煤業發展的活歷史，開創猴硐新風貌，新北市政府自 2005 年起陸續進行礦區相關廠房建物的整修工程、保存

選煤場遺址　　　　　　　　　　1930 年代猴硐選碳場

古蹟文物及聚落演變舊址，整個園區的規劃借鏡 Eco-Museum 的大架構，於 2010 年 7 月成立「猴硐煤礦博物園區」。以生態博物館「現地保存」的概念而言，煤礦博物園區的特色不只在遺址空間本身，或建築物裡的文物機器，而在於結合地方整體的自然生態環境、常民生活樣態與社會過程。原有的礦場辦公室、礦工浴室變身為旅遊資訊站與礦工紀念館、地質館、願景館等，展示著採礦的歷史文物。

台灣煤礦博物館

位在「新平溪煤礦」廢坑遺址的「台灣煤礦博物館」，新平溪煤礦是平溪鄉十分地區晚期（1976 年）才開挖的礦場，於 2001 年規劃成博物館，正可為台灣煤礦歷史留下見證。園區尚保存各種大型採煤機器、小型解說館、模擬坑道，讓遊客體驗礦場環境。博物館入口在山下的洗煤場，可乘煤礦台車進入，是台灣僅存的礦業鐵道小火車，也是台灣第一部電氣化火車，被日本鐵道迷暱稱為「獨眼小僧」電車，全程約二公里，車程約十分鐘。

礦業文化博物館

「獨眼小僧」電車

一日體驗：礦工生活

遊客可裝扮成礦工進入安全訓練坑道，體驗全台唯一依實際比例打造摸擬採煤情境的坑道。參訪者也可體驗乘坐獨眼小僧，透過身歷其境，瞭解台灣煤礦開採的艱辛歷程。

新平溪煤礦「獨眼小僧」電車資訊

日本鐵道迷米澤光敦驚訝說：「眼前的光景，令我們難以置信。……山腳下的意外驚喜令我們心情大好，接著再到軌道另一頭的終點，坑口所在地去看看。昔日的礦山事務所已改建成資料室，展示有模擬坑道，已再現過去礦坑的內部景象，還有當時使用的採礦工具、照片等等。隔壁設有放映室，可以觀賞煤炭產業的相關影片。」

菁桐礦業生活館

位在車站旁邊，原為台鐵員工宿舍，礦業興盛時期，菁桐車站編制員工十一名。1963 年將原來木造鐵路宿舍，改為現今磚造建築，礦業沒落後即閒置荒廢。2001 年配合內政部營建署城鄉風貌改建計畫，經整修再利用空間作為展覽之用，定名為「菁桐礦業生活館」，設有主題展覽館、文化商品館、咖啡館及生活廣場等。

菁桐車站

博物 點 線 面

猴硐車站 ▶ 猴硐煤礦博物園區 ▶ 猴硐貓村 ▶ 十分老街 ▶ 新北市風景特定區管理所（十分旅遊服務中心）▶ 十分瀑布 ▶ 台灣煤礦博物館 ▶ 平溪老街 ▶ 平溪分駐所 ▶ 平溪天燈 ▶ 菁桐車站 ▶ 菁桐礦業生活館

起點
須知
info

一日
體驗記
start

新平溪煤礦博物館園區
（台灣煤礦博物館）

1965 年 - 新平溪煤礦開坑。

1997 年 - 開採不符經濟效益而歇業。

2000 年 - 台灣最後一座煤礦三峽「利豐煤礦」收坑關閉，為煤礦產業畫下句點。

2001 年 - 煤礦博物園區成立。

2002 年 - 菁桐站旁老舊宿舍經整修，成為平溪地區地方文化館，正式定名為「菁桐礦業生活館」。

2003 年 - 博物館保存完整煤礦場，獲認定為另一座地方文化館。

2005 年 - 菁桐站旁的菁桐礦業生活館開幕。

2016 年 - 整建後的新平溪煤礦博物園區重新開幕。

菁桐老街

上網一點通

新平溪煤礦博物館參觀資訊

猴硐車站

造訪猴硐，坐火車比開車方便，猴硐車站就是村鎮中心，整個猴硐就以車站為中心往外擴散，小吃、遊客中心和重要景點都在車站附近。昔日舊車站原是一棟日式木造黑瓦建築，由於建地的關係，車站站房建在離地數公尺的半空中，而中空的站房下則有兩線做為貨車調度用的軌道，像這樣獨具風格的車站，在台灣非常罕見。剪票口位於二樓，進入猴硐市街前，一路走來，處處可見關於貓的標語，完全無法忽視它的存在，這是猴硐車站的一大特色。

猴硐車站旁的貓 / 柯帕提供

猴硐煤礦博物園區

天橋上的猴硐貓
/ 柯帕提供

猴硐貓村

車站橫跨鐵道的天橋，是通往貓村的路徑，窄小的通道似乎讓這貓樂園更添神祕色彩，有貓相隨，猴硐最美。每一隻的花紋斑點逗趣可愛，「黑色會美眉」的組合，魅力十足，將台鐵舊宿舍打造成「貓咪資訊站」，結合地方特色又兼具可愛的貓咪主題裝置藝術、貓家族公仔及 Q 版貓咪公車站牌。

十分老街

十分地區本是平溪鄉開發最早、規模最大的聚落。十分老街並不像一般老街以舊年代的建築物來吸引遊客目光，而是以全台獨一無二的「火車門前過」，以鐵道作為街道主軸的奇景而聞名。狹窄的街道，火車就每天從兩排緊臨的店家民宅中間駛過，沒有柵欄相隔。十分站附近的居民早已習慣火車貼近家門緩緩駛過，火車儼然成為他們生活的一部分，坐在門前的老人依然悠閒地聊天乘涼，小孩也自在地在鐵道邊嬉戲，形成一幅很像電影的畫面。

新北市風景特定區管理所（十分旅遊服務中心）

新北市風景特定區管理所（十分旅遊服務中心）位於基隆河畔，依山傍水景色優美，是一個十分舒適的旅遊中繼站。服務中心的一樓是天燈研習廣場；二樓提供旅遊相關諮詢服務、多媒體影片介紹，另外展示平溪鄉的煤礦歷史及採礦風情；三樓為藝術小天燈展示館，三樓雅座可遠眺河岸風情。中心的周邊有規劃完善的親水棧道，常成為民眾拍攝婚紗的取景聖地，沿著步道走過四廣潭吊橋、觀瀑吊橋，可至十分瀑布風景區。

親水木棧步道

夜宿體驗

夜宿平溪時，除可享受台灣傳統老街的寧靜外，也可體驗在「台灣天燈的原鄉」施放天燈的奇妙感受。近年由於國人旅遊較具環保意識，到平溪不一定要玩放天燈，悠閒慢活也是一種好方式。

十分瀑布

十分瀑布素有「台灣尼加拉瀑布」的美名，高二十公尺、寬四十公尺，是台灣規模最大的簾幕式瀑布，其形貌及岩層方向均與水流方向相反，與北美尼加拉瀑布相似，因而得名。當基隆河水流瞬間由二十公尺的落差沖刷而下，氣勢磅礡，就像千軍萬馬奔騰馳來，隆隆水聲不絕於耳，激起的水霧就像一襲白色的薄紗，墜入一大片寬闊水潭，水氣經常瀰漫在水潭上方，經陽光照射，便呈現一道彩虹，璀璨奪目，令人感受到大自然神奇力量，被視為台灣地理景觀代表之一。

十分瀑布

台灣煤礦博物館

平溪老街

平溪與十分、菁桐為平溪線三大站，不過和菁桐、十分不同的是，環繞平溪站的聚落是一處沿著山坡道而建的社區，頗有九份山城的味道。平溪老街是指平溪車站周邊，舊稱「石底聚落」一帶，老街沿山坡而建，依傍基隆河畔，狹窄的石板路坡道上，保存著許多傳統長形街屋，至今依舊散發著濃濃的古意。

平溪小城

平溪分駐所

平溪分駐所是全台唯一的天燈派出所，主體建築外觀打造成高九公尺、直徑十二公尺的天燈球體，裝有近二十萬顆 LED 燈，每晚每半個整點的光雕秀，吸引遊人駐足觀賞。並提供「波麗士許願天燈」，冉冉升空，有別於傳統天燈，十分有趣。

以天燈為造型的平溪分駐所

　　平溪放天燈的習俗已超過百年歷史，每年元宵節，平溪人都會放天燈向天公伯仔祈福消災。這項源於三國時代，由諸葛亮發明用來傳遞軍情的軍事工具，其實是利用熱汽球原理，點燃火源形成熱空氣上升的推力，引導天燈飛向天空。平溪放天燈活動，一年更勝一年，遠從各地湧進的遊客不勝其數，幾乎快把平溪國中操場塞爆。會場外民眾也不讓大會專美於前，紛紛自行購買天燈，寫上自己的願望一起施放，但見裡裡外外、一批批天燈冉冉升空，彷彿是天燈的世界。頗有「層巒疊翠，萬籟俱寂；寒月群山，千燈並起。」之絕妙意境，也引來現場民眾一陣陣不約而同的讚嘆聲。

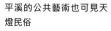

平溪的公共藝術也可見天燈民俗

走在平溪，隨時可見與天燈造型相關的建築

　　平溪支線終點站菁桐車站，建於 1929 年，至今已有八十年歷史，為目前台灣少數僅存的典型木造車站之一。不論外觀或內部陳設尚保持原味原汁，站內保留著老舊電器，由車站位置還可看到選洗煤場及降煤櫃（卸煤場），這調降煤櫃的長度為全台之冠，形成特有的鐵道景觀，是許多媒體與婚紗業者攝影的焦點。

　　菁桐坑選洗煤場位於車站的北上方，係 1931 年興建。這個台灣最大的選洗煤場，為簡易建築、尖形屋脊、紅磚外牆，曾經是熱鬧、人聲喧嘩的後置工作場所。如今，礦場歇業，雖不復往日的鮮明亮眼，但老舊斑駁的石柱，依然孤傲挺拔，2004 年經整理後，經營咖啡簡餐。

1		
2	4	
3		

[1] 1920 年代菁桐坑停車場
[2] 平溪線鐵道
[3] 菁桐老街上的祈福小竹筒
[4] 可愛的鐵道員公仔

一日
體驗記
finish

在·地·尋寶圖

Local Treasure map

40 到 50 年代，生活困苦，食物得來不易，且尚無冰箱保存食物，故楊家食堂須將當日未賣出的食物用豆皮包起來，油炸處理。由於口感特佳，形成一道口耳相傳的美食。

傳統手工獨家特製的雞捲，內餡含有芋頭、洋蔥、紅蘿蔔、絞肉等，再用豆腐皮包裹而成。酥脆爽口，還有芋頭香味，非常值得品嚐。

楊家雞捲

平溪線

　　三貂嶺是宜蘭線與平溪線鐵路的分歧點，從三貂嶺轉往菁桐的平溪線最早稱石底線，原本是民間運煤專用鐵路，1920 年代總督府鐵道部收購整建後成為客貨兩用路線，始稱平溪線。1980 年代後，由於平溪線上的煤礦區陸續關閉，人口大量流失，原本台鐵消極打算廢線，但被地方人士爭取保留下來，近年平溪每年舉辦「天燈節」又讓平溪線爆紅，加上原有瀑布景觀、小鎮老街與煤礦遺址等自然與人文景觀，讓平溪線成為台灣最熱門的一條鐵道支線。

左圖｜日治時期四腳亭第九坑煤礦
右圖｜菁桐車站

天燈派出所　煤礦紀念公園　菁桐火車站　菁桐礦業生活館　菁桐國小　基隆河 106　平溪國中　靜安路二段　菁桐街　汐平路二段　公園街　平溪街　三坑溪　三坑溪　平溪天燈　平溪老街　平溪車站　106　基隆河　台車道　嶺腳火車站

往猴硐車站、猴硐煤礦博物園區

菁桐老街上的祈福小竹筒

獨眼小僧電氣小火車　　十分瀑布

台灣煤礦博物館

台灣博物館散步GO

月桃寮溪

瑞平公路

基隆河

十分瀑布

眼鏡洞瀑布

十分瀑布

2丙

靜安路三段（瑞平公路）

106

十分旅客
服務中心

十分街　十分觀光大橋

猴硐貓橋

　　礦產沒落後，猴硐人口外流嚴重，原本是產煤第一大城，逐漸演變成有上百隻貓在此與人生活的特殊情況，由於貓的繁殖力強，過去村人所養的貓，加上流浪貓與棄養貓，貓村也因此形成並得名，成為近年的人氣觀光景點。車站通往村裡的舊天橋，2013年耗資一千八百萬新台幣整建成為「貓橋」，造型意象酷似一隻貓，遊客也可將貓飼料放於橋上設置的貓跳台，此橋可能是全世界唯一人貓共走的通道。

一日
體驗記
start

猴硐
博物園區

猴硐煤礦

介壽橋

柴寮路

基隆河

侯硐路

保安宮

北37

北37

北37

猴硐神社遺址

侯硐路

北37

北37

北37

猴硐車站

園區瑞三
礦業事務所

天橋上的貓／柯帕提供

猴硐故事館

宜蘭博物館家族

12

蘭陽平原

宜蘭原名噶瑪蘭，蘭陽平原的開拓，始於吳沙率眾入墾頭城發端，首建「頭圍」得名。頭城不僅位於草嶺古道出入口，更擁有開蘭第一港：烏石港，是宜蘭的門戶，而後逐漸南移。1872 年，一批以福建漳州人為主的墾民，占進了介於蘭陽河、蘭陽溪之間的平地，這是漢移民在蘭陽平原開發的第五個據點，命名為「五圍」，即今之宜蘭市。

1990 年代，宜蘭縣政府提出生態博物館概念，將全宜蘭縣視為一座博物館，蘭陽博物館則定位為「認識宜蘭的窗口」，期望

[策展人帶路]
Curator Talk

「宜蘭博物館家族協會」是台灣民間最早以家族之名，進行博物館館際交流之先驅，近年公立的「蘭陽博物館」亦成立，公私部門兩者加乘，更豐富了大蘭陽地區的博物館資源，讓旅人得以探訪文化宜蘭。

1	2
3	4

[1] 蘭陽平原
[2] 宜蘭火車站
[3] 宜蘭街老照片
[4] 幾米公共藝術裝置作品

[1] 烏石港遊客
中心
[2] 烏石港遺址

透過保存與維護宜蘭的自然與人文環境，成為動態的教育場所。

目前的宜蘭博物館，公私立館舍約六十多間。包含精雕、戲劇、碗盤、螃蟹、青蔥、木屐、稻草工藝等主題，特色展館遍布十二鄉鎮市。2001 年，台灣第一個民間自發組成的宜蘭博物館家族協會成立。

蘭陽博物館

蘭陽博物館是宜蘭近年來的新地標，建築體遠看就像一座從土裡冒出來的單面山，斜躺在頭城烏石港礁石遺跡上，靈感來自

12

宜蘭北關海岸一帶常見的單面山，一翼陡峭、一翼緩斜的山型，為蘭陽獨特的地理特質。主建築師姚仁喜透過藝術手法將山的意象轉化成建築體之幾何層次造型，讓屋頂與地面夾角呈二十度，尖端牆面與地面呈七十度，呈現錯落感。而外牆的排列組合分割，也仿效單面山的岩石節理，與屋頂呈二十度平行，層層依序分割石材和鑄鋁板。

　　蘭陽博物館包含展示中心（常設展、特展空間、展示準備區）、教育資源中心（教育推廣、兒童探索中心、典藏維護、多功能會議中心、研習區、行政區）與蘭陽市集（賣店及餐廳）等。常設展主題結合建築特色分為四層樓設計，展區分為七大單元：一、序展：以互動劇場呈現宜蘭誕生的故事。二、全場秀：仰望的奇蹟，利用貫穿展場三層樓的斜天花板，造出全長十九公尺的巨幅投影，藉由小水滴在蘭陽大地的循環過程，串聯起山、平原、海各樓層的展示內容。三、山之層，透過藝術手法模擬置身於森林的空間感受；中央山脈和雪山山脈迎接來自太平洋的季風、水氣，形成「迷霧森林」。四、平原層，呈現了蘭陽平原最具特色

蘭陽博物館　　　　　　　　　蘭陽博物館

的地景：阡陌田疇、疊石梯田、翠綠秧苗、金黃稻穀，展示充滿智慧的在地居民生活特色。五、海之層，以沙丘展櫃展現沙崙景象；飛魚和水鳥串聯了生態資源與人文活動。六、時光廊，牆上的老照片與影像記錄宜蘭的歷史故事。七、兒童探索區，以海洋為主題，引領小朋友發掘繽紛多元的海洋寶藏。

蘭博園區內保留原有的烏石港遺址的濕地生態，作為環境教育場所，靠近烏石港遊客中心處並展示宜蘭拓墾時期的戎克船，且有生態小屋、賞鳥屋與「石港春帆」的解說等。基於生態博物館的概念，蘭陽博物館一方面致力於宜蘭縣內自然與人文資產的蒐藏、研究、展示與教育工作，鼓勵現地保存，並且和分布在縣境內的「蘭博家族」共同致力於人民生活場景的歷史與社會保存運動，同時策劃各種聯合展示與推廣教育活動。

| 1 | 2 |
| 3 | 4 |

[1] 博物館外的沼澤水池 [2] 蘭陽博物館外觀
[3] 蘭陽博物館夾角牆面 [4] 蘭陽博物館內部空間

博物 點線面

起點須知 info

一日體驗記 start

蘭陽博物館

1992 年 - 宜蘭縣政府成立「博物館籌建規劃委員會」，選址於頭城鎮烏石港區，定名「蘭陽博物館」。

1995 年 - 6 月完成「蘭陽博物館整體規劃案」。

1999 年 -「蘭陽博物館籌備處」以任務編組方式成立。

2001 年 - 完成「宜蘭縣蘭陽博物館預定地週邊區域暨宜蘭縣沿海溼地鳥類生態環境研究調查計畫」。

2004 年 - 7 月 31 日於烏石港舉行蘭陽博物館動工典禮。

2008 年 - 蘭陽博物館主體建築上梁。

2010 年 - 5 月 18 日配合國際博物館日，開始第一階段試營運，受理團體預約參觀。

2010 年 - 6 月 25 日本館開始第二階段試營運，全面對外開放。「手創蘭陽──宜蘭生活美學特展」特展開幕。

2010 年 - 本館建築榮獲「2010 台灣建築獎」首獎。第十屆公共工程「金質獎」特優。

2011 年 - 榮獲第 15 屆「2011 年國際宜居城市大會」國際決賽 ProjectAward 人造環境類金獎。

2012 年 - 姚仁喜建築師暨大元聯合建築師事務所榮獲「2012 國際建築獎」。

2013 年 - 開館三周年，蘭博自 2011 年起將每年 10 月訂為「宜蘭博物館月」，包括校園館、自然館、歷史館、戲劇館、休閒農場、觀光工廠等蘭博家族，共同推動「宜蘭就是一座博物館」的理念和運動。

蘭陽博物館

上網一點通

宜蘭設治紀念館參觀資訊

河東堂獅子博物館

前清屯兵關卡，過了這關就是蘭陽平原，所以北關古稱「蘭陽之鑰」。1998 年，河東堂獅子博物館落腳於頭城北關，這座國內首座以「獅子」為主題的博物館，緊偎在北關海潮公園之旁，與龜山島隔海僅十公里之遙，現已納入東森海洋溫泉會館。博物館展現出的二千多隻獅子，其材質涵蓋石、玉、木、竹、陶瓷、金銀、刺繡等，上溯隋唐，下至當代，用途更是五花八門，可見獅子文物和歷代生活息息相連。

上圖 | 河東堂獅子博物館 下圖 | 河東堂獅子博物館展品

螃蟹博物館

位於北關生態農場內的螃蟹博物館，是國內第一座螃蟹主題展示館。四層樓的建築中，廣泛蒐集台灣蝦蟹甲殼動物，共一千多種活體與標本，極具生態教育意義。

螃蟹博物館

蘭陽博物館

呂美麗精雕藝術館

以鄉土、生活、佛三大系列的主題，運用黃楊木、黃金、琉璃、銅等多元化素材，以生活化的雕刻手法，雕刻出撼動人心的作品。精雕藝術館把木頭細細精雕，特別挑選質地細緻、不易腐壞的黃楊木為主要創作材料，一鑿一刻，每件作品栩栩如生。

呂美麗精雕藝術館

橘之鄉蜜餞形象館

　　蜜餞是宜蘭特產四寶之一，其中又以金棗最為有名。金棗又名金橘，也是「橘之鄉」取名的由來。這裡的產品強調無添加香料、色素、糖精及防腐劑，廣受歡迎。來到形象館可參觀立體展示區及視聽簡報區，了解金棗蜜餞的製作過程，也有 DIY 製作金棗蜜餞的體驗課程。

1 | 2 | 3

[1] 金棗蜜餞 DIY 體驗區
[2] 蜜餞觀光工廠
[3] 橘之鄉展示空間

宜蘭設治紀念館

　　位於宜蘭市舊城南路的宜蘭設治紀念館，前身是歷任宜蘭地方首長的官邸，始建於 1906 年，是宜蘭第一座閒置再利用的歷史建築。紀念館是一棟所謂「和洋式」的折衷式建築，內部是傳統和式格局，展現出日本式居家空間的輕盈、精巧。與附近的宜蘭文學館等構成南門林園的經典歷史建築，形成一個重要的文化空間，雖然位於市中心，卻有一份恬靜幽雅，感覺好像進入某位文人的家，是沉澱心靈的好地方。

宜蘭設治紀念館

宜蘭文學館

　　走出宜蘭設治紀念館，沿著紅磚舊圍牆，舊農校校長宿舍改建的宜蘭文學館赫然在眼前。文學館內沒有浩瀚藏書或珍貴古本，沒有圖書館或文化館的沉重氛圍，有的是空間裡的詩意、雅趣和自在。自從金城武代言的中華電信廣告於此拍攝後，遊客大排長龍，館方開始掌控入館參觀人數。

宜蘭文學館

宜蘭酒廠乃 1909 年創立的宜蘭製酒公司，取枕頭山下泉水釀製安溪老紅酒，暢銷蘭陽三郡。1998 年，宜蘭酒廠利用一座六十多年歷史的老倉庫，重新規劃為「甲子蘭酒文物館」。一樓設品嚐區，二樓展示酒廠歷史、製酒過程、飲酒文化，著力於鄉土產業的推廣工作，開拓地方傳統產業的新風貌，是宜蘭產業文化的具體代表。

宜蘭酒廠甲子蘭酒文物館

宜蘭酒廠內酒銀行

蟲立於中山公園內，綠鋼屋頂、洗宜蘭石、鋪閩南紅磚的宜蘭演藝廳，以深具宜蘭風味的美姿，玉立於水榭垂柳之間。舞台是全台首創的三面式設計，這兒有不定時的歌仔戲表演，音樂會、話劇等活動。

宜蘭演藝廳

小體驗

台灣戲劇館的櫃台處可免費租借戲偶或歌仔戲服，讓你可以到戲台表演或拍照留念，每週六還有週末劇場，免費歌仔戲表演傳習，歡迎來學習體驗。

宜蘭被譽為「戲劇之鄉」，是歌仔戲的發源地，更是台灣漳州傀儡戲的大本營，戲曲之美俯拾即是。台灣戲劇館在 1990 年啟用，是台灣第一座公立的地方戲劇博物館，典藏展示著歌仔戲、傀儡戲、北管戲曲、布袋戲等台灣四大劇種文物，包括著名藝師廖瓊枝、陳旺欉、葉讚生、楊麗花、葉青等人的戲劇服飾，均在蒐藏之列，是了解宜蘭戲劇文化的最佳場所。

台灣戲劇館

　　國立傳藝中心，占地二十四公頃，座落在美麗的冬山河畔，是台灣傳統民俗技藝巡演與工藝教學的大本營，於 2004 年對外開放，展現多樣化的傳統藝術風貌，規劃有傳統藝術傳習區、傳統戲曲展演區、景觀體驗區、傳統工藝推展區等。區內建築亦具傳統特色，呈現傳統藝術之美，與冬山河的親水公園連成一片，串成景點。

　　遊客服務中心設在南側入口附近。一樓設有展示室、店舖與醫務室，二樓是展示室與辦公室，地下一樓是店舖，以展售園區紀念品及出版品為主。建築外觀量體錯落，立面採用紅磚、清水混凝土及玻璃材質，風格獨具。

　　民藝街坊是以新竹湖口老街為樣本，房舍立面展現強烈的日治時期仿西洋風格，拱型騎樓立柱，或如建築上方等腰三角形的山牆以及女兒牆，都是典型的二十世紀初期台灣商業街特色。這條邀請藝術工坊進駐，三十三間店舖組成的民藝街坊，建物從一到三層樓皆有，創造出錯落的層次感。非筆直的街道，則是仿照早期聚落空間的重現。

　　展示館位於園區中央，屬於工藝坊區的一部分。北邊以回字型廊道與戲劇館相接，西臨廣場，東接傳藝大道，為園區內典藏傳統藝術文物作常設性展出，並舉辦主題特展與研究成果展的地方。主要透過靜態的視覺體現，來傳達傳統工藝美術品主題及其相關資料和技術，達到與觀眾互動，並彰顯出展示文物與傳統文化、民俗生活共存的社會情景。

　　展示館的展示空間、典藏作業空間及園區管理服務處等三大部分，各有不同方位的獨立出入口，與中型美術館相當。館內一樓設有大廳、特別展示區、研究展示區、資訊檢索區、販賣部及辦公室等；二樓設有特別展示區、常設展示區、典藏室等；三樓設有三間典藏室。

1	2	3
4	5	6

[1-6] 國立宜蘭傳藝中心園區

國立宜蘭傳藝中心園區內店面展示布袋戲偶　　　國立宜蘭傳藝中心園區入口

冬山河森林公園：生態綠舟

　　依蘭陽平原就是一座博物館的概念而言，宜蘭博物館家族缺少了一個水態博物館，即水的博物館。生態綠舟的環境條件最為適合，無論從冬山河的整治、噶瑪蘭家屋的呈現，都能定位為蘭陽平原的水態博物館的概念與情境。

$$\frac{1}{\frac{2}{3}}$$

[1] 冬山河
[2] 冬山河畔
[3] 冬山河上風帆船競航

羅東林業文化園區與竹林車站

　　羅東林業文化園區是林管處將羅東林業出張所及貯水池舊址重新規劃成處處充滿生機的小木屋，變化成森趣館、森產館、森藝館和森活館，展示著當年太平山林業盛行的歷史、景物。生態竹屋外觀用竹子裝飾，是一個與環境共生的綠建築。還有遺留下來的火車軌道，上面停有古老的火車頭，任人觀賞想像其往昔奔馳森林之雄風。園區內的竹林車站，全檜木造的日式建築，古色古香，當時是木材從太平山運下來的集散大站。往昔要上太平山得從竹林車站出發，這個車站是所有上太平山人的共同記憶。

1	2
3	4
5	6

[1-5] 羅東林場園區
[6] 羅東林場文化園區展館

竹林車站今觀　　　　　　　　　　日治時期從土場運下木材的列車

三星青蔥文化館

天送埤車站

青蔥文化館除了介紹三星特產「蔥」以外，也介紹其他與青蔥並稱「三星四寶」的白蒜、銀柳和上將梨。但由於三星蔥名氣較大，館內文宣、展示品也都以三星蔥為主。三星的水質純靜甘美，雲多日少雨水充沛，加上雪山山脈吹來的西風和排水良好的沖積土壤，造就了三星蔥最佳的生長環境，種出來的青蔥風味濃郁，口感清脆多汁，為蔥中極品。

珊瑚法界博物館

南方澳的珊瑚業曾名震一時，台灣所產的珊瑚原料質地細緻，色澤豐富，產量更是高居全球之冠，南方澳正是主要的集散地，而有「珊瑚王國」的美譽。1970 年代，南方澳的採珊瑚船高達四百多艘，後因採伐過量，而趨沒落，如今只剩下五十艘左右，在南方澳街上也只剩下二家珊瑚店家。位在南安路的珊瑚法界博物館，展示許多精美的珊瑚作品及採珊瑚漁具，做為南方澳珊瑚文化的見證。

白米木屐館

小體驗

由老師帶領製作木屐，先在木屐上彩繪，上漆再釘合，可發揮個人的創意和巧思，體驗價每人 150-350 元。

位於蘇澳的白米社區原有一家木屐工廠，但戰後木屐愈見沒落。後來社區決定以彩繪木屐做為發展主題，重新找回老師傅，並由台肥舊倉庫改建成木屐文化館。白米木屐館分為三館，除了展示、咖啡簡餐廳，還有木屐教室，白米社區為台灣社區總體營造之明星社區。

一日體驗記
finish

文昌路　昭應宮　新民路

舊城西路　西安街

甲子蘭酒文物館

宜蘭酒廠

宜蘭舊城

　　宜蘭在還未正式設廳之前，已有夯土城，外圍種九芎樹。之後通判翟淦上任，加種莿竹環城，挖護城壕，並於城門外設吊橋。日治時期日人進行市區改正將城門與城牆拆除，護城壕改為八千代川，戰後轉為下水道，成為今日的舊城南路、舊城東路一部分。而當時拆除的城垣改為道路，在原地建築寬廣的環城道路，即今環狀的舊城東、西、南、北路。

宜蘭文學館
宜蘭設治紀念館
九芎埕藝術廣場

7丁

新月廣場
九芎埕藝術廣場
新月廣場
宜蘭美術館

7

宜蘭文學館因金城武拍廣告而爆紅

文化路

一日體驗記 start

宜蘭舊城護城河

崇聖街

舊宜蘭監獄門廳

民族路

民權路一段

宜蘭演藝廳

獻馘碑

中山路二段

宜蘭市公所

宜17

神農路二段

民權新路

中華路

段

◄ 🍴 美食攻略 🍴 ►

宜蘭鴨賞

來宜蘭走一遭，挑選伴手禮怎能錯過宜蘭鴨賞？不過，要如何品嚐美味的鴨賞呢？宜蘭人道地的吃法就是涼伴鴨賞。把已經切片的鴨賞依序加入白醋、白糖、香油、米酒調味，一起攪拌，一道酸甜清爽又開味的佳餚就完成了。不管當主菜或前菜都很適合。

若要品嚐熱炒鴨賞的風味，就要試試這道蒜苗鴨賞，只要把蒜苗、辣椒直接熱油爆香，加點米酒，倒入鴨賞，加點高湯避免肉質太乾，再放點白糖、白醋和香油，熱炒一下，香噴噴的蒜苗鴨賞更顯得美味可口。

宜蘭鴨賞

在地尋寶圖

⑦

Local Treasure map

羅東貯木池

羅東林場內貯木池木材原採用管流運材方式，靠著蘭陽溪的溪流，由土場放流到宜蘭員山松羅埤貯木場。隨著 1924 年運材森林鐵道完工後，就利用運材列車從土場運送木材，經過濁水、牛鬥、清水、天送埤、三星、二萬五、大洲、歪仔歪、竹林等車站，貯木場也改至羅東。伐木事業停止後，羅東林業文化園區內的貯木池也逐漸轉型成為今日擁有自然資源豐富的生態池。

貯木池變成生態池

蘭陽博物館展示空間

蘭陽博物館外入口步道旗海飄揚

崇聖街

新民路

康樂路

光復路

和睦路

復興路

↑往北關河東堂獅子螃蟹博物館、螃蟹博物館

幾米公共藝術裝置作品

宜蘭行口

創創新村

宜蘭車站

丟丟噹森林

百果樹紅磚屋

幾米公園

宜興路一段

幸運轉運站

大象溜滑梯

宜興路一段

7丙

←往三星青蔥文化館、天送埤車站

羅東林業文化園區

羅東鎮

竹林車站

羅東車站

宜蘭市

呂美麗精雕藝術館

往礁溪

大塭路

烏石港遺址

蘭陽博物館

頭城老街

↑往北關河東堂獅子博物館、螃蟹博物館

2庚

蘭陽溪

冬山河

冬山河親水公園

宜蘭國立傳統藝術中心

冬山河森林公園

往蘇澳、珊瑚法界博物館、白米木屐館

196

196

9

2

2

2

2

9

7

7

9

5

149

桃園大溪風情畫

13

崁津歸帆

> 飄搖幅幅似張弓，欸乃聲催兩岸風。
>
> 點指石門明滅裡，大溪景似圖畫中。
>
> ——溫武卿，〈崁津歸帆〉

日治時期大漢溪畔
大溪公園

崁津歸帆是「大溪八景」之一，「崁津」意指大嵙崁溪（大漢溪）碼頭，在碼頭上可看見許多船隻從下游的淡水、大稻埕、新莊和艋舺等地卸貨返航的風景，意境之美超乎想像。大溪也因大漢溪而成為商貿往來的交通樞紐，不僅古道四通八達，茶、樟腦、木材等重要物資，經由大漢溪運送至上述等地，成為北台灣重要的河運據點。

大溪木藝生態博物館

[策展人帶路]
Curator Talk

進入大溪，就是走進一座博物館，除了老街以外，近年逐步加入大溪木藝生態博物館等館群，未來規劃以多樣的「故事」館舍，豐富大桃園地區的博物館資源，持續吸引旅人目光。

緊臨大溪的復興區宛若天然的材庫，山林裡的木料沿著大漢溪順流而下，匯聚於大溪。晚清時期，許多富賈、望族在大溪興建家宅，並聘請來自福建的唐山木藝師傅渡海來台，從建築梁棟的大木工程到細木家具一手包辦，這些唐山師傅的巧手，為大溪木藝奠定技藝傳承的根基。

　　1960 年代台灣經濟起飛，大溪木器產業發展鼎盛，光是和平路上就有五十至六十家木器店，直到 1990 年代，經濟不景氣，加上東南亞低價木器來台傾銷，整體木器產業受到嚴重衝擊。但大溪的木器產業經過百年累積，創造了豐富的有形與無形文化資產，進入大溪就是走進一座博物館。大溪既是生活的場域，也是教育的場域，大溪木藝生態博物館是一座展演大溪生活魅力的博物館。

壹號館

　　壹號館是大溪國小所屬的日式宿舍，興建於 1920 年代的高架平房建築，曾為大溪國小的校長宿舍。2007 年登錄為桃園縣歷史建築，由文化局接管後，成為大溪木藝生態博物館第一棟修繕開放空間，也因此被稱為「壹號館」。原來的私人生活場所成為公共空間，打開大溪文化的第一扇窗。老房子有了新生命，也象徵時代的變遷。

位於中正路底公園旁內的壹號館

武德殿

　　二戰前，日人在台積極提倡武士道精神，因而在各地修建武德殿，以供警察與青年子弟練習柔道、劍道，落成於 1935 年的大溪武德殿即其中之一。所謂的「武德」就是劍道五德：正義、廉恥、勇武、禮節、禮讓，藉此獎勵武術，提振士氣。1950 年，大溪公會堂被改成蔣總統行館，增設大溪憲兵隊，即以武德殿為憲兵營舍，2000 年部隊撤除後，重修武德殿，屋頂仍保持原有的木架構與青銅裝飾，2004 年登錄為桃園縣歷史建築，2015 年成為桃園市立大溪木藝生態博物館館舍之一，以作為特展展示空間。走進武德殿，映入眼簾的是建成商行的百年神桌、螺鈿紅木神桌和傳統工法融入美學的現代神桌，三張不同時代的神桌揭開了大溪木藝發展歷史。

武德殿

武德殿

大溪警察局宿舍群

　　大溪警察局宿舍群為 1901 年大嵙崁支廳時期開始興建，其宿舍用途不曾改變，見證大溪從日治到民國近百年的警政沿革與大溪的發展歷程。宿舍群再利用，除維持其原居家風貌外，也增加展示、藝術進駐、創作交流及體驗的場館功能。

街角館

　　街角館是從街角博物館的概念衍生而來，在我們生活的街道上、熟悉的轉角旁，將看似平凡的日常經驗，轉化成別具意義的文化展示。推動街角館是希望邀請居民一起關心、保存及展演大溪文化，無論是店家、學校、工作室、木材廠，任何具有故事與記憶的空間，只要秉持「願意改變、願意付出」的初衷，願意共同為大溪來努力，就是博物館的民間夥伴。因有街角館的加入與推展，匯集能量，蓄勢待發。

　　街角館猶如不同主題的小分館，導覽員就是大溪居民或店主人，讓每個街角館述說自己精彩的故事。街角館包括在和平老街的輕便車足跡館、達文西瓜藝文館、新玉清木器行、黃日香故事館、下街 40 番地工坊、協盛木器、大易藝術；中山老街的新南 12、蘭室；中正路的大房豆干、中和旅社；登龍路的櫻桃音樂館以及康莊路的三和木藝、連城原木藝術館、員林路的和峰木創等十五家。

大房豆干

協盛木器行

博物

大溪和平老街 ▶ 源古本舖 ▶ 大溪豆干 ▶ 石板古道、大慶洞 ▶ 大溪長老教會 ▶ 大溪中正公園 ▶ 大溪藝文之家 ▶ 大溪橋 ▶ 武德殿 ▶ 中山老街

起點須知 info

一日體驗記 start

大溪老街

1818 年 - 板橋林家遷徙至此建石城開發「大姑崁」。
1856 年 - 月眉李騰芳中秀才。
1860 年 - 興建李騰芳宅。
1865 年 - 李騰芳中舉人。大溪的地名因此由「大姑陷」，改為「大科崁」。
1886 年 - 劉銘傳於此設立撫墾總局。
1909 年 - 大溪街建崁津公園。後改稱大溪公園。
1912 年 - 市街改正，拓寬道路。今和平路一帶成為主要市街。
1919 年 - 地方官制變革，改稱大溪。街屋立面的裝飾也在這波改正中逐漸形成。
1975 年 - 大溪公園改名為「中正公園」。
1985 年 - 內政部公告李騰芳古宅為台閩地區第二級古蹟。
2004 年 - 老街永發號公告為桃園市歷史建築。

大溪和平老街

上網一點通

桃園觀光旅遊網
大溪老街資訊

大溪和平老街

　　在台灣談到「老街」，不能不談大溪老街，巴洛克式豪華的牌樓立面，山牆裝飾之華麗繁複，也以大溪老街為最。由於居民的堅持，大溪老街的立面牌樓或街屋形式等，一磚一瓦，均得以保存完整，讓小鎮抹上一縷思古幽情。老街吸引人的豆干、碗粿等小吃，不時瞥見的木器和童玩，都是最能打動人心的文化能量。

　　大溪老街係指多條街道構成的面狀街區，包括和平路（木器街）、中山路（名流雅士住宅區）、中央路（打鐵街）等，各街的分布位置與居民的生計、定居先後有密切關係。如今所提到的大溪老街，一般多指「和平老街」。清領時期的和平路只是一條寬約二公尺的碎石牛車路，兩旁盡是土埆厝和草厝，拜河運暢旺之賜，和平路因靠近碼頭，得地利之便，油車、碾米、打鐵、娛樂等行業蓬勃發展，極盛時期約有三百多家商店聚集。

1919 年，大溪實施市區改正，拓寬道路，要求街上店家，將臨街的店屋門面、山牆予以美化，於是請來匠師，竭盡其能，將各種吉祥造型加諸於山牆立面。據說，當時的匠師為了出奇制勝，製作期間還用帆布遮蓋，以免作品遭到模仿，足見其用心良苦。這些構圖繁複華麗的浮雕裝飾，由於保存完整，遂成為大溪彌足珍貴的文化資產。

大溪和平老街

源古本舖

源古本舖是大溪老街唯一保留完整的閩式三進歷史建築，保留著老古井、磚砌灶爐及木栓廁所等，於 2015 年獲得文化部文資局古蹟歷史建築管理營運表現優良獎。擁有一百八十年歷史的源古本舖，前身是一間糕餅舖，如今化身為展覽、表演、餐飲的文化空間。古家第五代子孫透過策展，為老房子注入新元素，讓更多人看見台灣先民的智慧。

大溪豆干

石板古道、大慶洞

石板古道一頭連接著和平老街，一頭則是熱鬧的大溪碼頭，而古道盡頭就是大慶洞門。貨物運送全靠挑夫荷物走上數百階的「之」字形石板道，在轉彎處成摺扇狀，降低每階的高度，以減輕挑夫苦力爬坡之苦。1903 年，桃園至大溪輕便車道完成後，大溪水運沒落，桅檣林立的勝景不再。石門水庫完工後，大部分的溪水不再經過，溪床裸岩紋理歷歷在目，如今走在這條仍保存著原始風貌的石板古道，誰能不緬懷大溪當年的風光歲月。

上圖｜大慶洞 下圖｜石板道

大溪長老教會

馬偕的足跡遍及北台，1873 年初訪大溪宣教，即想在大溪尋覓可傳福音的處所，直到 1889 年才在和平老街附近成立大溪長老教會。1993 年教友募款購得普濟路上土地，1997 年完成現今教會建築。建築主體極具歐風味道，尖塔外型結合紅磚外牆，是國內少見的典型仿哥德式尖塔建築，也是大溪的特色建築之一，常是吸引攝影師聚焦的景點。

大溪長老教會

大溪中正公園

大溪公園原稱「崁津公園」，今名「中正公園」，建於 1929 年，當時日人並在公園內建有大溪神社、忠魂碑、相撲場及公會堂。園內古木參天，綠意盎然，曾於 1920 年代票選為全台 12 勝景之一。

1930 年，日本人在公園內設置忠魂碑，以祭祀在明治末年、大正初期因征戰而客死異鄉的軍人與警察。戰後，同地遺址被改建成復興亭，但基座仍在；其旁的相撲場也改為蓮花池，現今緊接其旁的是陀螺廣場。大溪玩陀螺已有多年歷史，也玩出了全國名號。大溪神社建於 1932 年，為桃園三大神社之首，現已改建為一座二層樓高的景觀台。

1	2
3	4

[1] 日治時期大溪街鳥瞰
[2] 大溪中正公園
[3] 大溪神社參道遺跡
[4] 神社改建的觀景台：
超然亭

大溪藝文之家

大溪橋

武德殿

中山老街

建於 1932 年的大溪公會堂，是提供民眾聚會活動場所。戰後，為蔣介石總統相中，改為「蔣公行館」，1978 年改成「蔣公紀念館」對外開放，以展示蔣介石夫婦文物為主。2005 年改為「大溪藝文之家」重新對外開放，成為藝文活動展演場所，作為歷史建築活化再利用的方式再生。

1｜2｜3　　[1] 從公會堂、蔣公行館到現在的大溪藝文之家
　　　　　[2-3] 大溪藝文之家內部擺飾

跨崖虹影線高懸，不借秦王石一鞭。　百丈深梁同鳥道，題詩我欲擬成仙。

——劉彥甫，〈飛橋臥波〉（大溪八景之一）

1934 年，大溪橋完工，是一座全長 280 公尺典雅的鐵線吊橋，橋上鋪有輕便鐵道。戰後，改建成水泥橋，是台 3 線公路的重要橋梁之一。1994 年，另建武嶺橋取代大溪橋。2004 年完成大溪橋的美化工程，呈現仿歐洲城堡建築、鋼索吊橋的華麗風貌。

陳謙在〈戀戀大溪橋〉上說：「我在黃昏時刻來到這座橋，從上端的中正公園順著階梯下走，我舉起相機，捕捉它華麗的豐彩。有人形容大溪橋的燈火美麗得像一位貴婦，其實不用等到燈火通明，光是大溪橋獨特的城堡造型，就足夠艷麗而貴氣逼人的了。」

大溪橋風情

中山老街於日治時期是名門望族、富賈巨商與書香仕紳聚居的高級住宅區，街道兩旁的牌樓立面較具濃厚的西方風格，保存的老屋數量較少，但以歷史建築建成商行最具代表性。夕陽西下時，漫步中山老街，充滿寧靜與優雅氛圍。

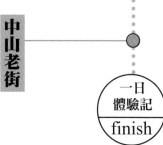

在地尋寶圖

在·地·尋·寶·圖

Local Treasure map

大漢溪

壹號館外觀 / 胡文青提供

大溪橋

普濟路

大溪長老教會

大溪木藝生態博物館壹號館

停車場

百年古井

大溪藝文之家

大溪公會堂

大溪中正公園

大溪豆干

豆干幾乎和大溪畫上等號，來大溪的遊客莫不人手一包大溪豆干。目前多家豆干商家創新研發非基因改造、不添加防腐劑的豆干，皆口感甘醇、香氣四溢、回甘入味。

知名的大溪豆干魯味 / 胡文青提供

🍴 美食攻略 🍴

大溪百年油飯

位於大溪三角公園傳統市場旁，創立於1862年的百年油飯在大溪早已聞名貫耳，從第一代創始人一根扁擔沿街叫賣油飯起家，到現在已傳承第四代了。1995年，名稱由「永樂亭」正式改名為「百年油飯」，同年並獲得內政部頒發的「三代技藝薪傳獎」，傳承百年的經典美味。

油飯的外觀到了第三代時改為粽子形狀，到了第四代才改成現今筒仔米糕的造型。食材採用雲林濁水溪圓糯米、上等豬肉、復興區香菇及阿根廷魷魚等。店家堅持純手工製作，吃上一口，古早油飯香溢滿口，油飯口感偏軟但不失Q度，香而不膩，軟而不油，讓人口齒流香。

大溪百年油飯

由相撲場改建的溜冰場

從超然亭俯瞰中正公園

從公會堂、蔣公行館到
現在的大溪藝文之家

黃氏家廟

大溪老街
（和平路老街）

和平路

台灣博物館散步 GO

石板道

大溪和平街

大溪和平老街

大溪和平老街

源古本舖

大溪國小

和平路

和平路

③

中山路

大溪長老教會

大溪和平老街

一日
體驗記
start

百年油飯

民權路

民生路

民權東路

慈湖路

中央路

中山老街亭仔腳長廊／胡文青提供　　中山老街建築風情／胡文青提供

（新南老街）
中山老街

中山路

中央路

木藝生態博物館
六連棟

大溪木藝生態
博物館藝師館

六連棟與武德殿／胡文青提供

木藝館／胡文青提供

李騰芳古宅

　　透過地圖導引，穿過古道小徑跨越台 3 線公路後可以抵達月眉路上的李騰芳古宅。李騰芳家族先以屠宰業起家，利用大嵙崁溪（今大漢溪）舟楫之便發跡，家號「李金興」。1856 年李騰芳以四十三歲高齡中秀才，1860 年開始建李騰芳宅，1862 年宅第落成。李宅為兩進多護龍的四合院建築群，前有半月形水池。昔日宅第護龍層層包圍形成防禦，四週還有莿竹，空間規劃出外庭、外埕和內埕等三處廣場，李騰芳中舉後，外埕立有兩對旗杆座。目前古宅整修中，預定 2017 年對外開放。

玻璃工藝追竹風情

14

竹塹風情

新竹市三面環山，一面向海，位居台灣的西北方，這樣的地理位置，造成了冬季東北季風十分強烈，所以有「風城」之稱。季風由沖積平原的東南向西北吹襲，而新竹地區地勢形如喇叭，所以無論東北季風或西南季風一進入新竹市，就立即受到地勢的制約而增強其威力，就如一股「穿堂風」一樣貫穿新竹市，所以民間早有「新竹風、基隆雨」或「竹風蘭雨」的稱呼。

新竹玻璃工藝博物館

新竹玻璃工藝博物館是全台第一座以玻璃為主題的博物館，旨在結合文化與觀光資源，協助新竹玻璃產業升級，讓民眾了解新竹玻璃產業的開發與應用。其實，新竹地區最具特色當屬玻璃工業，由於竹、苗一帶山區盛產製作玻璃的「矽砂」及溶煉過程中所需的熱源「天然氣」，因此新竹長久以來一直都是台灣玻璃的生產重鎮。近年來，更將這項傳統技藝藝術化，成為當地的一項觀光特色。

玻工館每年以展出精緻玻璃藝術品的特色，已成為國內外遊客休閒觀光必訪的專業博物館，而每兩年舉辦一次的「國際玻璃藝術節」除邀請國際友人來館參訪，也吸引許多外國觀光客前來。每一屆的國際玻璃藝術節都有不同的主題，如國際玻

[策展人帶路]
Curator Talk

新竹著名的玻璃工藝產業，在歷史空間中規劃再生為博物館，為台灣特色工藝博物館標竿與領航之一，更搭配產業節慶「國際玻璃藝術節」，打響讓玻璃產業，成為除了城隍廟、摃丸米粉小吃之外，給旅人的另一款新竹文化意象。

1930 年代新竹市東門通

新竹玻璃博物館外觀

璃藝術館、科技玻璃藝術館、兒童玻璃體驗館、玻璃藝術創意館及認證商品館等展區。

館內設有常設展示室,展示玻璃的發展過程、製作方法、原料與製成品,是以模型和食物來展現;玻璃工坊則設置了全套的玻璃製作設備,並聘請玻璃工藝家駐館,定期示範玻璃工藝品的製作過程,並於週末開設研習班,傳授玻璃創作技藝;玻璃的科技與生活文明則展出玻璃與現代科技與生活文明間的關係,以及玻璃和生活產業結合的現況;在特展室則會不定期展出國內外玻璃藝術家的玻璃藝術品,呈現玻璃與生活、藝術、科技結合的具體樣貌。

新竹玻璃工藝博物館原為日治時期的自治會館,建於1936年,為日籍設計師手島成吾所設計,是一棟仿歐式斜屋頂的磚造和洋混合型建築,內部裝潢格局雅緻,配合戶外庭園景觀,乃作為日本皇族及高級官員來台巡視時的行館及宴客場所。

1999年玻工館由新竹市政府委託博物館學者陳國寧教授及季鐵男建築師的規劃設計下落成,陳國寧教授團隊以各類型使用者對玻工館的不同需求為經,探討博物館之「行政、展示、收藏、教育研習、公共服務」等五大服務機能分析為緯,兩者共同形成博物館的環境條件。

玻璃工坊建於2005年,規劃設置玻璃工藝相關器具及教室,提供玻璃製作展示與DIY教學,內含吹製工作室、熱塑工作室、冷工工作室;二樓是商品展示中心;三樓則是多功能教室;池畔波光是玻工館的賣店。

上圖 | 新竹玻璃博物館外觀　下圖 | 博物館外部公共藝術裝置

博物 點線面

起點須知 info

一日體驗記 start

新竹玻璃工藝博物館

- 1936 年 - 建築落成，座落於新竹公園內。作為官員行館及宴客用的自治會館。
- 1945 年 - 戰後接收，成為國民政府委員會住所。
- 1950 年代 - 美軍顧問團進駐。
- 1970 年代 - 憲兵隊進駐。
- 1997 年 - 選為玻璃工藝博物館預定地。
- 1999 年 - 改建為新竹玻璃工藝博物館。12 月 18 日正式開館。

玻工館外部公共藝術裝置

新創園區（新竹公園內）

　　玻璃產業已成為新竹市的地方文化特色，除了玻工館外，其他如春池玻璃觀光工廠、李文福玻璃工坊、竹情玻璃工坊、許金娘玻璃工藝坊、銘昇玻璃藝品社、安福玻璃雕塑室等皆值得一遊。而位於新竹公園內新竹玻璃工藝博物館的周遭成立新創園區，除了玻工館外，尚有由湖畔料亭改裝的文創手作幸福町，其中又分為 A、B、C、D 館，原山丘上的氣象站，改裝成文創手作培力站，還有原先的文創展覽館。有時新創園區週末會有窯爐吹製玻璃技法表演。

上網一點通

新竹玻璃工藝博物館臉書訊息

玻璃暨文創商品藝術街

風城願景館

位在玻工館對面的是新竹市風城願景館，原是空軍工程聯隊禮堂舊址，原建築興建於 1959 年，新竹市政府於 2000 年規劃為風城願景館，展示新竹市的過去、現在和未來的發展模型及各項都市建設，是一個傳達都市公共建設資訊的主題博物館，現也作為文創品陳列館。

麗池

位在公園內的麗池，是許多新竹人少年時期最美麗的記憶。這個小湖泊一如她的名字一般，美麗如畫。經整治後，九曲橋與涼亭上，清風徐來，周邊的玻璃工藝博物館、風城願景館、池畔料亭等典雅建築相襯，湖畔花木扶疏、林木蒼翠、景色優雅，令人心曠神怡。尤其在夜色裡，麗池上九曲橋的點點燈光，投射在湖水波光蕩漾中，氣氛更加羅曼蒂克。

麗池湖畔景色

新竹市鐵道藝術村

位於新竹火車站旁，由鐵路局建於 1941 年的三至五號倉庫改裝的鐵道藝術村，於 2004 年 10 月開幕啟用。其間有多間的駐村藝術工作室，旅客可以在這裡體驗玻璃噴砂藝術的 DIY 課程。鐵道藝術村也招募駐村藝術家，鼓勵藝術家駐村創作、展覽，從平面繪畫、雕塑、玻璃藝術到音樂創作等領域都有。

新竹鐵道藝術村

14

辛志平校長故居

位於新竹火車站附近的一座日式木造建築，躲在最熱鬧的百貨商圈背後，簡約的和洋折衷風格木建築，並未被五光十色的都市風景搶走光彩。辛公館約建於1922年，約與新竹中學同時興建，戰後成為新竹中學校長的宿舍，由辛校長居住，直到校長1985年逝世。2002年公告指定為市定古蹟，經由整修再利用，2008年10月正式開館營運。內部空間展示著辛校長的文件、簡史，看著史料的展覽及生平故事的呈現，讓人深刻感受一個偉大教育家的生活樣貌。辛校長故居的藝文館也有不定期的藝文展覽。

辛志平校長故居

新竹市文化局演藝廳

2000年，一座可容納千人的專業劇場，新竹市文化局演藝廳正式成立，完善的軟硬體設施，適合舞台劇、管弦樂團、兒童劇及現代舞等各式表演。隨著多年來觀眾文化素養的提升，對於各類型表演藝術需求的日益增長，演藝廳早已從純然提供演出檔期的「舞台」，逐漸轉型為多面向經營的「平台」，致力於專業劇場與表演團體及觀眾等三者間的親密互動。

新竹市文化局演藝廳

黑蝙蝠中隊文物陳列館

有些淚　一直沒有停過　　有些傷　一直沒有合過

有些痛　一直沒有醒過　　有些話　一直說不出口

這是〈黑蝙蝠中隊〉當中的歌詞，道出了這段神祕的歷史，與這些飛官和家屬充滿淚水、汗水的往事。

黑蝙蝠中隊是中華民國空軍的祕密偵察單位：空軍34中隊的別稱，在冷戰時期，配合1952年美國中情局在台工作站「西方公司」的任務，到中共的領土內進行敵後工作，任務險惡，因而造成一百四十八位隊員殉職，損失飛機十五架。位於當年黑蝙蝠中隊營區原址的文物陳列館於2009年11月開館，館內除黑蝙蝠中隊的任務簡介外，當年的軍服及相關史料，還有中隊內許多特殊日用品，除可一窺黑蝙蝠中隊的生活樣貌，並結合周邊社區共同使用，活絡周邊社區的人文發展，具有特殊紀念意義。

黑蝙蝠中隊文物陳列館

新竹市眷村博物館

狹窄巷道夾著低矮房舍

退了色的竹籬笆

陣陣的饅頭飄香

夢中泥濘攀爬滾打得吶喊

錘鍊出頑寧不屈的剛強

這裡的故事

鄉愁是一灣淺淺的海峽

竹籬笆裡的故事不該像變了色的黑白照片漂蕩著

—— 〈竹籬笆裡的故事〉

眷村博物館的整面三層樓高的巨型牆面彩繪,是
2012 年 9 月由藝術家黃南榮完成。巨大的
牆壁上,可以看到台灣眷村不同時代的演進
史:30 至 40 年代,剛遷台的眷村風景;60
至 70 年代,台灣起飛後的眷村風光,越靠
近現代,圖案從黑白漸漸變成彩色,猶如走
入台灣眷村的時光隧道。

眷村博物館原址是 1970 年代建築,為
新竹市調查站,後轉為新竹市環保局使用。
全館共有三個樓層,一樓是眷村歷史背景
區,二樓是實景重現往昔的眷村生活情境,
三樓介紹新竹市眷村的改建過程,還有目前
台灣現存的眷村介紹。

眷村博物館

一日
體驗記
finish

在•地•尋•寶•圖

Local Treasure map

新竹鐵道藝術村

↑往新竹市文化局演藝廳、
黑蝙蝠中隊文物陳列館、
新竹市眷村博物館

辛志平校長故居

東門街

花園街

122

花園街

東南街1巷

122

中華路二段

東大路一段

新竹市鐵道藝術村

辛志平校長故居

玻璃暨文創商品藝術街

新竹市風城願景館

北門老街

昔日由竹塹城往北通往台北艋舺的北門大街,是新竹市最早發展的商業區。日治中葉,因都市計畫發展,東門驛前的大道與新竹火車站成為新興商業重心,北門大街的榮景因此被取代。新竹都城隍廟位於北門街與中山路口,是竹塹開墾的重要民間信仰中心,民間一向有農曆7月鬼門開的習俗,新竹市即有「都城隍放、地藏王收」的傳統,都城隍出巡的活動熱鬧非凡,是新竹市一大民俗節慶。

竹塹城

竹塹平埔地原是平埔族道卡斯族「竹塹社」的生活圈,漢人進入屯墾移民增多,漸成台灣淡北的政經中心。1733年淡水海防廳從彰化縣城移至竹塹,始以刺竹圍城,到了1828年才開始建築磚石城垣,並陸續分建大小城門共八座,東門迎曦門即現今唯一留存的竹塹城遺跡。

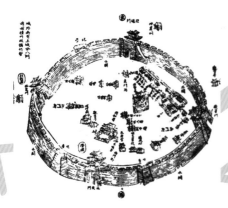

清同治年間竹塹城圖繪,北門街方向城門外有北郭園

1930年代新竹市

風城願景館

東山街327巷

北門老街上的進益摃丸文化會館

美食攻略

新竹摃丸與米粉

新竹到處都有賣以豬肉精製而成的摃丸，一般小吃店也可點摃丸湯，也有外賣包裝摃丸。一些較大品牌則不斷推陳出新，除了原味、香菇口味外，也推出包餡、福菜、草莓等多種口味，透過銷售網或宅配行銷全台各地。

城隍廟口一帶是新竹小吃的大本營，而最具特色的就是新竹摃丸。以嚴選的上等豬肉，搗碎後捶打成肉漿，加入調味料攪勻，用手捏成丸狀，放入水中汆燙，撈出即可。目前已發展出多元口味，以高湯加入少許芹菜末、胡椒粉，即可享受一碗極富彈性且嫩度適中的摃丸湯，若再配上一碗香 Q 的新竹米粉炒，那更是人間美味。

因為強勁的新竹風，才能發展出新竹市獨特的美味：米粉。新竹市的米粉早期產地都在客雅溪沿岸，做米粉人家經常將米粉一竹篾一竹篾搬到溪埔曬太陽風乾。「若無風，日頭再赤炎，米粉曬兩天也不會乾。」一語道出米粉人家望風的日子，也說明新竹正因為風大才盛產米粉的理由。今日已不常見曬米粉的景象，但是新竹米粉依然是公認的傳統美食代表。

花園街

光復路二段

光復路二段

南大路

`122`

`117`

麗池

公園路

一日體驗記 start

麗池

湖畔料亭

新創園區

新竹玻璃工藝博物館

新竹公園

新竹玻璃博物館賣店

新竹孔廟

新竹市立動物園

食品路

綠水路

園後街

博愛街

市立體育場

食品路

東山街

玻工館外部公共藝術裝置

走讀
新竹之心

1930 年代東門迎曦門

竹塹城

1723 年，清廷成立淡水廳，廳治就設在竹塹，是北部開發最早的城市之一；1733 年，淡水同知徐治民環植刺竹為城，設城樓四座，此為竹塹城的雛型；1759 年，同知楊愚在四座城樓各增設砲台乙座；嘉慶年間，刺竹朽毀，蔡牽動亂時，無以為守，當地民眾乃以土圍成城垣；1826 年，由居民自費改建竹塹成為石城，以花崗石打造四座城門，東（迎曦）、西（挹爽）、南（歌薰）三門各設砲台乙座，北門（拱辰）兩座，城外再挖壕；1901 年北門街失火，北門也遭波及，城門及城樓付之一炬；1902 年，日本人興建南北鐵路，因此竹塹的西、南城門及城垣被拆，四門僅東門殘存至今，且於 1985 年經內政部指定為古蹟。

新竹之心

殘留下來的東門（迎曦門），在日治時期被當成市中心，矗立在一個橢圓形圓環之中，圓環正是九條馬路交會之處。戰後變成一個小公園，還設有一座噴水池。而東門的門樓仍保有舊時木

新竹東門城　　　　　　　　　　　　　新竹東門城門下的河道藝廊

造之「重簷單脊歇山式」屋頂，其上下屋簷仍留有二十四個蓮花形吊筒，甚具特色。城樓下段的基座是以條形花崗石疊砌而成，圓形拱門是城市的出入口。城門旁有「淡水廳築城碑」一座，記載著竹塹城的歷史。

　　現在東門周圍，已闢為大型廣場，稱為「新竹之心」。除了彰顯古蹟外，也做為各項活動的表演場所，這種古地今用、古今交會的情況，在夜裡探照燈的照耀之下，散發著典雅古意，每逢週末下午便有當地樂團在城樓下方的露天音樂台表演。在那涼風習習、月光與星光相伴的夜裡；城市的喧囂在古城之下，完全被屏除於城樓之外，清朗音樂與河畔燈光相互輝映，浪漫氛圍瀰漫著整個古城。

新竹護城河親水公園

　　新竹東門城的護城河以往稱為「東門大溝」，是目前台灣僅存的護城河。往昔，河上與城樓間設有吊橋一座，兼具交通與防禦功能。隨著歷史歲月軌跡的流轉，護城河現已失去防禦功能，而成為都市的排水系統。近年來，在市政府的重新整頓下，恢復護城河的休憩功能及歷史風貌，而成為「新竹護城河親水公園」。

新竹東門城護城河景觀 / 胡文青提供

　　東門城廣場下方為古護城河遺跡，這段護城河現在作為地下藝廊，即所謂的「河道藝廊」，展現新竹老照片。應用舊城牆遺石打造了東門城下的活動空間，很多年輕學生利用此處公共空間一種既隱密又開放的場地設計，成群結伴練習著嘻哈舞曲，新潮摩登與歷史古蹟在此互相撞擊，摩擦出激情的火花。東門城市的環形步道懷抱著詩牆，雋刻著幾位新竹出身的古典詩人的詩句，也伴隨快速節奏琅琅吟唱著。

新竹市影像博物館

位在中正路上的新竹市影像博物館，前身是 1933 年新竹市役所修建的台灣首座歐化現代劇場「有樂館」。當時正值電影興起的年代，新落成的有樂館擁有一流的放映設備、鋪設地毯且冷氣開放，是日治時期全台僅有的三家現代化劇場之一。戲院內的座位豪華，有五百多席，每個座位前均可懸掛帽子，二樓放映室前設有榻榻米座，可容納四至六人的家族席，可飲酒，有如歌劇院之包廂。有樂館也是第一家有聲電影院，其放映設備在當時是第一流的，不需靠手來搖動放映機。

戰後改為市營的「國民大戲院」，直到 1991 年才停止營業。1996 年文建會「全國文藝季」在荒廢的戲院廣場，舉辦了「風城情波」系列活動，招喚市民的懷舊情感，經多位地方人士及電影學者奔走規劃，委託林志成建築師負責整建，於 2000 年改成「新竹市影像博物館」，再度重現影音世界。影像博物館以傳承國民戲院之歷史文化經驗，形塑市民共有、共享的影像空間為宗旨，兼具放映、文物典藏、展示及推廣教育等功能。空間規劃為放映廳、展示區、多功能視聽室、電影迴廊等。

影像博物館

博物

新竹火車站 ▶ 新竹之心 ▶ 新竹護城河親水公園 ▶ 新竹市影像博物館 ▶ 新竹市美術館暨開拓館 ▶ 消防博物館 ▶ 新竹生活美學館 ▶ 北門老街 ▶ 進益摃丸文化會館 ▶ 李克承博士故居 ▶ 李澤藩美術館

起點須知
info

一日體驗記
start

新竹火車站

1893 年 -10 月 30 日縱貫鐵路台北至新竹段鐵路通車。

1896 年 - 恢復通車。第二代新竹驛，在今貨運站位置設立。

1902 年 - 改建為第三代新竹驛。

1913 年 - 鐵道部建築師松崎萬長設計知第四代車站新竹驛啟用。

1928 年 - 增建右側辦公室。

1998 年 - 審定為二級古蹟（文資法修正後為國定古蹟）。

2000 年 - 施工整建。

2011 年 -11 月 30 日竣工。

1930 年代新竹驛前

上網一點通

鐵路局新竹火車站資訊

新竹火車站

建於 1913 年的新竹火車站，是台灣現存的古老火車大站之一，也是台灣最美麗的車站之一，且於 1998 年經內政部指定為古蹟。它不僅是新竹地區的交通集散地，亦以此發展出風城最熱鬧的商圈，與東門城同為新竹兩大地標。而位於市中心附近的街道也都以火車站為中心呈放射狀向外散發出去，顯見其地位之重要。

這幢優美的巴洛克式建築，總能讓每位出入車站的旅客留下深刻的印象。設計者是當年任職於總督府鐵道部的松崎萬長，他採用了當年在台灣公共建築極為流行的混合式建築風格，融合了巴洛克式與現代主義建築特色。建材則利用鋼筋混凝土，再加上斜陡、高聳的複折式屋頂，同時在柱體、牆壁轉角與四周結構力集中處，加強結實感，使整座建築物呈現莊重質感。

建築的整體樣式呈現不完全幾何對稱，中央突起一座鐘塔。在鐘塔兩

新竹火車站

新竹之心

新竹火車站

側下方各設有一老虎窗，屋簷下對稱著兩款造型優美的拱型窗，線條十分優美簡練。而大門的四方柱與高聳的希臘式山頭一體成型；進入站內，高敞的候車廳，格局氣派，表現出卓越的大家風範與建物的視覺韻味。走過百年歲月，新竹火車站仍保留了昔日風華，此乃其他大城市火車站所不及。

市立美術館暨開拓館

1930 年，新竹人口成長與其政經地位益顯重要，升格為市，設置新竹市役所，做為辦公處所。在新竹市升格時，這棟建物也告落成啟用。外觀為磚造二層樓建築，其特徵為日本傳統建築屋頂及西方近代建築之屋身。2007 年，將舊市役所活化再利用成為「新竹市美術館暨開拓館」，目前一樓為常態性展示空間，以簡介清朝至民國各時期的新竹市發展變遷為主。二樓為展覽區，定期規劃藝術主題展及講座，提供民眾藝術欣賞與藝術家交流的空間。

消防博物館

建於 1937 年，六層樓高的消防鐘樓，是當時全新竹市的最高建築。消防人員從瞭望台判定失火地點，再利用傳聲桶通知消防人員，頂樓還設有舊式的消防警鐘。消防博物館展示著消防文物、歷史，更是防火救災教育功能的體驗區，是一座兼具歷史價值與小型防災的多功能博物館。

15

新竹生活美學館

　　建於 1920 年的公會堂，是融合台灣傳統建築與西方設計手法。戰後成為中山堂、社教館、生活美學館。今日的美學館經常舉行藝文展覽，長期提供美學教育。

生活美學館

北門老街

　　由昔日的北門大街、米市街及鼓樓街組合而成的北門老街，是新竹市最早發展的商業區。前後歷經二次大火的侵蝕，已不復往日風采，只剩下紅磚圓拱的「亭仔腳」足供憑弔。此外，在市區改正後出現的大正時期的巴洛克式與現代主義建築風格，則增添不少光采。

北門老街

進益摃丸文化會館

　　1990 年，新竹市中央市場發生大火，當時進益摃丸的攤子、設備均付之一炬，於是在竹塹的發展起點北門街重建傳承，成立全國第一家以摃丸為主題的文化會館。館內四座竹塹古城門的牌匾下，備有許多新竹老照片等的豐富資料。

北門老街上的進益摃丸文化會館

李克承博士故居

李克承（1909-1986）是新竹第一位醫學博士，懸壺濟世服務桑梓達五十年，備受各方讚譽。其興建於 1943 年的故居係獨棟 L 型日式木造建築，房舍門窗均以台灣檜木為材料，蓋以日式黑瓦。曾因都市計畫發展險被拆除，後經藝文界大力奔走做為古蹟保留下來，修復後由經典商行接手管理，將書香、茶香、菜香、飯香及生活器皿藝術帶入，讓老房子賦予新生命。

李克承博士故居

李澤藩美術館

在離車站不遠的林森路和武昌街交叉口處，一棟三角行突出街角的十層大樓矗立著，三樓就是「李澤藩美術館」。美術館出現在此，有其特別意義，因為這棟大樓是台灣諾貝爾獎得主李遠哲父親李澤藩故居改建的。館舍設計新穎，展示大廳為配合三角地形，呈現半橢圓形空間，給予參觀者動線流暢、不刻板的感覺。按展覽內容分成四個時間區隔，入口處大圓廳室展出李澤藩不同主題的畫作，每半年更換展出；兩間有櫥櫃的長方形長廊，布置著先生早期作品、手稿、寫生簿、日記等；動線盡頭是一間三角形陳列室，擺設畫家生前使用的畫具和器物，呈現舊日生活的面貌。

李澤藩美術館

一日體驗記

finish

在•地•尋寶圖

Local Treasure map

北門老街

北門老街

消防博物館

新竹市政府（原新竹州廳）

　　新竹州廳建於 1925 年，於 1927 年 11 月 26 日完工啟用，採和洋混合建築風格，二層樓的磚造鐵筋混凝土建築物，斜屋頂由木衍架組成，屋頂鋪設日本黑瓦。1998 年新竹市政府將原新竹州廳建築列為「省定古蹟」，同年底精省之後，新竹州廳升格為國定古蹟，2000 年起至 2005 年進行古蹟保存修護工程。新竹州廳入門有玄關門廊、古典柱式與對稱的雙邊的衛塔，整體外觀氣派莊嚴。

北門街 進益槓丸文化會館

新竹都城隍廟

仁德街

長安街

東門街

西門街

西門街

西安街

西大路

中山路

生活美學館

國立新竹生活美學館

中南街

1930 年代新竹州廳

李克承博士故居

李克承博士故居

勝利路

李澤藩美術館

消防博物館

府後街

中央路

文化街

新竹州廳（新竹市政府）

市立美術館內部展場

新竹市美術館暨開拓館

新竹護城河親水公園

中央路

中正路

影像博物館內部展示空間

影像博物館內的放映廳

新竹市影像博物館

文昌街

大同路

勝利路

信義街

新竹之心

東門

圓環

中正路

東門街

美食攻略

新竹城隍廟小吃

談到新竹小吃，外地人想到的一定是新竹城隍廟。這也難怪，城隍廟的小吃，歷史悠久，種類繁多，風味獨具，美味盛名在外、歷久不衰，不但外鄉客接踵而至，本地老饕也常光顧，生意之佳，令人艷羨。

城隍廟裡的小吃種類很多，除了最有名的米粉、摃丸和肉圓外，蚵仔煎、魚丸、燕丸、肉燥飯、魷魚羹等傳統美食應有盡有。而環繞城隍廟附近許多小吃擺攤，諸如黑輪、鴨頭、潤餅等，還有一些甜食，如麥芽糖、紅豆糕等，幾乎所有的傳統美食都能找到。

新竹東門城護城河

東門城護城河

李澤藩美術館

新竹都城隍廟

新竹都城隍廟周邊為知名市場與小吃，除了摃丸、米粉，還有紅糟肉丸、蚵仔煎、肉燥飯等小吃，吃過一輪後可以進入城隍廟參拜祈福。內殿所設的神位，在城隍爺之下主要有左右文武判官，下設六司：即延壽司、樂善司、糾察司、速報司、罰惡司、增祿司。此外，還有六位將軍統領城隍爺的兵馬，即謝將軍（大爺）、范將軍（二爺）、牛將軍、馬將軍、金將軍（枷爺）、銀將軍（鎖爺）。六將之下又有董、李排爺帶領喜、怒、哀、樂四位捕快。參拜之餘也可多認識城隍廟開基歷史與竹塹的開墾史蹟。

中華路二段

一日體驗記
start

新竹火車站

新竹火車站

台中文化城巡禮

小京都文化城

台中市氣候溫和，地理環境適中，交通便利，是台灣最宜居城市之一。台中雖非台灣首善之區，也不像府城台南擁有處處古蹟，但卻是當年「台灣文化協會」最活躍的據點，在台灣文化運動史上有其不可抹滅的地位。且在日治時期，更以文化古都京都府的規模為藍圖，來規劃建造台中市，因而台中有「小京都」之雅稱，又有「文化城」的美譽。

上圖｜日治時期柳川風情
下圖｜日治時期台中市中區鳥瞰

台中文學館

2016 年中開幕的台中文學館，緊鄰第五市場，南北有綠川與柳川護繞，占地約二千坪，周邊規劃為文學公園。文學館館舍原為日治時期的警察宿舍，1932 年完工。2009 年，樂群街 48 號的「台中州警察署長宿舍」登錄為歷史建築，屬一層樓的和洋折衷式建築。六棟四坡水泥瓦的木造館舍，部分圍牆被打開，合圍出一個小小的文學村落，歷時五年的修復工程，成為現在的台中文學館建築群。

常設展一館即為昔日的警察署長宿舍，前院裡還留著當年的梅花、桂花與羅漢松。展示主題以「時間」為主軸，包含台中文

學發展源流、大事紀、社群與文刊、文學搖籃及社會關懷與批判等主題；常設展二館則以「空間」及「人物」為主題，透過互動式多媒體，能認識台中作家及其作品、事蹟；主題特展館以聚焦在對台中文學影響最鉅的文學家，探討其生活哲學、行腳足跡；另外還設有研習講堂、文學主題餐廳、兒童文學區、推廣行政中心等。

　　文學公園保留園區內一棵珍貴老榕樹，氣根成林，形成特殊氣根廊穴景象，特別以木棧道周圍保護，被譽為台中文藝復興基地。公園內種植四季變化的植栽，與園區內墨痕詩牆、曲水流觴、文學森林、老牆說書等巧妙設計相映成趣。台中文學館開放後，必能為封塵已久的文化城帶來深度的影響，在閱讀與文化推廣下漸漸發亮，喚起沉睡已久的文化城榮譽。

1	2
3	4

[1-2] 台中文學館的日式木造建築
[3] 台中文學館路標　[4] 日式木造建築，與日本京都民宅風情非常相似

博物 點線面

台中火車站 ▶ 20 號倉庫區 ▶ 宮原眼科 ▶ 幸發亭蜜豆冰 ▶ 台灣太陽餅博物館 ▶ 自由路：太陽餅街 ▶ 台中市役所 ▶ 台中州廳 ▶ 新手書店 ▶ 紅點文旅

起點須知 info

一日體驗記 start

台中火車站

1905 年 - 設立第一代木造「台中停車場」。

1908 年 - 4 月 20 日台灣縱貫鐵路全線通車，日本皇室閑院宮載仁親王來台參加通車式，就在台中停車場下車前往台中公園會場。

1917 年 - 第二代「台中驛」完工。

1935 年 - 台灣中部發生地震，站房嚴重受損。

1949 年 - 車站右翼仿造原樣式、材質進行擴建，隔年完工。

1995 年 - 指定台中車站站體與月台為二級古蹟（後為國定古蹟）。

1999 年 - 九二一地震，站體再次受損。

2009 年 - 台中鐵路高架化工程開始動工。

2016 年 - 10 月 16 日第三代第一階段台中車站正式啟用通車。豐原、潭子、太原、大慶車站同時鐵路高架化。

台中火車站內庭

上網一點通

鐵路局台中火車站資訊

台中火車站

　　1911 年，台中市進行市區改正計畫，並以「台中驛」為此計畫的重點，將火車站規劃為五條輻射狀道路的端點，於 1917 年完工。建築本體是仿文藝復興雙層對稱歐風建築，屬古典風格。外觀為紅磚砌牆，其間加上數條白色洗石子水平橫帶裝飾，形成紅白強烈對比，格外顯眼，此乃日本大正年間紅磚建築流行的工法。屋頂為陡峭的四面斜坡，中央立有一座四坡木構尖塔，這尖塔不僅盡收台中市區道路軸線的視覺焦點，也成了世人對台中火車站的第一印象。

　　火車站內部候車大廳作挑高設計，具有大站應有的氣派，在台鐵的幾個大站中，台中站的精雕細琢最為富麗堂皇。1995 年由內政部公告指定

為古蹟。作家劉克襄說：「老車站如今仍屹立著，就是一種驕傲和自信，彷彿台中仍堅守著某一種歷史的質地。無庸置疑，老車站也是縱貫線大城裡最瑰麗、精緻的一座。高聳如尖塔的精緻屋頂，類似今總統府的裝飾風格，光是這等莊嚴，就知道它要表徵的意義。」

　　隨著台鐵台中新站落成，台中火車站就要卸下現今任務，有不少民眾支持賦予新角色，認為以鐵道文化角度來看，台中火車站有其歷史的重要性，不論在建築或藝術史上應有更高度的成就，未來有機會規劃為鐵道博物館。

20 號倉庫區

台中火車站內庭

上圖｜台中後火車站 20 號倉庫
下圖｜20 號倉庫駐村藝術家工作坊

　　在後火車站旁的 20 至 26 號共七間貨運倉庫，早期曾閒置不用，為賦予老倉庫的新生，給予閒置空間再利用，所謂的「20 號倉庫區」，以當代藝術為主的藝文場所於焉誕生，是文建會「鐵道藝術網絡計畫」的第一站。第一間，即 20 號倉庫改為接待、展覽、藝文活動及休憩空間；21 號倉庫作為小劇場使用，利用人潮的來去增加熱絡氣氛；22 號倉庫作為兩間工作室；23 至 26 號倉庫則為駐站藝術家的工作室。

　　隔著柵欄外，可以近距離又安全的拍攝呼嘯而過的火車，深度體驗鐵道文化，給人不同的感覺。而彩繪的水塔，或是巧妙和車站剪票口連結的設計，都能見到 20 號倉庫當初改造的用心。20 號倉庫一度曾因鐵路高架化工程而差點被犧牲掉，幸虧鐵路局後來願意保留倉庫，於 2016 年元月，20 號倉庫群、新民街倉庫群及台鐵宿舍群被正式公告為歷史建築。

宮原武熊於 1927 年來台中市今之綠川東街與中正路的交會處，開設宮原眼科醫院。戰後，以日產被沒收為政府財產，成為台中市衛生院，時至今日，宮原眼科大門紅磚外牆還留有「衛生院」字樣。其後歷經 921 大地震摧殘而成危樓，直到日出集團買下，透過建築師與古蹟修復專家的協助，以圖書館為創新概念烘托出老建築的復古氛圍。一樓拱廊處為珍珠奶茶和冰淇淋賣店，二樓為醉月樓沙龍，提供鹹點、甜點及飲品。冰淇淋有五十四種口味，包括愛文芒果、甘蔗、西瓜等台灣果物，吃得到土地的親切感，而從 100％到 43％不同苦甜百分比的巧克力口感濃郁令人難忘，選好了冰後還可以豪邁任君灑料，十來種配料，吃冰也能吃飽。

蘇丞斌建築師指出，宮原眼科、台中火車站與台中州廳等國家級文化資產串聯一氣，可作為台中市區文化觀光的重要據點，深具文化資產保留價值。宮原眼科在設計上採閒置空間再利用的觀點，保留河川景觀，但也不能犧牲街道的原貌，為了老建築跟時間對話，採取舊的在前，新的在後，圍塑著舊有建築的大空間作法。雖然給了老房子新生命，但屋子裡處處可見舊屋子的延續，屋頂則是一整片透光的鏤雕花紋玻璃，而傾毀的屋架拆解後，搖身一變成為書櫃展示區內的裝飾，古典木書櫃高聳直上樓頂，宛如魔法學校場景。

宮原眼科外觀　　　　　　　　　　宮原眼科室內可透光的屋頂

蜜豆冰發跡於第一市場，後來市場發生火災，店面四散經營，市場的名聲不若過去響亮。蜜豆冰配料豐富，是當時許多人呷涼解熱的聖品，很多來台中的遊客，必到第一市場吃一碗蜜豆冰，才算來過，那種香噴噴的香蕉水搭配冰晶清硬粗脆的刀削剉冰，令人難以忘懷。現今在中正路與自由路口新開張的幸發亭蜜豆冰，與座落第一市場的攤位截然不同，門面大氣，裝潢也別出心裁，新舊巧妙融合，如同招牌蜜豆冰般，老少咸宜。配上 1970 年代的西洋老歌，復古況味十足。

位於中正路接近自由路的台灣太陽餅博物館，前身是魏清海太陽餅老店。本館建築體名為「全安堂」，建於 1909 年，至今已為百年建築。外牆以紅磚與灰白色洗石子橫條飾帶搭配，賦予建物沉穩、雄偉的立體美感。此地最早是藥舖，後來成為銀行宿舍，再變身為太陽餅店。博物館於 2015 年中開幕，館內展示魏清海老師傅的生平事蹟、製餅工具，特設有文創商品區。

太陽餅博物館

一日體驗：太陽餅 DIY

　　台灣太陽餅博物館一樓角落設有太陽餅 DIY 室，只要 250 元，就有老師傅教你製作太陽餅，從揉麵團開始、捏皮包酥、包糖、輾圓，最後送入烤箱烘烤，製成六個太陽餅，帶回家自己吃。

太陽餅博物館內的老師傅教導太陽餅 DIY

台中市自由路太陽餅店林立，是名符其實的太陽餅街

好吃的太陽餅，酥皮要層次分明、薄如蟬翼，入口即化。太陽餅古早稱「麥芽餅」，可說是台中市餅。自由路的太陽餅店林立，皆強調老店、原創始店，其實自由路的多家餅店均與太陽餅的製作推廣有關，味道也較之其他地方的太陽餅好吃。至於到底是哪一家才是最老的太陽餅店？莫衷一是，常會讓顧客迷糊，不過根據老台中人的指點，真正最老牌的太陽餅店，最大的特色在店內牆上有顏水龍教授的馬賽克磁磚嵌製的巨幅「向日葵」壁畫，此畫曾因向日葵是中國國花而封畫，直到 1980 年代末解嚴後，才得重見天日，近年該店因後繼無人而停業。

台中市役所

在州廳建築的對面，又有一棟建於 1910 年的白色令人注目的洋式門廊及圓頂建築，這是日治時期台中市役所所在。至今已在民權路與市府路口矗立近百年之久，其華麗的裝飾堪稱中部第一，也是台中市最具代表性的古蹟建築之一。其建築風格為西洋官衙式樣，高大的列柱建築，中央聳起半圓頂，門額、窗台均裝飾著華麗的巴洛克風情的雕飾紋。

目前市役所一樓委由古典玫瑰園經營，主要利用台中在地食材，表現改良式的新流日式料理；二、三樓支持當代藝術家的場域，希望扶植在地的青年才俊、藝壇新秀。

台中市役所

台中州廳

1912 年起建、1924 年完工的台中州廳，設計者森山松之助，他同時期的作品還有台北州廳與台南州廳。建築的特色在於對主入口的強調，將主入口設於轉角，直接面對交通要道，並向外突出，挺向街口，左右兩側像雙翼向後開展，將官廳建築的氣勢表露無遺。於 2001 年，文建會票選台灣歷史建築百景，名列第七十九名；2006 年公告指定為市定古蹟。

1	2
3	4	5

[1] 日治時期台中州廳
[2] 舊台中市政府外觀（現為環保局進駐）
[3] 舊台中市政府二樓走廊
[4] 舊台中市政府中庭
[5] 舊台中市政府樓層間樓梯

新手書店是台中草悟道上最特別的人文風景之一，圖為
《老產業玩出新文創》新書分享會現場

大廳內設置溜滑梯打
響創意旅店名氣的紅
點文旅飯店

范特喜微創文化：新手書店

　　近年受注目的范特喜微創文化，利用台中市向上路、中興街一帶閒置老舊建築，以綠建築的概念進行空間改造後，引進微型創業創作者，共同營造生活創意聚落，九號店為新手書店，「因為熱愛閱讀，所以我們樂當新手」，是一處「持續成長」中的任性小獨立書店，歡迎愛書人到訪。

紅點文旅

　　一入紅點文旅大廳，隨即給旅客最大的驚喜：一條由一百零二片不鏽鋼組成，長達二十七公尺的旋轉溜滑梯，是大型公共藝術作品，更是大人、小孩都喜歡的大玩具。除此之外，擺放在大廳的樣式各異的等候椅，都是創作靈感。公共空間走新潮設計，住宿區走廊採低照明，讓人心靈沉澱。紅點行旅承襲 1979 年建的銀河飯店情感，但不走仿舊路線。

一日
體驗記
finish

在・地・尋寶圖

Local
Treasure
map

← 往紅點文旅、
新手書店

中山路143巷

台中文學館的日式木造
建築　　台中文學館的老榕樹　　台中文學館展場

民族路

平等街

市府路

中山路

彰化銀行

美珍香食好店

舊台中市政府中庭　　舊台中市政府外觀　　舊台中市政府樓層間樓
梯

民權路

太陽餅文化館

阿明師老店太陽堂

台中州廳

台中市役所

台中市役所

自由路二段

合作金庫
台中分行
（歷史建築）

繼光街

美食攻略

台中大麵羹

大麵羹可以說是台中市非常獨特的小吃，加了鹼粉的特製黃麵條，煮起來就會膨脹增加，早期濃稠的羹湯是為求飽餐一頓，可以讓麵湯吃喝起來有飽足感，這也是在戰後較為貧窮的人家的一種主食。後來漸漸加入菜脯、蝦米、肉燥、韭菜等配料增加口感與滋味，成為台中地區獨有的一種小吃美食。

民權路

台中著名小吃大麵羹／黃文元提供

綠川西街

台中市自由路太陽餅街

太陽餅博物館

台中第二市場

　　1917 年日人在新富町建新富町市場，但 1936 年因一場大火燒毀，隨後重建。1939 年新富町市場除了消費市場主體，同時還有青果蔬菜市場與魚市場。市場建築極為特殊，本館為一六角形主樓，再由主館三側分出放射狀攤位房樓，類似嘉義舊監獄放射狀男監舍的設計安排。戰後改稱台中市公有第二零售市場，簡稱第二市場，目前已是小吃老饕常光顧的一處地點，滷肉飯、擔仔麵、意麵、魚丸、肉丸、菜頭粿、糯米腸等皆可聞香下馬。

自由路二段

遠東百貨

台灣太陽餅博物館

幸發亭蜜豆冰

繼光街

12

台灣大道一段

台中第四信用合作社（冰店）

中山路

東協第一廣場

中區再生基地

新盛橋文旅

綠川西街

中山綠橋（新盛橋）

綠川東街

宮原眼科

綠川

民族路

成功路

宮原眼科大門入口　　宮原眼科內部巨大的藏書閣

台中火車站

柳川藍帶水岸

　　歷經三年的「柳川汙染整治及環境改善工程」於 2016 年底完工，頓時成為台中中西區一處極為親水的河岸景點。被稱為「柳川藍帶水岸」的親水設施，除了以「柳葉」意象重新塑造中正、中山、民族、民權柳橋等四座橋梁的景觀，夜晚更以極為浪漫的燈光營造與日間不同的美景。除了柳川河岸的親水性，過去台中會有小京都美稱不是沒有道理，河岸散步後還可順道探訪台中文學館、第五市場、林之助畫室等地，成為一趟文青小旅行。

台中火車站

一日體驗記 start

台中公園類博物館遊

東大墩與台中公園

台中市清領時，原屬藍興堡岸裡社，為中台灣四大社之一。1780 年，人口漸增移集於柳川，築土墎屘成聚落，其後漸有商賈興起。1873 年，台中分為頂街、中街、下街三個區域，中街為商店街，主要為米穀買賣，又因市街東方有一墩，稱之「東大墩」，此即台中市街興起的基點。範圍約今之雙十路一段，台中一中至林森路以南光明國中間的區塊。

日治時期即有「文風古意老台中，青柳綠畔小京都」之稱，大家對台中公園最深刻印象，大概是湖中央雙亭並立的湖心亭，還有湖畔的泛舟，這是台灣中部民眾記憶中，無可取代的映象；甚至也是成功嶺受訓的大專兵或負笈中部各校讀書的學子，心中不可抹滅的影像。

上圖 | 1930 年代台中公園景觀
下圖 | 台中公園內的日本橋

1903 年，地方官民募資籌建台中公園，於同年 10 月 28 日舉行公園開幕典禮，且正式開放，迄今已百餘年。往昔台中公園是台中市最具指標性的景點，公園內的百年老樹、湖中央的湖心亭與湖面搖曳的船隻，可說是市民心目中的忘憂之地。作家趙天儀回憶說——

那是一座陽光穿透的公園，一座可以帶著心愛的詩集朗讀或默唸於林間深處的公園，台中人的公園。

蕭蕭的林間，陽光是否依然穿透

在風雨中，孤寂如湖畔的石椅

在故里，那是有山、有水

有我童年的夢和少年的憧憬的水鄉。

湖心亭

上圖｜湖心亭
下圖｜湖心亭的木桁架構

公園創立之初，只有日月湖，即泛舟處，但無湖心亭的設立。湖心亭是因為 1908 年，縱貫鐵路全線開通，台中公園被選定為通車紀念典禮會場，因皇族載仁親王蒞臨主持「台灣縱貫鐵路全通式」，故地方政府台中州廳興建一座可供親王休憩的場所，並具有鐵道通車紀念的建築物「池亭」。

目前此棟建築是全台僅有的日本明治維新時期仿西洋建築，由兩間旋轉四十五度的正方形亭子所構成，中間再加上一座長方形走廊連接而成的水上建物，雙併式尖頂涼亭更能增添其活潑韻味，已成為台中市的象徵，更是許多台灣人的台中印象。1999 年湖心亭及其旁的中山橋公告為市定古蹟，肯定它的建築價值及歷史意義。

湖心亭的外觀經過多次變動。從最初的石綿瓦屋頂，到了日治末期，因被指定為永久紀念物，全部改用銅瓦覆蓋。不過，不論湖心亭的外貌怎樣變化，這個號稱台灣八景之一的湖心亭，依舊是台中市最具代表性的城市圖騰。不僅如此，湖心亭整體建構了台中人及一整個世紀台灣人民的城市記憶。站在自己的畫作〈台中公園一景〉前，藝術家林惺嶽說：「這是坐船遊湖附近的

場景，我想像自己就坐在湖邊，看著波光粼粼的湖面與船隻，心裡覺得很安靜。」

望月亭

望月亭在清末時，是台中城的北門城樓，稱為「明遠樓」，是台中城八個城門僅存的一個。日人拆除未完工的城垣後，將此門樓移入當地林姓望族花園中（台中公園前身），當作涼亭，稱之「望月亭」。今日所見乃 1948 年重修的建築物，原本亭內掛有 1891 年台灣知縣黃承乙所題的「曲奏迎神」匾額，不知何時被拿走，古味蕩然無存。

望月亭現位於園內一小丘上，這小丘為台中昔日的至高點，標高 89.6 公尺，清廷曾在此建砲台墩，故被稱為「砲台山」，也名「大墩」，此即台中市的舊名。目前丘上還留有碉堡似的建築，可能是昔日砲墩所在，更為遠古人類繩紋陶文化的遺址。

1911 年，梁啟超遊日人統治下的台中，遊罷離去時吟詩〈蕩蕩台中府〉：

蕩蕩台中府，當年第一州。桑麻隨地有，城郭入天浮。
江晚魚龍寂，霜飛草木秋。斜陽殘堞在，莫上大墩頭。

並記：「劉壯肅（銘傳）本擬建台中為省治，築城工未蕆而去任。今城亦毀，移城門一角於大墩頭公園。」

望月亭

更樓

更樓係清朝富商吳鸞旂公館外門樓,建於 1880 年代。吳氏公館被拆除後,更樓則於 1983 年遷移至公園內。早期更樓建築「上為樓,下為門」,及樓上可遠眺,樓下門口可做為進出之用,具有守望功效,也稱為「鼓樓」。

神社基座

在更樓的後方,安置至聖先師孔子雕像,此地原是日本神社的基座。1912(日大正元)年落成,敦請名古屋名匠伊藤滿作設計施工。如今僅存拜殿基地、石燈籠柱礎,以及參道入口處仰躺在地上的鳥居。自從台中神社在 1942 年升級為國幣神社後,搬遷至今體育園區力行路忠烈祠處,舊址便廢棄不用,只留下兩匹神馬依然仰天長嘯。

更樓

神社大鳥居　　　　　　　　　　神社參道及更樓

博物 點線面

起點須知 info

一日體驗記 start

台中公園

湖心亭

1903 年 -10 月 28 日公園落成啟用，初名「中之島公園」。台中僅存古城門大北門上的明遠樓移入公園內。初名為「觀月亭」，戰後重修後改名「望月亭」。

1908 年 - 縱貫鐵路開通，在台中舉行的「台灣縱貫鐵道全通式」，第二代池亭啟用，是做為鐵路開通的紀念建築物。

1912 年 - 公園內台中神社竣工。

1926 年 - 台中物產陳列館開館。

1942 年 - 台中神社遷至水源地（今孔廟）。

1945 年 - 戰後更名為「台中公園」。

1983 年 - 更樓部分遷建於台中公園內。

1947 年 - 更名「中山公園」。

1999 年，台中市政府將湖心亭定為市定古蹟。

2006 年，市政府進行湖心亭及中山橋修復工程。

2007 年，10 月完工，湖心亭回復原貌。

上網一點通

台中公園觀光旅遊網資訊

湖心亭 望月亭 更樓 神社基座

文英館

　　文英館落成於 1976 年，有優雅的弧形外觀設計、排列有致的古典窗戶，是由企業家何永先生以「財團法人台中私立文英基金會」的名義捐資興建，先以台中文化中心的頭銜開幕，為台灣各縣市首創的文化中心，並由詩人陳千武擔任首任主任，文英館正是他寫詩、辦公之所。新的文化中心成立後，現成為台中市文化局分館，且經正式公告，登錄為台中市歷史建築。

　　一樓設有兩間畫廊，長年展出當地藝術家的作品；並設有國際會議廳，可容納三百至五百人，為工商社團與表演團體提供了多用途的表演場所及會議中心；圓夢廳由原有的中正廳改建為表演場所，可容納三百五十人至

六百人，提供表演者更多的演出機會；二樓沙龍廳的設立是為達到演奏者能和觀眾互動，甚至閒話家常之功能，可容納八十至一百二十人，提供小型表演團體演出，且能讓愛樂人士在享受精湛的音樂演出的同時，也能品嚐香醇的咖啡，讓聽覺與味覺的享受和鳴，提升到更高的境界。

二樓還設有「台灣傳統印版特藏室」，展出糊紙版畫區、符錄紙錢區、神媽籤詩區及文字遊藝區等。其中立體形狀的紙虎為全台僅有的三隻之一，彌足珍貴，八仙獻壽印版繁複精巧，乃為雕版之極品，皆珍藏在內，難得一見。

文英館　　　　　　　　　　　　　文英館二樓台灣傳統版印特藏室

市長公館

　　在育才街與雙十路口的這棟洋樓是舊市長官邸，興建於 1929 年的台中市著名豪宅之一。其主人為宮原武熊，是留德眼科博士，活躍於當時台中的醫界和政界，在火車站前綠川旁的宮原眼科即是他開設的。建物本身是具現代主義風味的二層樓建築，二樓廊道設有私人居所少見的歐洲古典式樣柱列，具和洋混合風格。戰後由政府接收，作為台中市市長官邸。此座充滿歷史價值的建築目前委外經營，再利用成為「不老夢想館」，有不老夢想常設展及料理餐廳。

上圖 | 市長公館 下圖 | 市長公館後側

一中商圈

一波波浪潮湧進一中商圈，滲進各條街坊巷弄。人街混合，讓璀璨的燈火更加炫耀奪目。老台中雖然沉寂，這兒卻熱鬧繽紛，彷彿整個老城最後的亮麗都偎集在此，每晚併發一次。整個區域以育才街和一中街為擺攤大本營，商圈多為年輕的學生來來去去，以小吃零食為主體，服飾衣物為輔，搭配的常是茶亭和泡沫紅茶店等，所以常有人說：一中商圈是屬於 17 歲的。

一中商圈夜市

台中一中

台中一中是全國知名的明星高中之一，也是全台灣第一所公立的中等學校。1912 年，霧峰望族林家想做一件有意義的事情來祝賀林獻堂祖母羅老太太的八十大壽，後來決定募款成立一所私立中學，提供台灣人子弟就讀，經與總督府協商，改由私人捐款成立「台灣公立台中中學校」，這便是台中一中的由來。

初期以借台中小學校舍開學，並租用日人旅社「武藏屋」為學生宿舍，學生全部住校，校舍於 1917 年 10 月才完工，其中以行政大樓「紅樓」，尤為宏偉，更是一中人的共同記憶。如今一入台中一中校門，就可看到立於 1932 年的創校紀念碑，記載：「吾台人初無中學，有則自本校始……，有識之士，深以為憂，知創立中學不可緩也……」，清楚地說明台中一中乃台灣中學教育之濫觴。如今，因校地不足而拆除原先的老建築，因此包括美輪美奐、具歷史意義的紅樓等多棟校舍皆已被拆除，只剩現為台中一中校史室的建築被留下來，令人扼腕不已。

台中一中教室

位在水源地的電台街，有一處「幸福場域」，原是日治時期的「台中放送局」。「放送」是日本名詞，台語也如是說，意為「廣播」。戰後被國民黨營的中國廣播公司接收使用，成為中廣台中廣播電台，近年來才將財產使用權歸還市府而搬離，在中廣搬離後，這棟建築曾荒廢一段歲月，後來移作市府工務局拆除隊使用。

台中放送局始建於 1935 年，是座過渡樣式、簡約式風格建築，而多達九十四口大小不一的拱形圓窗是其最大特色。於 2004 年由市政府文化局修復

轉型為廣電文化展示館，於 2005 年開館並委外經營。室外的小水池，有著令人暇思的名字「日池」，不免讓人停下腳步，多瞧幾眼。拜偶像劇《下一站，幸福》拍攝場景之賜，為台中放送局冠上「幸福場域」美名，另有文創作品展演、藝文講座及小型音樂演出。

台中放送局

梅鏡堂

梅鏡堂落成於 1936 年，為當時台中富商張樹敏（東勢仔）的宅第，是一處非常幽靜的古宅，古木參天，綠林成蔭。其建築風格為閩南式傳統建築，卻加上西式的裝飾紋樣，為七間正式護龍的「三合院」，門窗鐵架造型優美，工法細緻；左右護龍前築起一道矮牆，而有內外埕之分；外門樓以洗石子工法，雕造「巴洛克式」瓶型及柚子型柱頭，精緻有加。

梅鏡堂後由律師鄭松筠購得，將梅鏡堂多餘的房間以便宜的租金租給中一中學生，當時寄宿學生曾多達六十多人。「雲門舞集」的創辦人林懷民就讀中一中時，也曾住在梅鏡堂後院的單獨門房裡。

台中孔廟

　　孔廟原是清代建築，於日治時期毀塌，一直未再重建。1976年，中國發生文化大革命，大量毀壞孔廟及宗教建築。此時國民政府力倡復興中華文化，便協助台中市政府重建孔廟，為台灣戰後興建的第一座孔廟。

　　孔廟新建築是仿宋宮殿式建築，取其渾厚、樸實而壯觀，平面配置則參照山東曲阜孔廟，只是規模縮小，其他如觀德門、毓粹門也比照曲阜孔廟，與一般孔廟閩南式建築，如全台首府之台南孔廟的「禮門」、「義路」的造法，大異其趣。雖是鋼筋混凝土建築，復古精神與整體形象表達，堪稱中國古典式建築之先驅。後來的孔廟新建築大都仿造台中孔廟之建築樣式，如高雄孔廟。

1　[1] 台中孔廟大成門
─
2　[2] 孔廟大成殿
─
3　[3] 園區內櫺星門

1942 年，在新高町水源地公園附近一帶（今孔廟）申請遷設升格後的台中神社，列入國幣神社獲准，此乃繼台灣神社、台南神社、新竹神社之後，台灣第四座的國幣神社，原座落在台中公園內的台中神社則拆除部分木造主體。

　　戰後神社被改為忠烈祠，1970 年，原本日式神社被拆除改建為北方宮殿式建築。牌樓為三間四柱七層樓高的混凝土建築，上覆青色琉璃瓦，山門屋頂也覆蓋著青色琉璃瓦，屋脊上配有仙人走獸，屋梁仿清式彩繪，中央為漆上紅色的檜木大門，加上九十八顆銅鑄門釘及獸頭門環，益顯古典風味。

忠烈祠

一日
體驗記
finish

五常街

學士路

五權路

三民路三段

中國醫藥大學附設醫院

錦平街

中友百貨

五權路

柳川

光大街

文祥街

中華路二段

國立台中科技大學

三民路三段

一中商圈

育才南街

公園路

柳川西路四段

柳川東路四段

太平路

台水宿舍商場

中興堂

一中商圈台水宿舍

　　「台水」，是台灣自來水公司的簡稱，原台中北區一中街商圈內的舊台水宿舍，長久以來隱身巷弄中，曾經長時間荒廢，成為遊民的窩。2009 年各地區在地方文化資產活化利用計畫展開後，台水員工宿舍成為歷史建築之一，直到 2013 年 9 月重新整建，今日已經蛻變成為煥然一新的「台水宿舍商場」。商場活化後有服飾、雜貨、美食等各種商家進駐，已是巷弄間的小商圈。

福音街

神社基座

精武路

望月亭

一日
體驗記
start

台灣大道一段

中華路夜市

大誠街

柳原教會

台中公園內的廣播亭

台中公園

中正路

柳川西路三段

柳川東路三段

湖心亭

光復路

湖心亭

公園路

復興路田段

錦南街

所街

台中一中校史室

育才北路

一中商圈的人群

台中一中

台中一中豐仁冰

市長公館

文英館

台中放送局

台中放送局

文英館 1 樓展場

雙十路二段

台中孔廟

力行路

忠烈祠

電台街

台中市體育場

台中放送局

水源街

精武路

富榮街

台灣博物館散步 GO

孔廟牌坊「道貫古今」

孔廟照壁　　　　梅鏡堂氣派的入口通道

富貴街

十甲路

美食攻略

一中豐仁冰

台中一中校門口斜對面有家伴隨許多學子青澀歲月的「豐仁冰」，迄今猶然峙立於一中對面。1955 年，創始人陳豐仁以蜜蜜豆、酸梅剉冰及冰淇淋研發組合，三種滋味甜蜜混搭，吃一口暑氣全消。冬時，常有學生裹著大衣前來吃冰，笑稱「瘋人吃瘋人冰」，這是豐仁冰另稱的由來。流傳至今，且聲名大噪，美味相傳，慕名而來的顧客絡繹不絕。

一中豐仁冰店內

東大墩老街

　　台中公園砲台山在地理上俗稱「大墩」，老街大致沿柳川可分為「頂街」（今光復國小）、中街（三民成功路口）和下街（今第二市場）而發展，因主要街道位在大墩旁，又為與西屯西墩里的大墩有所區分，就以東大墩街稱之。目前老街遺跡除了巷弄間的土地公廟或其他地方廟宇石碑可以摹想早期聚落開拓情景，東大墩老街的古早樣貌已不復見。

陳武路

一中豐仁冰

雙十路

市場

199

霧峰博物遊

阿罩霧

陽光下綠稻隨風翻騰，九九連峰東側縱走，烏溪環南流過，這山明水秀的霧峰區位在台中市的最南。霧峰區昔稱「貓羅堡」，為平埔族和泰雅族原住民居地。1732年，閩粵漢人移民進占開墾，地名仍沿用平埔社名「阿罩霧」（Atabul），又因長年雲霧飄渺，於1920年，更名為「霧峰」，沿用至今。

九二一地震教育園區

整座房屋被抬起來
搖晃
一時我們和世界絕緣

你是房屋解構的一堵牆
我是鋼筋爆折的柱梁
至於床上一些輕微的戰鬥
早已驚嚇得肢體分解
意象模糊地躺著
如一堆瓦礫和磚頭

看不到天
只等待挖掘

——岩上，〈大地震——世紀末生死悲情、屋倒〉

[策展人帶路]
Curator Talk

用「現址博物館」的方式紀錄大地的傷痕，九二一地震教育園區亦可屬廣義的「傷痕博物館」之一，不同於全球各地諸如歐美的納粹集中營博物館等，這裡寫下了永難忘懷的土地傷痕時刻，促使人們思考怎樣預防與面對災難，並與自然環境共生。

霧峰林宅

車籠埔地震斷層保存館

　　1999 年 9 月 21 日清晨，車籠埔斷層猶如一尾地底活龍，在一分鐘的時間內擠壓得山巒移位走動，翻滾騰升得地表隆起沉陷。這尾滾地龍活斷層上的光復國中、小學泰半傾頹或下陷，斷層周邊的村莊也多數慘遭破壞。

　　行政院九二一震災災後重建推動委員會邀集專家、學者前往各災區勘查，咸認霧峰光復國中基地的斷層錯動、校舍倒塌、河床隆起等地貌，若加以適當規劃，可具有原址保存之國際級博物館的優勢條件，乃建議光復國中現址規劃改建為地震紀念館，以保存地震原址、記錄地震實史，提供社會大眾及學校有關地震教育的活教材。最後定名為「九二一地震教育園區」，並決定由國立自然科學博物館負責推動籌建與營運管理。

　　園區的規劃基於「現址博物館」的理念，委由邱文傑建築師設計，設有典藏活動斷層地震紀錄的「車籠埔斷層保存館」、保留毀損校舍及展示地震工程相關主題的「地震工程教育館」、傳達防患於未然與減災觀念的「防災教育館」、紀錄九二一地震災後重建歷程的「重建記錄館」以及集結九二一地震相關影音照片與劇場的「地震影像館」等。斷層保存館的設計以線性構成為主，呈現猶如針線縫合大地傷口的概念。全館沒有梁柱系統，僅以八十二根預鑄水泥板組成的圓弧形建築，其複雜性、特殊性和建造的困難度在國內都是首見。

1 | 2 | 3

[1] 地震斷層保存館內部　[2] 震毀的光復國中教室
[3] 震毀的學校田徑跑道

博物 點線面

九二一地震教育園區 ▶ 亞洲現代美術館 ▶ 台灣省議會紀念園區 ▶ 台灣音樂文化園區 ▶ 音樂世界旅邸 ▶ 霧峰林家 ▶ 萊園暨林獻堂紀念館

起點
須知
info

一日
體驗記
start

九二一地震教育園區

地震紀念博物館   地震紀念博物館

1999 年 -9 月 21 日清晨 1 時 47 分,台灣中部發生芮氏規模 7.3 的強烈地震。霧峰地區光復國中校地幾乎全毀。

1999 年 -10 月教部部提出「地震教育博物館」規劃草案。光復國中現址規劃改建為「地震紀念博物館」。

2001 年 -2 月 13 日正式定名為「九二一地震教育園區」。

2004 年 -9 月 21 日,九二一地震教育園區全部對外開放參觀。

上網一點通

921 地震教育園區參觀資訊

亞洲現代美術館

　　亞洲大學邀請名建築師安藤忠雄設計「亞洲現代美術館」,於 2013 年 10 月 24 日落成。樓高三層共一千零三十坪,安藤以正三角形為設計基本元素,代表人、環境與建築。設計上,將正三角形的平面分割成三層,再錯落堆疊成無數個不規則三角形的展開。藉由平面分割而成的戶外平台,做為露天咖啡座使用。為因應地震帶的地理條件,顛覆一般直柱,改以斜向支撐的 V 型柱。安藤曾說:「最難蓋的建築就是三角形,整棟建築的骨架必須全部是歪的,建築主體的三個角都是六十度。」

亞洲現代美術館前的公共藝術作品羅丹的沉思者

1	2	3	4
5	6	7	8

[1] 亞洲大學大門前希臘式建築圓頂穹窿下的戴安娜女神雕像
[2] 亞洲大學大門前希臘式建築（圖書館與藝術館）
[3] 亞洲現代美術館前的公共藝術裝置
[4] 亞洲現代美術館的清水模圍牆
[5] 國際知名建築師安藤忠雄設計的亞洲現代美術館
[6-7] 亞洲現代美術館的內部空間
[8] 亞洲現代美術館內咖啡館的一隅

台灣省議會紀念園區

　　成立於 1946 年的省議會，是台灣凍省前最高的民意機構。進入園區大門，筆直的椰林大道直入議事大樓，圓頂造型，典雅大方，是台灣民主發展的殿堂。原議事大樓外觀是仿美國國會山莊圓頂建築。精省後，此地成立省議會紀念園區，現為立法院中部辦公室，並設立法院文獻博物館於此。園區內腹地廣大，花木扶疏，碧草如茵，是個休閒旅遊的好地方，區內也設有紀念議長黃朝琴的「朝琴館」，現為台灣省議會會史館；還有收集台灣議事史料的圖書資料館和議員會館等。園區後方的「中心瓏登山步道」，沿途設有木棧道、觀景台，可登山遠眺，感受濃郁芬多精的台中後花園。

省議會紀念園區庭園景觀

台灣音樂文化園區

位於霧峰國小旁的音樂文化園區，是國立交響樂團的夢想家園。園區包括樂器展示區、優質工作室、音樂教育研習中心、影音文化廣場及演奏廳。演奏廳以多功能的表演場地為營運方針，可提供音樂演奏，也適合歌舞劇的排練演出。而演奏廳正面外牆的藝術陶壁，更是不可錯過的公共藝術品。

國立台灣交響樂團音樂廳

音樂世界旅邸

全國唯一以音樂為主題的旅館落腳在台中霧峰的台灣音樂文化園區，以淡雅的石材建築，處處可見音樂元素浮雕。最能夠代表音樂世界旅邸精神，莫過於每間客房的頂級音響設備，和國立台灣交響樂團典藏豐富的經典交響樂和歌劇的 CD、DVD。另外在旅邸的一、二樓陳列展示著各種交響樂及音樂圖書，儼然是一間設備齊全、典藏豐富的音樂博物館。

1	2
3	

[1] 音樂世界旅邸門前的 Logo
[2] 音樂世界旅邸展示空間
[3] 音樂世界旅邸內交響樂器展示

霧峰林家

近二百多年來，影響台灣最重要的幾次政治變動中，包括林爽文事件、太平天國之亂、戴潮春事件、中法戰爭、中日割讓、國共內戰、二二八事件等，幾乎都可看見「霧峰林家」對台灣發展的影響力，霧峰林家可以說是台灣最主流、最具代表性的家族之一。

霧峰林宅是一團繁花錦簇，開在霧峰的田野山邊，林家子孫開枝散葉，宅第如雨後春筍般，組構成中台灣規模最輝煌富麗的古厝聚落。它是清朝福建陸路提督林文察一族的宅第，1858 年開始興建，在各代子孫的增修下，發展為全台最完整、龐大、精緻的建築群。霧峰林宅融合了傳統閩南、唐式及洋式的建

築風格。研究台灣古蹟多年的李乾朗教授曾讚嘆：「霧峰林宅就像台灣傳統建築的百科全書。」其宅第規模及建築特色為全台紳官宅第之冠，無論在歷史上、建築特色上均占有相當重要的地位。

霧峰林宅包括下厝系統、頂厝系統及萊園三大部分。下厝系統包括草厝、宮保第、大花廳、二房厝及二十八間；頂厝系統有頤圃、蓉鏡齋、景薰樓；萊園有十景，與現今的明台高中校園連成一氣，山光水色古意盎然。

下厝宮保第是清朝福建陸路提督林文察一族的宅第，建築線條簡潔單純，屋簷上也無誇張的裝飾，但宅第的精緻細膩展現在梁柱、楹聯、門片、壁畫上的工藝作品及詩畫上。一字排開的細木作窗框裡每一片窗花都有著不一樣的花紋，但卻不覺得繁複眼花，呈現的是一種優雅自在、各適其所的寫意。

林朝棟時代財富與權勢達到巔峰，出任撫墾局長二年後，1890年就在宮保第旁興建一座五開間三落宴會廳，俗稱「大花廳」。前落為門廳，中落過廊，通過兩側月洞門接引賓客來到後落，此處的傳統護龍變成二層樓的觀眾席，所有的視野集中在露天廣場上。大花廳的華麗戲台堪稱全台第一，是全台僅存的福州式木製戲台，無論用料或工法，均屬極品。逢年過節、婚喪喜慶，大花廳必定有戲公演，在此，男女老幼、達官貴人、販夫走卒，依照身分而有不同的席次，層級

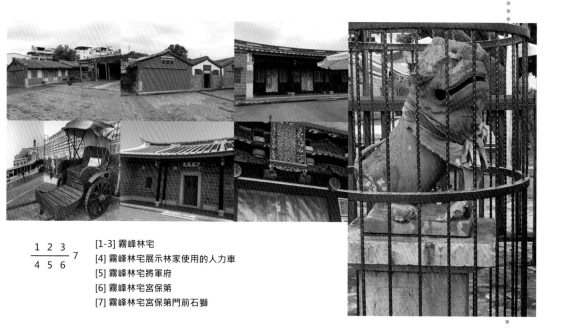

$$\frac{1 \quad 2 \quad 3}{4 \quad 5 \quad 6} 7$$

[1-3] 霧峰林宅
[4] 霧峰林宅展示林家使用的人力車
[5] 霧峰林宅將軍府
[6] 霧峰林宅宮保第
[7] 霧峰林宅宮保第門前石獅

有序地齊聚一堂，形成凝聚民眾向心力的具體精神指標。

後來林家後代詩人林癡仙有感於「文風之頹墜，騷雅之久寂」，創議成立詩會「櫟社」。他嘗詠〈大花廳〉：

寂寂空堂海燕來，月門無鎖畫長開。多年不演雲韶隊，積雨苔痕上舞台。

景薰樓是頂厝建築群落最重要的建築，於 1864 至 1866 年間由林奠國、林文風開建，直至 1899 年才全部完工。景薰樓耗時四十年，頂厝竟三代接力完成，在將門武風之中注入濃濃的人文色形。景薰樓依地勢而逐漸拉高，是一棟造型獨特的五開間三落四進的合院群。

霧峰林宅於 1985 年內政部指定為二級古蹟。1999 年首度整修完工，想不到驗收前三天發生九二一大地震，歷經十六年心血毀於一旦，大花廳夷為平地，景薰樓受創最深，霧峰林家建築幾乎全毀，一夕消失，令人痛心。有鑑於霧峰林宅的歷史意義及重要性，在許多學者、林家族人及地方人士的奔走下，進行文物搶救、保存、記錄與研究工作，更進行整體修復及復原工程。

霧峰林宅大花廳前落的屋簷　　　　　　　霧峰林宅景薰樓

　　萊園與台南吳園、新竹北郭園及板橋林本源邸花園，合稱台灣四大名園。萊園十景頗負盛名，分別是木棉橋、擣衣澗、五桂樓、小習池、荔枝島、萬梅崦、望月峰、千步磴、夕佳亭、考槃軒、醉月樓等。現在大家印象中的萊園，大抵以萬梅崦以下的區域為主，也就是林獻堂主事擴建的部分。現今的萊園已成為明台高中的校園，學生們在此生活、上課，動靜行止之間，亦能領受前人精神。

　　萊園盛名早已遠播，舉凡林家重要宴客、櫟社及萊園詩會、文化協會的夏季學校、一新會的夏季講堂等都在萊園舉行，當時的台灣社會名流，莫不以能造訪此地為榮，一時間嚮往者眾。1911 年，梁啟超來台，曾在萊園盤桓五日，

是當時台中地區的大事，而「萊園美景」也隨著梁啟超的十二首〈萊園雜詠〉而傳詠天下。

　　人物自是徐孺子，山林不數何將軍。稍喜茲遊得奇覺，萊園占盡月三分。

　　最重要的五桂樓所在位置最早是步蟾閣，1893 年林文欽（林獻堂之父）高中舉人後，從武轉文，擴建萊園成為江南式園林，採「老萊子彩衣娛親」的故事，取名「萊園」。1906 至 1907 年改建成羅太夫人起居用的五桂樓。據說五桂樓前種有五株桂樹，桂者喻貴也，也代表對頂厝五兄弟的期許。

　　五桂樓的重建，還特別拜託麻豆木材廠商從日本買回千年台灣檜木，磚塊則採用高雄大樹三和窯燒的手工磚，以古早工法與傳統技術重現五桂樓風華，因為「這裡是台灣歷史的見證，是林獻堂的精神體現，一定要讓後代子孫看得到。」明台高中董事長，也是林獻堂的孫媳婦林芳媖堅毅地說著。梁啟超詠〈五桂樓〉：

　　娟娟華月霧峰頭，氾氾光華五桂樓。傳語王孫應好住，海隅景物勝中州。

　　位於明台高中校園內的林獻堂紀念館，對許多文史研究者而言，無異是座寶庫，除了收藏文物、照片及櫟社相關的詩文集外，還藏有林獻堂撰寫二十餘年的日記手稿。

1	2 3
	4 5
6 7 8	

[1-2] 萊園 [3] 萊園內保存被震毀的屋頂
[4] 五桂樓 [5] 小習池上的涼亭
[6] 萊園的步蟾閣 [7] 霧峰林宅將軍府 [8] 明台高中內的林獻堂文物館

一日
體驗記
finish

圓滿教堂

　　金陵山宗教藝術休閒園區內圓滿教堂會走紅是因為 2009 年偶像劇《拜犬女王》結局在此拍攝，男女主角阮經天、楊謹華擔任婚禮的伴郎伴娘，場景就在教堂內。教堂建築融合仿古羅馬、巴洛克、洛可可及哥德式建築特色，戶外庭園還有大型聖像雕塑，園區充分結合宗教與藝術特點，風景宜人。

🍴 **美食攻略** 🍴

霧峰肉羹湯

霧峰振卿肉羹大王賣的是肉羹麵、飯、米粉及麵線外加香菇丸，並無其他餐點或小菜。振卿最大的特色就是羹湯比一般的肉羹湯濃稠，更有濃郁的香菇味。招牌香菇肉羹是採用整塊新鮮豬後腿肉下去煮，只在外表裹上一層薄薄的粉，不同於一般的肉羹多是漿粉，因此吃起來 Q 彈有咬勁，配上埔里筍絲、新社香菇，不論搭麵條或米粉都好吃。

亞洲大學大門前希臘式建築（圖書館與藝術館）

丁台

亞洲現代美術館內賣店

安藤講堂

福新路

新厝路

柳豐路

亞洲現代美術館

王厝

亞洲大學

安藤忠雄設計的亞洲現代美術館

六股

明台高中內的林獻堂文物館　五桂樓

霧峰林宅

霧峰林宅宮保第中落

菜園路
成功路
育智路
3
霧峰林家
大同路
民生路
育賢路
育群路
中正路
成功路
育成路
樹仁路
明台高中
萊園
成功路
學成路
國立台灣交響樂團
霧峰國小
參山國家風景區管理處
中正路
台灣省議會紀念園區
台灣省諮議會
立法院議政博物館
育德路
牛欄貢溪
中潭公路
3

跨越地震園區的橋梁

信義路
乾溪路
乾溪
新生路
地震博物館
一日
體驗記
start
谷峰路
九二一地震教育園區
山腳

光復新村

　　戰後台灣省政府遷到台灣中部霧峰，建設光復新村作為省府員工之宿舍，並陸續建立中興新村新市鎮。九二一地震震毀一些老舊房舍，也造成大量居民移出，原社區內光復國中舊校地幾乎全毀，教育部因此將學校與公所運動場規劃成「九二一地震教育園區」。2012 年，占地 9.8 公頃的園區登錄公告為「文化景觀」。環境清雅的 50 年代風格宿舍群，頗受影視人士喜愛，過去曾有多部電影在此拍攝，近年則有藝術家、文創工作者進駐。2014 年台中市政府以光復新村為「摘星創業基地」，持續整建修繕，已成為一處青年創業基地。

彰化文青大觀園

八卦山文史

清康熙年間，彰化改隸諸羅管轄，1694 年在此設守備隊，治安得以保障，成為往後發展契機。早年是平埔巴布薩族半線社人的活動領域，雍正期間漢人大增逐漸形成市集，即半線街。1723 年，將虎尾溪以北、大甲溪以南的區域成立「彰化縣」，據福建巡撫王紹蘭之〈彰化縣城碑〉記載：「彰聖天子丕昌、海隅之化矣」其實是「顯彰皇化」之意，因此將「半線」改為「彰化」。

彰化唯一的山脈：八卦山脈，北端被大肚溪（烏溪）切割，南端被濁水溪隔斷，呈頭尾稍彎的S形，長約三十二公里、寬約四到七公里。高度從八卦山頭的九十七公尺，到南段尖山的四百四十三公尺，事實上它屬於台地，而不是山脈。但作家林享泰說：「儘管如此，它還是保有了那份屬於台灣山林的盎然綠意、清新與恬靜。我習慣在那些曲曲折折的林間小徑散步、思考或閱讀。」

[**策展人帶路**]

Curator Talk

做為台灣新文學之父賴和的家鄉，以文學為主題的彰化文學館，與八卦山文學步道相連，讓愛好文學藝術的文藝青年，倘佯在文學大觀園中，處處有風景。

彰化文學館

二十年前是戰場，而今登眺亦心傷。
相思樹下寒蟬脫，紅土崁邊秋草黃。
愚智一坵難辨識，廢興千古怕思量。
晚來眼底無窮恨，咭嘆爛斑鐵砲傍。

——賴和，〈八卦山〉

由大佛處鳥瞰彰化平原今景　　　　　1930 年代彰化平原鳥瞰

　　2010 年，彰化市政府宣布每年 5 月 28 日為「賴和日」，這是我國以文學家生日訂為紀念日的先例。而後於 2015 年的賴和日，彰化文學館正式開館。文學館設立在彰化市立圖書館一樓西區，與八卦山文學步道聯結，並跟周邊的 1895 八卦山抗日保台史蹟館、彰化縣立美術館、彰化藝術館形成一個文化園區。

　　走入文學館的廊道，八位作家的生平與作品以立牆展示，穿梭其間如同徜徉於文學之海，並且也設置了電子書牆，提供民眾找尋彰化作家與文學的相關資訊。

上圖｜彰化文學館
下圖｜彰化文學館
展示看板

八卦山文學步道

　　2001 年選定原彰化神社參道為基地，文學步道沿途共有一百三十九階梯，全長約三百公尺，選錄十二位作家及其詩詞做成紀念碑立於步道上，供人參訪。這十二位是陳肇興、洪棄生、賴和、陳虛谷、周定山、葉榮鐘、洪炎秋、謝春木、王白淵、楊守愚、翁鬧、洪醒夫等。用以樹立人文典範，透過人文景觀的營造，讓文學及藝術氣息自然融入步道，潛移默化民眾的文學及藝術涵養。

　　詩人路寒袖感觸說道：「我多次步履其中，開啟所有的感官，領受山林步道的悠靜與前人時而悲憤、時而柔情的詩句。更重要的，童年那種謙敬的朝聖感覺又回來了，單單純純的心意，清澈自在。」

彰化文學館 ▶ 1895 八卦山抗日保台史蹟館 ▶
銀橋飛瀑 ▶ 賴和詩牆 ▶ 八卦山大佛 ▶ 八卦山
文學步道 ▶ 彰化藝術館 ▶ 彰化縣立美術館 ▶
彰化武德殿 ▶ 節孝祠 ▶ 中山國小 ▶ 賴和紀念
館

起點須知 info

一日體驗記 start

彰化文學館

2004 年 - 彰化市立圖書館完工啟用。

2007 年 - 「啟動彰化學」的文化工程推行。

2008 年 - 配合地方文化館的設置,以「彰化縣文學館」開始籌備。

2013 年 - 在市立圖書館設置彰化市文學館。

2015 年 - 彰化文學館正式開幕。

彰化文學館

上網一點通

彰化文學館參訪資訊

1895 八卦山抗日保台史蹟館

> 短衣匹馬戰城東,八卦山前路已窮。
> 鐵礮開花君證果,劫灰佛火微宵紅。
> ——陳鳳昌,〈弔吳季籛〉節錄

1895 年,乙未抗日之役是台灣史上最重要的一場戰役,決戰點就在彰化八卦山,因而設建「1895 八卦山抗日保台史蹟館」在此,以紀念這段可歌可泣的歷史事蹟。地點則利用「八卦山地下防空坑道」加以改建,該坑道是 1951 年開鑿,用於應付當時緊張的兩岸關係,至 1979 年歷經十八年四任縣長才完工,總容量為六百人,於空襲時,作為民防作戰之指揮室。

史蹟館的外牆書寫著:「1894 甲午戰爭 1895 乙未戰爭,日軍進占台灣」,並有老樹穿牆而過的景觀。館內分區解說甲午戰爭失利割台、台灣民主國的興起與消失、日軍接收台灣、台灣的反抗、彰化附近的戰鬥及後記等六大主題,用圖文影像、文物、多媒體展出,令歷史在防空洞中迴響。

上圖|乙未戰役抗日保台史蹟
館外觀
下圖|史蹟館內坑道展示空間

銀橋飛瀑步道

銀橋飛瀑

在往來大佛旁有兩條步道，一條是著名的文學步道，另一條有個非常美麗的景點「銀橋飛瀑」。銀橋昔日原是一座吊橋（鐵線橋），為彰化神社通往北白川宮能久親王彰化遺跡碑（即今大佛所在）的連接橋梁。由於橋梁年久失修，於1950年由彰化商業銀行出資改建為圓拱形水泥橋，名之「銀橋」，於2003年登錄為歷史建築。山谷曲徑清涼通幽，銀橋溪谷尚保存著原始樹林風貌，溪谷泉水清澈。在上游處建一人工的瀑布景觀，溪水沖瀉而下，濺起水花萬點，也灑下了一身清涼。

賴和詩牆

矗立在銀橋飛瀑頂端平台山壁旁（原彰化溫泉遺址處）的「賴和詩牆」鋼板上，鏤刻著賴和的散文〈前進〉：「……攜著手，堅固地、信賴地相互提攜；由本能的衝動，向面前的所向，那不知去處的前途，移動自己的腳步。前進！盲目的前進！無目地的前進！自然忘記他們行程的遠近，只是前進，互相信賴，互相提攜，為著前進而前進。」形成彰化文學地標。

賴和詩牆

八卦山大佛

八卦山大佛

詩人蕭蕭形容「八卦山是彰化人的脊梁」，八卦山大佛是彰化縣民生命的一部分，具有豐富的歷史文化意義。1956年，在「北白川宮親王彰化遺蹟碑」所在開始建築，於1961年完工。法相莊嚴的佛像是仿日本奈良東大寺大佛造形而建，底部蓮花座直徑十四公尺，佛像高約二十三公尺，鋼筋混凝土建築，內部中空，連底層共分六層，第一層供奉佛祖，二到五層展示佛陀生平事蹟，第六層為風扇口，頂樓則可登高遠眺，亦可俯瞰彰化最大的公園綠地，很多人晨昏到此運動、泡茶。2001年文建會歷史建築百景票選名列全台第五，2002年大佛被登錄歷史建築。

八卦山文學步道

彰化藝術館

彰化藝術館為原彰化公會堂，建於 1933 年，是彰化郡在 1930 年代的第三座公會堂。二層樓的公會堂，是 30 年代現代主義建築的雛形，也可稱之「過渡式樣」的典型作品。2005 年整修規劃為市民藝文休閒空間。

1930 年代公會堂，今藝術館

彰化縣立美術館

彰化縣立美術館是目前中部地區規模設備最具代表性的縣級美術館。以挑高空間、現代化綠建築設計著稱，採樹枝狀鋼梁斜柱結構，由八卦山竹林意象及傳統窗櫺發想。其一、三、五樓皆設有展覽空間及城市藝廊，提供各類別的藝術展出。美術館中庭的公共藝術作品〈天地之美〉，是全台最大牆面的公共藝術裝置。細膩的層次表現，與美術館的建築空間做最美麗的呼應，是彰化縣立美術館的亮點。

彰化縣美術館中庭內的公共藝術裝置

彰化武德殿

武德殿建築原係日本武道場建築的一支，作為日人練習武道的場所，如柔道、劍道、弓道與傳統武藝。彰化武德殿於 1929 年動工興建，於 1930 年落成。屬傳統和式社殿形式風格。其設施包括有目前作為忠烈祠的「演武場」，及其後側的部分附屬建築（曾為警察局宿舍）。演武場為磚造 RC 結構、一層樓建築，主體為木構，屋頂為日本黑瓦。戰後，改為忠烈祠，2001 年底，指定為歷史建築，2007 年列為縣定古蹟。

彰化武德殿

節孝祠供奉歷代彰化地區貞孝節烈婦女，1887 年原建於今古月民俗館館址，1923 年因市區改正拆除，於現址重建。為二進二護龍的泉州式建築格局，分別為三川殿、正殿，尚保存大正年間遷建時的格局，也是台灣現存的三座節

孝祠中，唯一以獨立型態保存者。祠之結構為四合院式，二進一院建築。祠內的彩繪出自鹿港彩繪大師郭新林之手，其畫作多引自〈烈女傳〉典故。1985 年指定為縣定古蹟。

彰化節孝祠

中山國小校內的「詩文樹」，刻印著十二位台灣文學先賢，分別為施至善、黃呈聰、吳上花、賴和、楊宗城、陳滿盈、黃朝琴、黃周、石錫勳、楊松茂、賴賢穎及吳慶堂等。不但在日治或戰後初期的彰化文學界引領風潮，更影響了整個台灣新文學乃至政經社會、文化的發展。

另外校園內的北棟教室是全台少見的日式校園建築，已被登錄為歷史建築，目前做為校史館，典藏展示該校的文獻資料及重要文物。

1930 年代原彰化第一公學校，今中山國小

位於市仔尾（中正路與中民街交叉口），賴和行醫的「賴和醫館」，被改設為「賴和紀念館」，作為推展台灣文學的據點。一入大門，賴和知名的詩句「勇士當為義鬥爭」七個大字橫列眼前。一旁的賴和半身銅像，神韻維妙維肖。紀念館展示賴和先生手稿、藏書、個人生活用具、相片等，並收集相關台灣文學史料，這些文物不僅是台灣文學、歷史研究的重要史料，更是大眾親近這位前輩作家的媒介。

賴和紀念館在每年五月紀念賴和冥誕時，都會舉辦一系列以賴和為主題的文學、文化推廣活動，邀請民眾共同參加；紀念館也規劃一系列講座，主題緊扣地方文化、擁抱家鄉，邀請作家、文史工作者分享在地經驗。

賴和（1894-1943）生於彰化市，本名賴癸河。幼年學漢文，十六歲考進總督府醫學校，1917 年在彰化開設賴和醫館懸壺濟世，人稱「和仔仙」。1921 年加入台灣文化協會，1923 年 12 月因「治警事件」入獄。出獄後陸續發表新詩、小說，積極投入台灣新文學的創作。1941 年，再度入獄，在獄中以草紙撰寫〈獄中日記〉，反映了被殖民統治無可奈何的沉重心情。1943 年 1 月 31 日逝世，被尊稱為「台灣新文學之父」。

在地尋寶圖

Local Treasure map

抗日保台史蹟館展示牆

往中山國小、賴和紀念館 →

1

陳稜路3巷

永福街

中山路二段

彰化藝術館（公會堂）

八卦山紅毛井

一日體驗記 start

1895八卦山抗日保台史蹟館

彰化縣立圖書館

139

原彰化第二幼稚園

原銀宮戲院

彰化孔子廟

19

孔門路

彰化木瓜牛乳大王

民生路

中華路

彰化市立圖書館（彰化文學館）

彰化縣立美術館

彰化武德殿（武道館）

節孝祠

八卦山牌樓

東民街

彰化縣議會

彰化縣美術館

公園路一段

美食攻略

彰化肉圓

彰化最出名的肉圓小吃分布在彰化火車站一帶，尤其在小說家九把刀拍攝《那些年，我們一起追的女孩》電影後，被入鏡的彰化街上小吃頓時成為影迷追逐的熱門景點，其中肉圓店也常見遊客大排長龍的景象。彰化各地肉圓的外觀與內餡稍有不同，外皮大多以蕃薯粉製作，內餡可含香菇、竹筍、豬肉或蛋黃，有蒸有炸，有機會可試試彰化、北斗、員林或鹿港等在地口味。

節孝祠　　　　彰化武德殿

元清觀

　　據元清觀誌載，本寺廟在 1763 年由福建省泉州府移名集資創建，元清觀原稱「玄清觀」，因避清康熙帝字諱，改稱「元清觀」，又俗稱獄帝廟，是台灣唯一以觀為名並供奉玉皇大帝的寺廟。此廟共分三殿，在建築與文物上有許多可觀之處，如牌樓式重簷、象頭造形的斗拱、廊牆磚刻、交趾陶、古匾古碑等，皆處處古意、工藝精巧。

彰化元清觀 /
郭喜斌提供

銀橋飛瀑步道

八卦山文學步道

八卦山文學步道

銀橋

第二停車場

溫泉路

八卦山銀橋飛瀑

賴和詩牆

八卦山大佛

九龍池

天空步道

自然生態園區

八卦山大佛風景區遊客服務中心

八卦山大佛

舊彰化警察局

　　彰化警察局舊名彰化警察署，建造於 1935 年，隔年 5 月 30 日竣工落成，當時為負責彰化市轄區內的警察保安工作。原先的建築整體外觀為二層樓的平屋頂建築，以磚構造結合鋼筋混凝土建構，大門入口開在路口轉角，立面以流線圓弧造型處理，並以山牆及各種柱式裝飾立面的意象，建築保存完整，2009 年指定為縣定古蹟並登錄為歷史建築。台灣新文學之父賴和於 1941 年 12 月 8 日第二次入獄，被拘禁在監房五十多天，即在此警察署。賴和雖在此完成〈獄中日記〉，卻因病重出獄，最後不幸心臟病發辭世。

公園路一段

1936 年竣工落成時的彰化警察署外觀

139

雲林有故事

虎尾溪爭險

清朝雲林縣首任縣令陳世烈的〈虎溪躍渡〉形容眼下的虎尾溪：

溪名虎尾惕臨深，履險爭先有戒心；
舟子知津肩茗菜，行人問渡指楓林。
冬流水涸頻鞭馬，春草沙平偶集禽；
　一葦濟州齊躍足，漁歌高唱答南音。

1630 年，荷蘭人在《熱蘭遮城日誌》中，稱呼這塊土地叫「Favorlang」（虎尾人）。1723 年，清台灣御史在《台海使槎錄》，亦稱「虎

[策展人帶路]

Curator Talk

雲林故事館與布袋戲館比鄰而居，兩者都是歷史空間再生，訴說著在地社區的文化特色，令人一想到布袋戲就想到虎尾小鎮，因此最具有在地性的文化特色，也正是最會吸引旅人到訪的博物館觀光資源。

日治時期斗六街景

虎尾溪

尾」。從清代年間到日治中期，始終以「五間厝」為名的虎尾鎮，長久以來，一直隸屬於土庫鎮管轄。直到 1920 年，台灣總督府實施「州廳都市街庄制度」時，日人才將五間厝的位階，提升成為新興產業都市，並且易名為「虎尾郡」。虎尾一舉擴過街庄兩道門檻，頓時與斗六、北港兩地並駕齊驅，成為台南州下的十個要郡之一。

博物 點 線 面

雲林故事館 ▶ 雲林布袋戲館 ▶ 虎尾合同廳舍
（誠品書店）▶ 虎尾驛 ▶ 虎尾糖廠 ▶ 同心公
園 ▶ 虎尾溪鐵橋

起點須知 info

一日體驗記 start

雲林故事館

1923 年 - 虎尾郡守官邸興建完成。
1946 年 - 台南縣虎尾區區長宿舍。
1950 年 - 國民政府來台官員臨時宿舍。
1956 年 - 嘉義法院雲林庭庭長宿舍。
1964 年 - 雲林地方法院院長宿舍。
1996 年 - 空間閒置。虎尾巴文化協會
　　　　 發起保存活動。
2001 年 - 虎尾郡守官邸、虎尾郡役所、
　　　　 合同廳舍登錄為縣定歷史建
　　　　 築。
2002 年 - 雲林縣歷史建築調查研究計
　　　　 畫進行。
2004 年 - 虎尾郡守官邸修復工程進行。
2006 年 - 11 月首次對外開放。
2007 年 - 12 月雲林第一座歷史建築再
　　　　 利用，由雲林故事人協會負
　　　　 責營運。
2009 年 - 虎尾第一街觀光意象整合建
　　　　 置工程進行。
2009 年 - 整修完工，重新開館。
2012 年 - 獲選文化部公有古蹟歷史建
　　　　 築管理維護評鑑獎勵計畫。

雲林故事館大門

乘坐高鐵可由雲林站進入虎尾市區，展開故事旅行

上網一點通

雲林故事館參觀資訊

雲林故事館

　　雲林故事館原為日治時期虎尾郡
守官邸，約建於 1920 至 1923 年，於
2006 年整修完成。這棟質樸的木造建
築卸下古早的官方身分，也從郡役所官
邸搖身一變成為藝文氣息濃厚的雲林故
事館。此館做為提供口述文學、繪
本創作及地方故事作品的展覽據點，
長期積極培訓說故事的志工，期盼
透過聽故事，培養小朋友分享、閱
讀，進而創作個人繪本，讓創作藝
術與生活更緊密地結合。

左圖 | 雲林故事館
右圖 | 屋簷掛滿晴天娃娃的雲林故事館

「一聲呼出喜怒哀樂，十指搖動古今事由。」轟動武林、驚動萬教的史艷文風雲時代，就是由雲林的虎尾小鎮竄起。比之布袋戲和歌仔戲在廟口對打演出的記憶，人偶在乾冰迷霧的煙霧下，來無影去無蹤，打鬥時交錯閃爍的燈光，一陣紅一陣青，透過擴音器飄忽在黑暗中的台語口白竟有種神祕的魔力。

原為虎尾郡役所，落成於 1922 年，是一棟三合院、二層樓半木造廳舍，為虎尾地區最具氣勢的官方建築。戰後，國府先將郡役所改為虎尾區署，實施地方自治時，又改制為虎尾警察分局。1990 年警察分局遷移至新建的行政中心後，郡役所淪為閒置之所，任由風吹日曬雨淋。

1997 年，虎尾舉辦「虎尾躍渡大崙腳」全國文藝季活動時，雲林縣政府曾以重金徵求命名的方式，將郡役所改稱「虎威古郡」。2001 年，雲林縣政府將其登入為歷史建築物，交由文化局修繕，2007 年成立為「雲林布袋戲館」。雲林布袋戲館分為歷史展示區、劇團介紹區、黃海岱專區、兒童體驗區、監獄歷史區及特展區等，館內除了介紹布袋戲的沿革、布袋戲藝師之外，還可體驗操作布偶的樂趣。

踏入雲林布袋戲館，猶如踏入凝縮時空的劇場。雕繪精美的偶頭、華麗鮮豔的服飾，各式各樣的人物生動鮮活地立於櫥窗之內，我們不禁胡亂想像著他／她的可能角色，開始編派每個系列造型人物，每齣戲的劇場……。對布袋戲的熱情，是小時候難忘的回憶，在我的成長過程中，曾有一段為之瘋狂、癡迷的歲月。看到櫥窗中的戲偶，許多久未想起的細節浮上腦海。（賴鈺婷，〈再會史艷文〉）

$\dfrac{1 \quad 2}{3 \quad 4}$

[1-2]：雲林布袋戲館外觀
[3] 美侖美奐的布袋戲台
[4] 雲林布袋戲館中庭

虎尾合同廳舍（誠品書店）

虎尾合同廳舍建於 1939 年，是虎尾郡役所所屬派出所及消防組的聯合辦公室，二樓當公會堂使用。為四層樓加強磚造建物，屬現代式樣風格，2001 年登錄為歷史建築。目前由誠品書店進駐營運。

虎尾合同廳舍

虎尾驛

在今日虎尾鎮中山路與民主路口，還矗立著一棟淺藍色雄偉的日式建築，其玄關入口處掛著「虎尾總廠原料區辦公室」，這棟建築曾是保安警察中隊的辦公室，原先就是台灣糖業鐵路中部的總樞紐：虎尾驛（舊稱五間厝驛），而驛前的中山路，素有「虎尾第一街」之譽。1955 年間，虎尾車站遷移到中山路與新生路口鐵路平交道附近，原先的驛站便成為「保警中隊辦公室」。

走過一世紀歲月的台糖小火車站「虎尾驛」，投閒置散，任其荒蕪多年後，最近才由雲林縣政府列為歷史建築，並且重新加以修繕，恢復當年日式建築風貌，並且建造仿古老月台、售票亭等設施，成為參觀虎尾糖廠與虎尾鎮歷史文化旅程的新起點。

虎尾驛

虎尾糖廠

日治時期的虎尾糖廠規模名列台灣三大糖廠之一，每年生產的蔗糖數量甚至擴張成為台灣最大製糖所，製糖產量曾高居台灣之冠，而酒精工場更是號稱東洋第一。1910 年，虎尾工場增建，產量達一千公噸。到了 1926 年，四根大煙囪已全部就位，一字排開，所冒的黑煙，迤邐天際，足以遮雲蔽日，極為壯觀。這

虎尾糖廠

年蔗糖年產三千二百公噸，酒精產量也高達六千六百公噸，二者都創下紀錄，位居全台之冠。目前仍是台灣中部規模最大的糖廠，且持續運作中。

1950 到 1960 年間，可說是虎尾糖廠最輝煌的年代，下轄北港、斗六、大林、龍岩等四個糖廠，種蔗面積二十餘萬甲，運蔗小鐵道長一千多公里，員工超過二千六百多人，產能曾創下十萬公噸的紀錄，名列台糖公司所屬各廠前茅。

1960 到 1970 年代，台灣糖業衰退，許多糖廠紛紛關閉，鐵路客運業務亦日益萎縮，短短幾年間，台灣五分仔車的客運業務幾乎全面停擺。虎尾火車站也因年年嚴重虧損，而於 1975 年關閉，結束其六十六年的風光歲月。

　　同心公園最初是作為虎尾糖廠與新興社區間的一塊綠色園帶。這塊綠色隔離帶，在 1930 年，日人為配合糖廠鐵橋改建，特聘請英國人規劃設計，重新改造公園。公園內的林相極為繁盛多樣，除了台灣常見的一些樹種外，也有許多罕見的外國林木品種。內有 1955 年底建造，因台糖由南非引進蔗種 NCO310，蔗產量及產糖率皆高，對台灣經濟貢獻卓著，特設的「310 紀念碑」，是見證台灣糖業歷史發展重要的里程碑。

左圖 | 同心花園
右圖 | 同心花園內的蒸汽車頭

虎尾溪鐵橋

　　虎尾糖廠還有一座糖廠火車運輸甘蔗原料進出的鐵橋，跨越虎尾溪，稱謂「虎尾溪鐵橋」，當地人稱「會社鐵橋」，共有二十三座橋墩、二十二座橋桁。此橋原是一座用竹架搭建而成，作為兩岸往來的便橋，到了日治時期，大日本製糖株式會社改用木材搭橋作為火車運輸甘蔗之用。會社鐵橋的初期也只有橋梁和鐵道而已。到了 1930 年代，虎尾糖廠在橋上開始搭建三段高低不等的鋼架花梁和護欄，用來保護橋梁和運輸的安全。鐵橋原本只供軌距較窄的糖廠小火車行駛，後來為了使縱貫線貨運火車也能直接駛入虎尾，日人加鋪一條較寬的鐵軌，自斗南至虎尾糖廠之間，而形成三條鐵軌並列的獨特現象。1960 年整修完竣為今日所見樣貌。2009 年指定為縣定古蹟。

一日體驗記
finish

虎尾合同廳舍

誠品書店賣場

在•地•尋寶圖

20

Local Treasure map

雲林布袋戲館外觀

雲林布袋戲館廊道

布袋戲偶展示

雲林故事館玄關

145

德興路　院前街　公安路

復興路

林森路一段

雲林故事館

雲林布袋戲館

虎尾合同廳舍（誠品書店）

仁愛路

一日體驗記 start

西安街

公安路

永安街

虎尾厝沙龍

和平路　新興路　民生路

新生路

虎尾福安宮

中山路

中山路（虎尾遊客中心）　虎尾驛

民主路

民主三路

同心公園

河堤道路

高鐵雲林站

　　高鐵雲林站委由姚仁喜建築師設計，為三層樓高的高架車站，以「雲」山霧水、「林」木茂密命名，創造出內部流動的空間體驗。車站設計以富動態之流線型量體，由下往上以每層傾斜七度堆疊出五層挑高的空間，加上採光天窗的設計，配合玻璃帷幕牆反映的景觀模擬變化無形的雲霧。再以一根根不同長度、曲度的廊柱傳遞波浪的流動感，站內素樸的清水模，呈現出林中雲霧的飄渺意涵。擁有銀質綠建築證書的高鐵雲林站，白天跟夜晚皆呈獨特豐彩，已成為雲林縣最夯的景點。

高鐵雲林站

158

民族路

信義路
三民路
義路
正路
民權路

中華路
東義路
弘道路

光復路

信義路

新生路

光明路

光復路

虎尾高中

興隆毛巾觀光工廠

　　擁有三十多年歷史的虎尾毛巾工廠，見證毛巾產業在台灣的興衰，在大環境巨輪的驅使下，看似要走向虧損歇業，但在第二代的通力合作，開發推出「蛋糕毛巾」創意商品，一舉敗部復活，並規劃建設成為觀光工廠。2014 年獲得經濟部認定「台灣一鄉鎮一特色」的優質企業。

DIY 體驗

　　廠內將毛巾的製作過程，藉由大型落地窗近距離公開導覽。並提供毛巾 DIY 體驗，讓遊客不只得到自己親手做的毛巾紀念品，更能體驗到原本平淡無奇的東西，也可變得相當有新意。

上圖 | 隆興毛巾觀光工廠的展售空間
下圖 | 隆興毛巾觀光工廠的產品

虎尾驛

同心花園內的 310 紀念碑

虎尾糖廠

雲73-1

虎尾溪鐵橋

⫷ 🍴 美食攻略 🍴 ⫸

虎尾糖廠枝仔冰

　　來到虎尾糖廠，似乎總免不了買隻台糖古早味冰棒解饞，為什麼到了糖廠就要吃冰呢？原來早在戰後初期，各糖廠職工福利社即利用自產的砂糖研發製作枝仔冰，供應員工及眷屬享用。台糖冰品甜而不膩，料好實在的好滋味，早已深植人心。糖廠環境清幽，濃蔭密布，一口吃糖廠枝仔冰，漫步其間，悠哉遊哉。

嘉義 諸羅演義

諸羅桃仔城

嘉義市位於嘉南平原北端，四周與嘉義縣為界，一度為嘉義縣治所在。嘉義是平埔族原住民「諸羅山社」（Tirosen）與高山原住民鄒族互爭的一塊沃土。1621年，漢人顏思齊率眾自笨港登陸，開墾台灣時，便居住在「諸羅山」，即今嘉義市附近，由此可知嘉義的開發甚早。1661年鄭成功設承天府，下轄天興與萬年兩縣，現今的嘉義即屬當年天興縣所轄。

1683年，台灣正式納入清朝版圖。隔年創設「諸羅縣」，暫置諸羅縣治於佳里興（今台南市佳里區），二十年後的1704年，縣署才移縣治於諸羅並建木柵城，為台

[策展人帶路]
Curator Talk

博物館做為城市文化的保存機構，嘉義市陸續成立了嘉義市立博物館、交趾陶館、獄政博物館等館舍，多樣性的主題，豐富了阿里山以外嘉義的文化觀光資源，更加深了嘉義旅行的文化厚度。

1930年代嘉義市榮町通

灣最早的木柵城。諸羅城於雍正初年改建土牆,較之府城台南為早,當時土城城垣西面向外突出,狀似桃子,故有「桃仔城」之稱;再於 1878 年改為磚牆,成為全台第一座磚牆。

1876 年林爽文事件,台灣各地無不望風披靡,棄城投降。惟有諸羅軍民,同心協力,奮勇死守,乃得保住全城。事後,乾隆帝為嘉許當地軍民的英勇「嘉其死守城池之忠義」,特別下詔將諸羅改稱為「嘉義」,此即嘉義地名的由來,也是台灣地名唯一由皇帝親賜之特例。

嘉義市立博物館

嘉義市立博物館位於嘉義市文化中心園區,是一座綜合性博物館,負責相關文物的收藏、研究與教育等功能,具有地質、化石、美術三大展覽主題,呈現出嘉義地區的自然地理與豐富人文藝術。

一樓地質廳,具有「台灣與太陽交會之都」、「阿里山傳奇」、「大地的怒吼」等三個主題。二樓化石廳,分成四個展區,分別是:

1	2	
3	4	5

[1-2] 嘉義市立博物館
[3] 博物館前的貝殼化石
[4] 陳澄波雕像
[5] 市立博物館中庭公共藝術裝置

嘉義的地質演變（嘉義形成化石的條件）、化石之鄉（嘉義的海、陸生物化石發現等二個展區）、探索嘉義寶藏以及交趾陶、石猴特展區。化石是生命橫跨地質年代的證據，古生物學家憑藉化石，重建地球史與生物歷史，進而了解生物的演化，有助於揭開生命起源之謎。

化石廳珍藏著許多化石珍寶，如薛氏三蟹、文吉長臂蟹、水順轉輪蟹，以及全台獨一無二由地層採集的藍鯨下顎骨化石，這些都是由收藏家薛文吉捐贈，是嘉義市立博物館鎮館之寶。在博物館的庭院也有化石珍寶——錐螺化石，重達三十餘公噸，於1985年陳王奎三兄弟無意間於八掌溪（五虎寮段）發現，捐贈給市立博物館，彌足珍貴，堪稱為人間至寶。

另外在二樓設有交趾陶特展區與石猴特展區，較特別的是石猴特展區，展出多名工藝家精工雕琢的石猴創作，每隻石猴姿態各異，栩栩如生，非常特別，這是其他地方絕無僅有的石猴展示。

三樓則為嘉義出生的前輩畫家陳澄波紀念專區及定期策劃主題展示的嘉義藝術空間。陳澄波（1895-1947）曾自豪地說：「我是油彩的化身」，1926年，他的〈嘉義街外〉入選日本帝國美展。1947年，228事件發生，未經審判，卻被槍斃示眾。

嘉義市交趾陶館

位於文化局地下室一樓是交趾陶館。交趾陶是一種低溫的多彩釉，融合了軟陶和廣窯，且結合了捏塑、繪畫、燒陶等技術與宗教文化等民俗工藝的一種陶藝，堪稱為我國民間藝術的國寶工藝。而嘉義是台灣交趾陶的發源地，因此有「交趾陶的故鄉」之稱，日本人也稱交趾陶為「嘉義燒」、「交趾燒」。

台灣的交趾陶源於兩廣交趾陶體系，明清時隨移民傳入台灣，主要作為廟宇或傳統建築的裝飾。由於受地理環境與人文影

交趾陶博物館

交趾陶博物館展場

響，台灣交趾陶發展出獨特的地方風格，在製作手法與設色上，也表現出鄉土氣息，呈現強烈的民藝格調；台灣交趾陶的人物較偏造型，線條純樸，高圖案化；在色釉方面表現出富於亮彩美艷的鄉土意味。

　　嘉義市交趾陶館，於 2000 年正式開館啟用，內分六區：第一區為交趾陶之美，為入口區，設計以「塑形之美」、「題材之美」、「釉彩之美」來表現交趾陶「三美」的持色；第二區是交趾陶探源，乃介紹葉王生平、創作、傳奇與行腳，並介紹交趾陶作品的分布和遺存現況；第三區為交趾陶與建築裝飾，讓觀眾暸解交趾陶與建築裝飾藝術的密切關係；第四區是交趾陶的創新，介紹林添木藝師重要的成就及其對交趾陶的創新、研發及教育推廣；第五區為現代藝術區及第六區的特展區，為主要交流園地，能增加展出內容的可看性，更提供新秀的展出場所。

獄政博物館

　　國內碩果僅存的嘉義舊監獄，是世界僅存的兩座賓夕法尼亞式監獄建築之一，它也是由侯孝賢導演執導，在國際影展獲獎的《童年往事》的拍攝場景。嘉義舊監獄創建於 1919 年，1922 年竣工啟用，主要收容一般犯罪的受刑人。歷經八十多年的風霜歲

月，見證了台灣近代獄政的沿革。在功成身退後，一度在存廢、拆除與保留的正反意見之間擺盪。幸好，最後在各界人士的奔走努力下，取得保存下來的共識，指定為古蹟。

原來古典樣式的紅磚門樓，1930 年時為大地震震垮，經過多次重建始得今貌，惟兩片高大厚重的阿里山檜木大門，至今仍連接著門裡門外的兩個世界。其建築形式、空間設計、構造工法均具特色。中央台掌控三條扇形放射狀、深幽不見光的長廊牢房，符合犯人收封管制之理想原型。工廠與舍監挑高，不同形式的氣窗設計能滿足通風、採光、防潮以及空中巡邏（貓道）等需求。門窗壁板材料均採自阿里山檜木，堅固、耐用、防逃等專業施工，深具保存價值。

1	2	[1] 監獄博物館的圍牆與警哨塔 [2] 門禁森嚴的中央台控制站
3	4	[3] 監獄博物館內的拜拜神龕 [4] 上方監視犯人行動的「貓道」

上圖｜外牆通風口
下圖｜獄舍內的公共澡堂

一日體驗

　　1994 年監獄遷至鹿草鄉，目前已廢除收留犯人的功能，朝觀光監獄的路線發展規劃，可作為另類選擇的體驗之旅。「嘉義舊監獄古蹟體驗營」也是「舊監活化再利用」的一項活動，透過了體驗與認識，可以解除大家對監獄的懼怕與污穢感。透過每週二至週日，一天四趟的安排（9：30、10：30、13：30、14：30）及導覽，也讓大家有機會認識監獄的空間及管理措施，並避免將受刑人再次被污名化，進而還能關心受刑人更生保護等回歸社會的必要協助。

監獄博物館內的工場屋架

博物 點 線 面

嘉義火車站 ▶ 嘉義鐵道藝術村 ▶ 森林之歌 ▶ 阿里山森林鐵路車庫園區 ▶ 動力室木雕作品展示館 ▶ 嘉義市立博物館 ▶ 嘉義市交趾陶館 ▶ 檜意森活村 ▶ 營林俱樂部 ▶ 北門車站 ▶ 嘉義市獄政博物館

起點須知 info

一日體驗記 start

市定古蹟營林俱樂部

1914 年間 - 屬於台灣總督府營林局的休閒娛樂場所。仿造歐洲英國都鐸式建築。

1946 年 - 作為林管處禮堂。

1948 年 - 改為忠孝幼稚園。

1984 年 - 由法務部調查局嘉義縣調查站借用。

1987 年 - 嘉義縣調查站歸還。挪用為林務局單身員工宿舍。

1998 年 - 公告為市定古蹟。

2009 年 - 由林務局整修完成。

2014 年 - 正式對外開放。

營林俱樂部

上網一點通

嘉義林業文化園區參訪資訊

嘉義火車站

　　嘉義火車站創建於 1902 年，現為鋼筋混凝土結構，與台中、台南火車站相比，雖然較為陽春，但站在鐵道運輸的角度而言，嘉義站卻是「上山下海」的轉運大站，也是全台最早的「三鐵共構」車站。當年嘉義站除了是縱貫鐵路的重要驛站外，每年媽祖誕辰到北港朝天宮進香時的大批香客，就是搭火車到嘉義站，再轉乘糖廠的小火車到北港，這段鐵路運輸曾是台糖最賺錢的客運路線之一。另外林務局的阿里山森林火車也借用嘉義車站的第一月台停靠，再經北門站前往阿里山，因此形成「上山下海」的「三鐵共構」車站。

嘉義火車站與阿里山森林鐵路共構

左圖 | 嘉義火車站內部大廳
右圖 | 嘉義火車站外販售阿里山森林鐵路車票的窗口

嘉義鐵道藝術村位於火車站正後方,賦予閒置的鐵道倉庫新的藝術生命,改設為藝術創作與展示場,為奔放多彩的藝術作品與地方社區營造的展示舞台。嘉義貨運倉庫共有九間,六間為台鐵倉庫、三間為民間所有,除目前還在使用的兩間民間倉庫及一間台鐵倉庫外,其餘六間均轉為藝術村規劃使用。此乃開創了台灣鐵道倉庫做為藝術替代空間的首例,也開啟了嘉義市新藝術的新頁。

左圖|嘉義鐵道藝術村入口
右圖|藝術村鐵軌內的彩色卵石

座落在縱貫鐵路和阿里山森林鐵路之間的「森林之歌」,由嘉義林管處委託在地藝術家王文志,以阿里山黃藤、鐵道枕木、汰換的鐵器,打造出高十四公尺的神木及阿里山森林鐵路意象。遊客可以置身塔中仰望,透視天頂,欣賞日夜變化的天幕,尤以夜間的燈光幻化更加迷人,已成為嘉義的新地標。

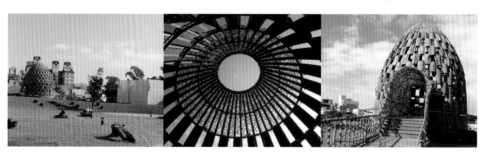

森林之歌

上圖|停佇在阿里山森林鐵路車庫園區的小火車
下圖|阿里山森林鐵路車庫園區內的火車頭迴轉盤

被稱為「鐵道生態博物館」的阿里山森林鐵路車庫園區內,包括日治時期成立的「北門修理工場」,至今已近百年歷史,園內還有每日開往阿里山森林火車由此調度發車的機車庫。園區存放的小火車,各式各樣,琳瑯滿目,也滿足了遊客可以近距離觸摸欣賞珍貴蒸汽火車的欲望。

動力室木雕作品展示館

建於 1913 年的動力室，是嘉義第一座火力發電廠。隨著阿里山林場停止伐木，遺留下來的動力室也閒置不用。2002 年動力室與竹材工藝品加工廠、煤料儲存庫及乾燥庫房共同登錄為嘉義市「原嘉義製材所」歷史建築。為使歷史建築活化再利用，至 2009 年 7 月將動力室整修再利用為木雕作品展示館。邀請木雕大師，以紅檜風倒木為素材，創作四十七件作品，成了原木及文化留存的藝術基地。

左圖 | 動力室暨木藝作品展示館　右圖 | 木藝作品展示館的展覽空間

檜意森活村

檜意森活村占地面積 3.15 公頃，為日治時期嘉義林場官方宿舍區域。附近大量的木構建築群，也都用阿里山檜木為建材，整個區域仿如檜木村，當時稱為「檜町」，戰後改名「檜村里」。檜意森活村以原貌重現傳統的二十八棟日式檜木建築，規劃「林業資料館」、「農業精品館」、「特色商店」、「檜町原宿」、「木村藝術」及「美術藝文館」等六大主題，意圖將日治時期的歷史建築，內化為有趣的木作產業與木業體驗場，並提供旅客休憩、觀賞、展演、住宿空間。

1
—
2　[1-2] 檜意森活村
—
3　[3] 檜意森活村公共裝置藝術

共和路邊的營林俱樂部，前身為阿里山林廠招待所，是台灣總督府營林局提供貴賓及員工的休閒娛樂場所。於1914年建造，仿英國「都鐸式」半木造建築風格，屋頂設有小尖塔，山牆灰泥上裝飾著不同線條的木板，表現歐洲別墅的休閒趣味，充溢著建築藝術美學，而被列為市定古蹟，目前做為林業相關展覽場地及開放為藝文展覽空間。

營林俱樂部

北門車站

嘉義市獄政博物館

北門驛自1910年起即擔負客貨運輸功能。1998年5月半毀於大火，半年後再整修恢復原貌。目前為嘉義市市定古蹟，門前還豎立一個標示牌，上面寫著：「海拔31公尺」。北門驛為日式木造車站，全部使用阿里山特有的紅檜建材，外露式柱梁結構，融合和洋風格，簡單而優雅。目前北門驛規劃為「鐵路文物展示館」。

上圖｜北門車站前的海拔標誌
下圖｜北門車站

一日
體驗記
finish

在・地・尋寶圖

Local Treasure map

石猴雕刻

　　石猴雕刻是嘉義獨有的特色工藝，已有七十多年歷史。在嘉義市的重要場域或主要道路旁，不乏設有許多巨大的石猴作品，有如走入石猴世界。藝師們自八掌溪畔運回其貌不揚的原石，透過慧心設計，巧手雕琢，塑成猴子的各種造型，栩栩如生、活靈活現的模樣，令人喜愛。

文化局戶外石猴雕刻

森林之歌

1 埤子頭植物園

阿里山林業村林業藝術園區

森林之歌

攻忠路

自由路

北興街

後驛街

竹文街

島呼冊店

北興路橋

忠義街

國華街

文化路

中正公園

噴水雞肉飯

（KANO棒球地標）

嘉義鐵路藝術村

嘉義鐵道藝術村

🍴 美食攻略 🍴

嘉義火雞肉飯

　　嘉義的小吃美食中，就以雞肉飯最出名，君不見嘉義市大街小巷，賣雞肉飯的店攤子不知凡幾，如噴水雞肉飯、郭家粿仔湯雞肉飯、劉里長火雞肉飯等，甚至在其他外縣市也都可看到「嘉義雞肉飯」連鎖經營的蹤跡。雞肉飯除了火雞肉，淋上火雞湯汁外，一碗香噴噴Q彈的米飯才是決定雞肉飯好不好吃的重要元素。

一日體驗記 start

嘉義火車站

文化局前廣場陳澄波雕像

北門車站

嘉義文化中心貯木池

　　嘉義市文化中心現址，在日治時期是東亞規模最大的木材集散地，一旁的貯木池，稱為「杉池」或「檜池」，1948年名列「諸羅八景」中一景「檜沼垂綸」。1982年推行十二項建設，各縣市興建文化中心，在貯木池原址填土興建文化中心，僅留存一小部分水池景觀。近年林務局積極推動營造阿里山林場時代的榮景，除了檜意森活村、動力室等空間再造，過去文化中心所在的嘉義製材所廠房與周邊林業房舍如藤田村，也在逐步改善與重新規劃，未來將串聯成為另一處林業文化園區。

嘉義市政府文化局

忠孝路

忠孝路

北門車站

嘉義市立博物館

嘉義市交趾陶館

阿里山森林鐵路
車庫園區

動力室木雕作品展示館

森西路

檜意森活村

珍藏村

營林俱樂部

霞光寶物

共和路

榮街

長榮街

嘉義市獄政博物館

北門街

交趾陶博物館展場

1930年代嘉義製材所貯木池

民權路

安樂街

興中街

中央黃場

北榮街

成仁街

吳鳳北路

檜意森活

嘉義市政府

監獄博物館正面入口

公明路

吳鳳北路

光華路

杜聰明砂鍋魚頭（光華店）

光彩街

嘉義城隍廟

紅毛井

蘭井街

共和路

中正路

文昌街

和平路

檜意森活村

台南舊府城文學漫遊

文青相約舊城文學館

作家陳秀俐在〈話說台南舊城〉感嘆地說：「在台灣，沒有一座城市的歷史能與台南相比，也沒有一座城市的古蹟，如此地集中在舊城區。不大的台南城，是個易於瀏覽、卻難以深入閱讀的城市。如果只是走馬看花，即使醉心於文化之旅，但心靈的行囊，卻很容易會被看似相關，卻無法連結的各點古蹟片段，給弄得混淆不清。」

［策展人帶路］
Curator Talk

國定古蹟再利用為國立台灣文學館，也是唯一國立層級的文學博物館，鄰近台南孔廟文化園區，以及林百貨等潮流景點，有好咖啡館、有個性書店，還有很多名店小吃，舊府城的文學漫遊，讓知性感性身心俱足。

2003 年 10 月，原台南州廳老舊宿舍，經整建後的「國立台灣文學館」隆重開幕，這是國立機構利用古老建築作為空間再利用的重大案例。它的意義不僅是機構的落成而已，更重要的是，它代表了台灣老建築再利用在二十一世紀實踐的重要里程碑。

1909 年，台南市街升格為台南市。台南廳舍原座落於清朝台灣道署內（今永福國小），傳統老舊的合院建築已不符合統治階層的需要。1912 年，興建新廳舍於台南孔廟邊、兩廣會館前，於 1916 年落成完工。1920 年，台灣總督府重新劃定台灣行政區，台南廳擴大為「台南州」，轄境包括今天的雲林、嘉義、台南地區的 2 市、10 郡、65 街庄，因此廳舍又再進行擴建。

經整建後的國立台灣文學館

建築表情充滿古典語彙

廳舍的設計，出自台灣總督府土木課技師森山松之助的手筆。廳舍採用理性、對稱，且富典雅的文藝復興式樣的建築風格。正中央頂端，冠上馬薩斯式斜坡屋頂，兩旁有圓頂衛塔侍立，兩翼各自往後延伸。立面中央主入口設有往外延伸的門廊，入口處為弧形拱門，拱心石與屋身的仿石材連成一體，拱心石的比例誇大，顯示入口地位的重要性。整體立面高廣深邃，展現出帝國權力的威嚴姿態。

蘇峰楠在〈空間流轉：從台南州廳看古蹟、文學、博物館三方的百年對話〉說：「1945 年，美軍 B52 轟炸機執行攻擊任務，在台南鎖定了大正公園附近官署集中地密集轟炸，從天空降下的燒夷彈，無情地引燃了如地獄火焰般的摧殘，台南市中心受到大規模的破壞，而州廳建築也被戰火波及，幾乎化為灰燼，僅有孤懸的殘牆與枯敗的鳳凰木遺留在破碎地表上。」

此後，殘破的州廳在稍作修葺後，陸續有空軍供應司令部、台南市政府等機關進駐，依舊不脫官署衙門色彩，這也是目前大多數台南人對此地的共同記憶。1997 年，台南市政府遷出州廳建築，而文建會也擇定此處作為文學博物館，州廳建築開始有了全新發展契機。1998 年，市政府指定州廳建築登錄為市定古蹟，1999 年開始進行古蹟修復工程，2003 年升格為國定古蹟。

左圖｜南門路側建築立面
右圖｜國立台灣文學館原日治時期台南州廳

古蹟活化後新貌

台灣文學館的使命在於記錄台灣文學的發展，典藏及展示從早期原住民、荷西、明鄭、清朝、日治、戰後以來，艱困卻多元成長的文學內涵。文學館同時透過辦理教育推廣活動，啟發及拓展民眾對台灣文學的認知；館內設有文學圖書室、兒童文學書房、文學體驗室等，提供親子、親少年和民眾知性休閒服務。

日本作家新井一二三在她的〈北回歸線以南〉這樣說道：「根據台灣文學館下的定義，在台灣島上曾被記載的文字、被述說的故事、被唱的歌等都構成台灣文學。換句話說，只要是台灣這塊土地上產生的，不管是誰寫的，都算是台灣文學。理論上，這並不難理解。但是，我還是沒有想到，在台灣文學史的第一頁出現的『作品』，竟然是荷蘭文的公司文件。」

走進修復後的台灣文學館，為了保留歷史痕跡，整修後的建築空間處處新舊並陳，彼此並不衝突，而是相融。整棟建築充作為展示空間，提供民眾一個結合文化資產和文學氣息的參觀休閒處所。一樓「舊建築新生命」常設展示室，陳列許多舊州廳時期的建築文物，部分地坪與牆壁也打通，將原有的建築結構完整呈現於觀眾眼前，述說著州廳建築的時光變遷。文學館也設置「台灣本土母語文學常設展」，來呈現台語、客語、原住民語文學的豐富意境，期使觀眾能領略本土母語文學在台灣文學脈絡中的內涵與價值，以實現「母語重生，族群共榮」的理念。

館內的長廊 / 黃沼元提供

國立台灣文學館 ▶ 台南孔廟 ▶ 泮宮石坊 ▶ 府中街 ▶ 永華宮（陳永華紀念館）▶ 草祭二手書店 ▶ 窄門咖啡館 ▶ 台南忠義國小 ▶ 台南武德殿 ▶ 葉石濤文學館 ▶ 林百貨

起點須知 info

國立台灣文學館

1916 年 - 落成，做為台南州廳使用。
1991 年 - 行政院文建會提出設立「現代文學資料館」計畫。
1994 年 - 調整將「現代文學資料館」併入「文化資產保存研究中心計畫」，設「文學史料組」。
1997 年 - 進行修復整建工程。
1998 年 -「文學史料組」提升為「國家文學館」。
2003 年 - 修築完成，開館營運。
2007 年 - 定名為「國立台灣文學館」。

一日體驗記 start

國立台灣文學館

上網一點通

國立台灣文學館參觀資訊

台南孔廟

國定古蹟台南孔廟，是全台灣第一座孔子廟，早在明鄭時期便已創立。清末之前，此地還是台灣官辦的最高學府，一直到台灣割日的二百餘年間，共整修三十多次，規模由簡陋而臻完備、堂皇。直到清末台灣建省前，台灣府學一直是台地士子心目中的最高學府，文教地位無與倫比，因而博得「全台首學」的美稱。

位在南門路的大成坊是孔廟的主要出入口，坊為門樓形式。坊上高懸「全台首學」門額，據考證為乾隆年間蔣元樞重修時所立，揭櫫台南孔廟是台灣儒學的發祥地。大成坊外面右側立有 1687 年漢滿文對照的花崗石碑，寫著：「文武官員軍民人等至此下馬」，俗稱「下馬碑」。

大成殿是孔廟建築群的中心，也是最主要的祭祀空間。台南孔廟具有濃厚的地方色彩，大成殿不像其他地方的大成殿有柱廊環繞，而且其色彩系統也十分單純，木結構與牆壁顏色相近，因此整個建築體由紅瓦、朱牆與白色的地面組成。簡單、崇高、肅穆，與官式多彩堂皇的樣式相較，華麗與規模或有不足，但藝術性則更勝一籌。

上圖 | 孔廟「下馬碑」
下圖 |「全台首學」
台南孔廟

在全台首學的對面入口處，有座數百年歷史的「泮宮石坊」，穿越石坊之後。清乾隆年間，知府蔣元樞重修孔廟時，因見大成殿東北方建有文昌閣塔樓，遂決定在其東南方再建一座石坊「以壯其觀」。他由泉州採購花崗石，請當地石匠雕造，再船運來台組合，這就是今日所見的「泮宮石坊」，在全台孔廟中，獨一僅有。

歷史悠久的「泮宮石坊」

府中街舊名「柱仔巷」，原本是條沒沒無聞的巷子，為充分展現台南作為歷史老城的獨特風格，店舖紛紛進駐，形塑獨特的街道氣氛，配合周邊已改造的孔廟文化園區，府中街的再造彼此相得益彰，為台南市創造一個具古意與新潮的特色地區。

府中街已成為熱鬧的商店徒步區

從府中街的第一個小巷轉入，「永華宮」赫然在前方。永華宮創建於 1750 年，其廟後設有「陳永華紀念館」，三樓供奉陳永華神像。陳永華（1634-1680），福建同安人，字復甫。鄭成功擔任招討大將軍時，任參軍，其人有謀略，卻忠厚，處事果斷。鄭成功北征時，告訴兒子鄭經說：「陳先生當世名士，吾遣以佐汝，汝其師事之。」受命輔佐鄭經，鄭成功曾有「復甫是當今臥龍也」之言。陳永華不但輔佐鄭成功、鄭經兩代，更是鄭家王朝經營台灣的靈魂人物。

永華宮供奉輔佐鄭經的「諮議參軍」陳永華

草祭二手書店

位於南門路泮宮石坊之旁的草祭二手書店，是台灣最有特色的舊書店之一，也是真正讓人遺忘時光的書店。推開手把，走進草祭，潔西卡說：「草祭主人用前所未有的獨特手法來讓他的老宅新生，店主人看中這身銅牆鐵壁，逆向思考，大膽的採用暴力美學來加持他的二手書店。他推翻二手書店陳舊雜亂的刻板印象，他讓二手書店煥然一新，他為引進大量的光源，不惜摧毀樓層的地板結構，他以減法來替代加法，這暴力摧毀的殘骸，讓草祭聲名大噪。」

作家們在草祭留下的簽名拓印，等於是一間私人文學館

窄門咖啡館

窄門咖啡館擠身一棟古老的建築中，要登上樓梯得先穿過入口僅 37 公分的小巷，所以要拿下背包、吸氣縮小腹，再側身才能穿過窄巷。好不容易穿過窄巷，還要再通過僅容一人的狹窄水泥樓梯。窄門咖啡館由兩間街屋的

左圖｜窄門咖啡館因為奇特的空間而成為朝聖地
右圖｜在窄門咖啡館內坐著就可消磨一下午

二樓組成，木格窗外，是高聳老樹林立其間的孔廟和國校操場，一片綠意。台南人招待外地人，第一選擇往往就是窄門，因為這個小小的空間與視野，散發著無限的台南風情。

台南忠義國小

忠義國小大概是全國古蹟最多的小學，校內有三大著名古蹟，即武德殿、台南神社事務所及成功泉，並與國定古蹟「全台首學」的孔廟為鄰，非但共用學校的操場與廟埕，祭孔大典的八佾舞全部由忠義國小學童一手包辦，可說是孔廟附設小學吧！

創立於日昭和年間 1938 年，忠義國小，距今已有七十多年，當時稱「台南市汐見公學校」，戰後遷到現址台南神社旁。在改建過程中，保留了成功泉，並復建成功溪，潺潺溪流流經成功橋，營造出富饒的日式庭園意境之生態校區。採無圍牆開放式校園，更有市定古蹟活化再利用的校園空間，台南武德殿就是學校的大禮堂，台南神社事務所也成為學校的圖書館。台南神社參拜洗手用的「成功泉」，現位於武德殿的廣場上，成為校園中美麗景觀。

台南武德殿

文學家葉石濤紀念雕像

台南武德殿

1936 年，充滿東洋風味的和式建築「台南武德殿」重建於現址，緊鄰台南孔廟，被指定為台南市古蹟，且為台灣一百棟日治時期經典建築之一。武德殿的風格採用日本傳統的社殿規制，為鋼筋混凝土仿傳統木構建築，其中梁柱和斗拱都以水泥灌注，雕刻花飾也以翻模方式做成。以新建材、新技術營建的社殿式樣，主入口設於二樓，並須拾階經過門廊而入；二樓為主體空間，西面是柔道場，東為劍道場，一樓為辦公處所。

葉石濤文學館

2012 年夏天，葉石濤文學館竣工啟用，地址在孔廟文化園區，原為山林事務所。葉石濤生於台南，在台南度過半輩子，生平創作的數十篇小說，故事場景也多出自台南，循小說走訪，即是一幅台南文學地圖。葉老形容台南最貼切的一句話是「這是個適宜人們作夢、幹活、戀愛、結婚，悠然過日子的好地方。」

林百貨

從中正路走到忠義路的交叉口，這一帶便是日治時期台南繁榮一時的「末廣町」，是台南市第一條經過整體規劃的現代化街道，素有台南「銀座」之稱。尤以矗立於轉角處的「林商店」，開幕時間為 1930 年 12 月 5 日，為與台北菊元百貨齊名、南北競艷、傲視全台的百貨公司，台南的民生消費也因此進入新紀元。至於第三成立的高雄鹽埕區的「吉田百貨」，則是瞠乎其後。

林商店的經營者為日本人林方一，因而取名「林商店」。全棟六層，一至四樓皆為賣場，四樓的一部分與五樓闢為餐廳、六樓為機房及瞭望台，流籠（電梯）的設置更是台南首創。在荒廢閒置多年後，2013 年林百貨古蹟完成修護並委外經營，如今已是府城的新亮點。這座昔日末廣町銀座最高建築，歷經二次大戰砲火留下斑駁彈痕的立面，還有手搖式鐵捲門、老式按層指針、石柱面磚、神社鳥居，都被視如至寶地保留下來。歷史痕跡造就林百貨的獨一無二，現為台南市定古蹟。

左圖｜修復重生後的林百貨　右圖｜林百貨頂樓

一日體驗記 finish

在·地·尋寶圖
Local Treasure map

國立台灣文學館展場空間

國立台灣文學館長廊

五層樓仔林百貨

林百貨

忠義路二段

中正路

忠義路二段

台南度小月

台南市議政史料館

中正路

民生路一段

國立台灣文學館
（原台南州廳）

重慶寺

葉石濤文學館

友愛街

台南孔廟文化園區

台南武德殿內劍道空間

葉石濤文學館展覽陳設

台南武德殿

台南美術館

台南司法博物館

莉莉水果店

台南忠義國小

台南愛國婦人會館

🍴 美食攻略 🍴

莉莉水果店、阿全碗粿

台南傳統美食小吃特多，歷久不衰，如果來到孔廟文化園區一遊，孔廟前有家開了一甲子的老牌水果店，招牌水果聞名遐邇。只要坐進亭仔腳，享受冰品，身旁傳來陣陣水果香，南台灣的暑意瞬間盡消。除了冰品外，水果盤也非常出名，一下子就可以吃到好幾種水果，而且都是店家精挑細選、去皮純果肉，很適合外食者享用。

附近同一條街道的阿全碗粿也是排隊名店，粿Q不油膩，是每次到台南必吃美食之一。其正對面將是台南美術館館址。

原台南測候所

　　台南測候所落成於 1898 年，是日人領台後對於台灣海島型熱帶氣象觀測的基礎，廳舍由圓形建物與煙囪塔樓組成，下層圓形建物的直徑約 15 公尺，中央上方則建置一煙囪式的塔樓，樓頂並有風力計，建築構造特殊，如放射狀「十八邊形」的斜屋頂，及其覆蓋黑瓦（今改鬼瓦），是台灣日治初期留存不多的歷史建築之一。

台灣博物館散步 GO

台灣測候所舊觀

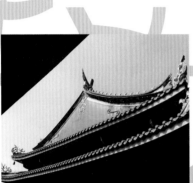

從窄窄的巷弄登上窄門咖啡

台南孔廟大成殿側影

日治時期的愛國婦人會館

南門路

友愛東街

泮宮石坊

府中街

府中街孔廟商圈

永華宮（陳永華紀念館）

窄門咖啡館

台南市德化堂

府前路一段

🍴 美食攻略 🍴

度小月擔仔麵

　　據載台南「度小月」創始人洪氏先祖原以討海為生，但每年總有因為季節天候不佳而無法出海的時候，當時漁民俗稱「小月」，洪氏為了家計，就肩挑擔仔沿街賣麵，藉此「度」過「小月」。而麵攤前燈籠上寫著「度小月擔仔麵」這六個字，也因為口味廣受喜愛而成為金字招牌，後來洪氏便直接轉行經營「度小月擔仔麵」。今度小月擔仔麵遠近馳名，連觀光客都趨之若鶩，常見門口大排長龍等著一飽口福。經典招牌料理有擔仔麵、黃金蝦捲、祖傳肉燥飯、炙烤胡椒肉、烤虱目魚肚等。除了度小月擔仔麵，又如洪芋頭擔仔麵或赤崁樓擔仔麵也都可以吃到道地的台南小吃。

不論品牌，擔仔麵可說是台南最出名的小吃之一 / 胡文青提供

奇美博物館 永保安康

奇美奇蹟

俄國大文豪托爾斯泰有言：「藝術，不是為了解悶或興奮的感官享受，也不是為了服務少數人癖好的審美活動；它既非審美的潮流，更不是詩意的代名詞。藝術真正的特性，是表達人類對生命真諦的了解，擴大美好的感情，進而喚起心靈對人類和世界的關懷。」

典雅大器的奇美博物館

奇美可以說是南台灣的一頁傳奇，外人很難相像，在這片 ABS 塑膠原料的龍頭王國裡，竟會有價值難以估計的藝術寶庫蘊藏其中。法國報紙曾報導「台灣除了買現代武器，還買古文物兵器。」英國報紙也曾發出「為何我們的國寶被台灣買去了？」之問，以致柴契爾夫人訪問台灣時，不禁好奇探詢「奇美」底細，而奇美館藏一次又一次借出在北、中、南等地展出，有如取之不竭的聚寶盒，台灣人終於也認識到：台灣果然是「寶島」！（賴素鈴，傳奇美麗在南台）

「聽得懂的音樂，看得懂的畫」是奇美文化基金會董事長許文龍的期許，他曾說：「奇美博物館就是要彌補這個落差。文化，應該是人人都看得懂、聽得懂的。不是很高級的人才懂，是一

奇美博物館一樓大廳

般歐巴桑、歐吉桑都可以接受的東西。所以奇美博物館典藏的作品，就是以具象、寫實主義的作品為主，大家都看得懂它們的美。我收藏十九世紀以前古典、寫實主義的東西，以這些藝術品為主。」

名琴收藏

奇美博物館一直抱著「立足台灣，放眼世界」的理想，在收藏方面投入了大量的心血與經費。計畫以十五年的時間，用三十億的經費來完成「亞洲最大的綜合博物館」。而今奇美投注於典藏文物的費用，早已遠遠超出當初的預期，世界各地共有十九位顧問為奇美蒐集藏品，以致奇美在國際藝術市場聲譽鵲

館外廣場

起，膾炙人口的事蹟不斷。

1999 年初，著名大提琴家馬友友來台舉行獨奏會，所攜的名琴於途中意外受損，馬友友一抵台就直奔台南，而奇美董事長許

文龍的借琴救急，蔚為一段佳話。想像馬友友看到一把把來歷非凡的名琴陳列時，不斷拍著心口讚嘆不絕的表情。音樂家借琴不稀奇，連挪威國王都來借過以挪威音樂之父為名的一把 1744 年名琴「奧雷·布爾」（Ole Bull）。奇美收藏的世界名琴世人皆知，高達 1367 把的古提琴收藏更是傲視全球。新館更將歐洲三間古老的製琴工坊原封不動的重現於博物館內。台灣這麼一家博物館，竟然收藏了全球公認的珍貴資產。

誕生一座奇美博物館

奇美博物館原位於保安工業區的奇美實業大樓內，已蒐集的各國文物、藝術品，在近八百坪的展示空間裡，陳列著來自世界各地的貴冑古文物、樂器、歐洲文藝復興以後的西洋畫、雕塑，以及各類的動物標本，豐富的館藏，宛如一座藝術寶庫。可以想見，豐富的館藏早已讓奇美汗牛充棟，困居倉庫苦無見天日之時。因此在台南都會公園內，奇美的「亞洲最大的綜合博物館」計畫，終於落實興建一座新的奇美博物館。

1
2
3

[1] 奇美博物館
[2] 奇美博物館前阿波羅噴泉
[3] 賣店牆面仿美術壁畫裝飾

奇美博物館基地面積 9.8 公頃，總樓板面積約四萬平方公尺。建築物本體宏偉壯觀，歐洲宮庭式建築，圓頂、象牙白的巴洛克式建築。建築樓層為地下一層和地上三層，建築外觀採西洋古典建築設計。整個博物館功能，涵蓋展示、教育、典藏、研究、公眾服務、行政管理、餐飲、紀念品販售和會議研討場所。展場又分為藝術廳、樂器廳、兵器廳、動物廳、雕塑大道、時鐘展示廳、羅丹廳等。

就如博物館入口前的「阿波羅噴泉」，四匹馬拉著太陽車劃過天空，帶來光明。這是委託法國雕刻家，費時六年，以相同尺寸複製法國凡爾賽宮花園內，由圖比為法王路易十四所製作的噴泉雕像。正象徵了奇美博物館的自我期許。

現今台南都會公園奇美博物館的建築體，是 2011 年 11 月奇美集團與台南市政府簽訂「博物館建築物興建暨贈與契約書」後的成果，並且在 2012 年 5 月 17 日舉行儀式，將建築物贈與台南市政府。2013 年 6 月 18 日奇美博物館基金會取得了「台南都會公園暨博物館園區」五十年的經營權，從此，博物館成為奇美非常重大的社會責任。2015 年元旦正式開館。

跨越園區池塘的大理石橋上的雕塑

ARES (MARS)
阿瑞斯（馬爾斯）

博物   點線面

保安車站 ▶ 台南都會公園 ▶ 奇美博物館 ▶ 仁德糖廠 ▶ 十鼓仁糖文創園區

起點
須知
info

奇美博物館

一日
體驗記
start

1977 年 - 奇美實業創辦人許文龍成立奇美文化基金會。

1989 年 - 2 月成立奇美藝術資料館籌備處。

1992 年 - 奇美博物館在奇美實業大樓五至八樓啟用，供民眾免費預約參觀。

2008 年 - 12 月台南都會公園內的新館動工。

2001 年 - 台南科學園區成立南科奇美博物館。

2012 年 - 5 月 17 日博物館捐贈給台南市政府。

2013 年 - 5 月起舊館停用。

2015 年 - 1 月 1 日奇美博物館啟用。

奇美博物館古典樣式立柱

上網一點通

奇美博物館參觀資訊

保安車站

台灣現存的木造站房保存最完好的一座，莫過於保安車站。在將屆百齡之際，隨著台灣糖業的興衰起落，到快被人遺忘的、毫不引人注目的小站。1993 年，由一群關心台灣鐵道的年輕火車迷，促成台鐵注意到這一座地處南台灣鄉野，雖老舊卻又完整的木造小站，斥資修葺，重回舊貌。在車站重修完成的 7 月 15 日，舉行車票特賣，當日出售的車票背面均印上「祝闔府永保安康」的字樣，頗有收藏價值。

保安車站創於 1900 年，名為「車路墘驛」。車站站體採木結構日式站房建築，採用阿里山檜木為主要建材，屋瓦是自日本輸入的黑瓦。入口處設破風式玄關，外形如早期的日本官舍或學校，梁柱間開有小窗，用木條排出格子狀窗櫺，頗具特色。整體風格簡樸典雅，且全部建築裡不用一根鐵釘，全用卡榫完成，是初期台灣鐵路驛站的經典樣式。1985 年，經台灣省交通處指定為「鐵路觀光保留站」，是台灣鐵路極具保存價值的文化資產。2001 年，全國歷史建築百景票選活動名列第十一名。

保安車站內部售票處

台南都會公園

為了帶動台南都會區蓬勃發展，提供都會居民高品質休閒、社交、教育需求，且縮短城鄉差距，內政部營建署擬定台南都會公園開發計畫。全區面積一百公頃，工程主要分為四期，其中第一期園區為四十公頃，由營建署編列工程經費新台幣七億元，台南縣政府協調台糖公司以「合作開發」的模式取得土地，園區的開發工程委由台南縣政府執行。

台南都會公園發展，係以博物館為核心定位，提供文化藝術、休閒遊憩、環境教育的多元化功能，以其博物館規模，提升成為國家級博物館或文化園區，並創造優質生活環境，有效引導周邊區域的發展。

1930 年代台灣製糖株式會社車路墘製糖所

1910 年 11 月，車路墘製糖所完工落成。糖廠甫設立之初，以生產白糖為主。戰後，成立台灣糖業公司，車路墘糖廠劃歸台糖公司第二分公司（屏東總廠）管轄。1969 年，改名為「仁德糖廠」。2003 年，當最後一列運蔗火車回場時，營運九十餘年的製糖工場進入製糖尾聲。工廠內機械不再轟隆作響，取而代之的是十鼓文化村震天軋響的鼓聲。高聳煙囪不再冒煙，結束九十二年的製糖工作。

十鼓仁糖文創園區占地約五公頃，共有十六座日治時期所建的舊倉庫。2005 年由十鼓接手重新規劃，以活化閒置空間的概念，在設計師劉國滄的精心規劃下，將昔日的舊糖廠，融入十鼓獨創的台灣特色鼓樂，化身為亞洲第一座以鼓樂為主題的藝術村。包括簡介館、鼓博館、擊鼓體驗教室、十鼓蔬苑餐廳，以及可容納五百人的中劇場、可容納一千五百人的戶外劇場「水槽劇場」、森林呼吸步道、十鼓祈福館等項設施。另外在十鼓文化村內也設有「清溪林製鼓樂器行」，這是全台灣第一個以創新鼓樂器研發為志向的樂器行。

2015 年又打造甜蜜之丘、夢糖劇場和修護書屋。為了打造星光園區，特意邀請日本設計師規劃夜間燈光秀，透過燈光的光影呈現，更有層次感。

一日
體驗記
finish

尋寶圖 在‧地‧ *Local Treasure map*

機場路　　文華路二段

1

台南都會公園
奧林帕斯橋

奇美博物館

86

奇美博物館「四大鎮館之寶」

　　2015 年正式開館位台南都會公園內的奇美博物館，是耗資二十多億資金建造的博物殿堂，二樓的館藏空間除了展示雕塑、繪畫、工藝、動物、武器以及樂器珍藏，被譽為「四大鎮館之寶」的珍品更是不可錯過。據館方表示，查理九世大提琴、聖馬丁與乞丐、鐵修斯戰勝人馬獸標像與北極熊標本即為奇美「四大鎮館之寶」，入館參觀時可停下腳步細細鑑賞。當然如果喜愛雕塑藝術，法國偉大的雕塑家奧古斯特‧羅丹的「沉思者」，正靜靜的呼喚著。

台南都會公園的人工池塘

美博物館內的人工智慧機器人服務員

由十七世紀法國雕塑家圖比（Jean-Baptiste TUBY）於凡爾賽宮製作的阿波羅噴泉等比複製，在義大利製成大理石版本後安置於博物館園區入口／胡文青提供

奇美博物館內圓頂建築

家具產業博物館

1

奇美博物館外觀／胡文青提供　　大理石雕像左右排比在入口大橋／胡文青提供

嘉南藥理大學

三爺宮溪

往仁德糖廠、十鼓仁糖文創園區 →

往阿裕牛肉湯 →

一日
體驗記
start

保安車站

保安路二段

紅花園

埔口

三甲仔

車路墘

中正路一段

保安工業區

仁德火車站

✕✕ 美食攻略 ✕✕

阿裕牛肉湯

往昔，台南富裕人家早上即起，來一碗燉得軟嫩而不油 的肉臊飯搭配牛肉湯。位在台南市仁德區中正路的阿裕牛肉湯，就能回溯有錢人家大爺用早餐的奢華情境，味道甜美的牛肉火鍋湯底，涮起現宰的台灣黃牛肉，吃免驚的肉臊飯。上午 7：30 開始服務之後就大排長龍。

阿裕現宰牛肉湯店牛肉火焗

保安車站

斯土斯民國立台灣歷史博物館

台灣歷史舞台上的主角

台灣島是一座歷史舞台

台灣人是主角

斯土斯民山河家園

承載我們代代相傳的歷史文化

國立台灣歷史博物館

是守護台灣土地

是守護台灣人的心靈基地

我們期待

營造一座

植根過去展望未來

立足本土放眼世界

屬於全體台灣人的歷史博物館

台灣歷史博物館基地位於台南市安南區與永康區交界的順寮重劃區內。早在李登輝總統任內時,便已開始籌備興建台灣歷史博物館,而選址台南跟歷史淵源有關。2011 年敞開大門迎賓。

簡學義建築師説:「國立台灣歷史博物館的建築除了提供外在的功能,也傳達內在精神,找尋集體共同感的生命價值與歷史情懷。以建築之名來説台灣故事,讓建築也成為博物館的一部分,我們找尋族群的共同基因,『渡海』遷移是祖先的共同記憶,四面環海的國度,台灣的代代子孫也成了『海的子民』。」

[策展人帶路]
Curator Talk

台灣國家層級的「歷史」博物館有兩座,其一為位於台北南海學園的「國立歷史博物館」,另一間為位於古都台南的「國立台灣歷史博物館」,一樣是歷史,館名多增加的「台灣」兩字,正可以瞭解博物館創立核心思維,也邀旅人一訪台灣的前世今生,認識這塊土地歷史遞嬗中的多重面貌。

上圖｜國立台灣歷史博物館廣場前的台灣島嶼地圖，象徵先民渡海的記憶）
下圖｜國立台灣歷史博物館的雲牆，由太陽能光電板建構而成

鯤鯓意象

擁有二十公頃面積的博物館園區，占地廣闊。來到園區第一眼就會覺得博物館好像長在一大片綠地湖泊中，建築很有個性，它以「渡海」、「鯤鯓」、「雲牆」、「融合」等四個與台灣意象相關的概念做為設計的核心理念。館前的水池象徵先民橫渡黑水溝來台的意象；雲天廣場水舞台象徵鯤鯓；太陽能光電板建構的雲牆，象徵渡海後豁然開朗、雲天壯闊的景象；而園區內展示教育大樓與行政典藏大樓，則分別以漢人合院紅磚建築、原住民石板屋及干欄式建築為意象，象徵族群融合。

常設展有 1200 坪，為「台灣的故事」的台灣通史展，依年代順序展示台灣這個地域與生活其間的人群，在不同期間所呈現的不同風貌，分別為：世界中的台灣、早期的居民、異文化的相遇、唐山過台灣、地域社會與多元發展、鉅變與新秩序、戰後及邁向新世紀等八大單元。另設有仿高雄三塊厝火車站的兒童廳、可容納百人的圓形劇場及可搭乘三十四人的時光隧道火車等。

台史博蒐藏的數量約五萬餘件，範圍涵蓋台灣歷史文獻史料、常民生活器物、宗教信仰、百工用具、歷史圖像影音等類型。主要依據台灣涉外關係史、台灣族群互動史、台灣現代發展史等三大核心計畫，以能呈現台灣多元族群、多元文化與生活樣貌並具有歷史研究價值的文物為主，進行國內外台灣歷史文物的研究、蒐藏與保存維護。

起點須知 info

一日體驗記 start

國立台灣歷史博物館

1992 年 - 台史博建館基地設於台南市安南區。

1998 年 - 原名「省立歷史博物館」，精省後改隸，改為「國立台灣歷史博物館」。

2000 年 - 台史博臨時籌備處遷至台北市紹興北街。台南博物館園區開始硬體建設，並執行「台灣史多元資源中心建置計畫」。

2004 年 - 1 月起開始出版《國立台灣歷史博物館通訊》半年刊。

2007 年 - 3 月正式奉准成立中央四級機關「國立台灣歷史博物館」。

2007 年 - 5 月基地園區的行政典藏大樓落成。10 月，舉行揭牌儀式。

2010 年 - 10 月開放園區。

2011 年 - 10 月正式開館營運。

2012 年 - 5 月台史博學習中心啟動服務。

館內日治時期的台灣大旅行主題展

上網一點通

國立台灣歷史博物館參觀資訊

永康糖廠（三崁店糖廠）

　　永康糖廠舊稱「三崁店糖廠」，位於台南市永康區北側。三崁店糖廠的前身最早源自貝恩商會（The Bain & Company）。原先貝恩商會是利用買辦的名義設置改良糖廍來經營製糖業。1906 年，貝恩商會重新以自己的名義跟殖民政府申請變更，成立「貝恩商會製糖廠」。「三崁店糖廠」經過多次產權移轉，1912 年，台灣製糖株式會社承接經營。戰後，由台糖公司接收，1969 年改稱「永康糖廠」，1993 年，被台糖公司撤銷，自此永康糖廠走入歷史。

日治時期三崁店糖廠

三崁店（永康）糖廠的神社基座遺址

日治時期，三崁店糖廠宿舍區綠地設有一座神社，主要供糖廠員工及三崁店尋常小學校師生參拜。如今神社僅剩石砌台基遺跡，戰後，原神社位置曾改建成郵局，至今郵局亦不復見。

神社遺址

位於永康糖廠蓊鬱的樹林內，有一塊差點被遺忘的石碑「蔣公堤」，此蔣公非彼蔣公蔣介石，指的是擔任過台灣知府的蔣允焄。他在洲仔尾地區築堤造橋，使當地居民免於水災肆虐。1771年清朝廷頒賜立碑感念其德政。石碑高226公分、寬85公分，是台南市最大的古碑之一。

蔣公堤

永康糖廠水池旁的百年老樹墨西哥合歡

在神社遺址左側有棵姿態蒼鬱嫵媚的老樹，稱為「墨西哥合歡」，亦稱「牧豆樹」，相當罕見，是早年引進栽種。墨西哥合歡可以綠化沙漠，吸收二氧化碳減少地球暖化，並可改良鹽分土壤；但另一方面它為了競存，會從羽片著生處的腺體分泌有毒物質，防阻靠近它的其他植物發芽，抑制其他植物的生長。

墨西哥合歡老樹

2007年6月，民間團體在調查三崁店糖廠內的日治時期神社遺址及老樹時，意外發現這個還給自然十七年演替形成的次生林內，出現大量的諸羅樹蛙，這是台灣自1995年發現諸羅樹蛙後，曾文溪以南的首度發現紀錄。

諸羅樹蛙具有烏黑亮麗的大眼睛，造型非常可愛，一般雄蛙約在四至五公分，雌蛙大出許多約五至八公分。背部呈鮮麗的草綠色，有白色中線，從嘴吻一直延伸到股間；趾間有吸盤，適合攀爬與附著；腹部白色或淡粉紅色。雄蛙咽喉處有一鳴囊，鳴叫時，鳴囊明顯鼓動。

諸羅樹蛙

2000年2月14日，西洋情人節，台鐵的永康及保安兩個久被忽視的普通小站，創造了奇蹟；人們瘋狂搶購「永保安康」車票，一天竟賣出一萬零二百張車票。之前，一個禮拜賣出不到五張。位於台南市的兩個火車小站，永康、保安的周圍附近，分別有兩座全台聞名的大博物館：國立台灣歷史博物館與奇美博物館。來個一日體驗，利用火車悠遊兩館，還可附加「永保安康」車票，祝君永保安康！

永康車站

一日體驗記 finish

在地·尋寶圖

Local Treasure map

環館北路　環館三路　環館路　慶和東路　慶和路一段

環館一路　環館二路

環館路

忘憂湖

一日
體驗記
start

國立台灣歷史博物館

安順排水線

長和路一段

館前一路

慶和路二段

台82線台南支線

縣道222

鹽水溪堤防

鹽水溪

永康糖廠（三崁店糖廠）

永安路

館內賣店主題商品

館內展示推行國語運動年代之標語

館內展場壯觀的天花板

世界地圖中的台灣地位，一進館內就可看見

台灣民間神轎出巡的陣頭（臘像）

館外戶外公園廣場的裝置藝術

國立台灣歷史博物館台灣歷史公園

　　台灣歷史公園以「知識台灣」、「自然台灣」、「鄉土台灣」、「展演台灣」四大概念發展，如此延伸而出的公園設施如人工溼地生態池忘憂湖與有情湖，是風景極佳的散步景點；有「安南第一高峰」的「希望之丘」，園區美景一覽無遺，還可以遠眺安南地區；「快樂萬花筒」則以親子與「童趣」為規劃特點，結合遊戲學歷史體驗區、快樂揮灑區、植物精靈區、台灣沙池區等主題，讓學生和親子訪客在園區內能夠有寓教於樂的環境；至於環境解說中心，則是生態環保教育與解說的最佳據點。來到國立台灣歷史博物館看完展覽，當可再到戶外伸展手腳，體驗不同的環境學習。

中正路　新中街

台南應用科技大學

三崁店（永康）糖廠的
神社基座遺址

永康糖廠內的蔣公堤功
德石碑

Sonispa 漾魅力音波體驗館

Sonispa 結合地方鹽業、創意與音波 SPA 科技，讓遊客可體驗負離子電功能科技的好處，包括介紹日常清潔、美顏、按摩等功能，肯定吸引愛美人士。廠館內以原木棧板與鹽田意象打造台南早期在地鹽田的光景，並有魔鏡互動區、物理音波區、美容體驗區、多媒體展區、拍照區、鹽創館、遊戲區，尤其遊戲鹽區讓親子一起體驗鹽山與沙灘的樂趣，是安南區獨具創意與特色的民間觀光工廠。

永康糖廠百年老樹墨西哥合歡，其特性會分泌毒液，抑制周遭其他植物不能生長

鹽田是早期台南靠海地區非常特殊的產業風景。圖為 1930 年代台南鹽田

①
中山公速公路

蔦松二街

蔦松

177

大竹林

永康車站

台灣博物館散步 GO

愛河文化流域 博物館巡禮

25

愛河文化故事

愛河，可說是高雄的靈魂，全台灣只有高雄人將城市之河以「愛」來稱呼。這條河不但聞名高雄，也聞名全台，是高雄浪漫都市文化的地標。入夜的愛河最讓人驚艷，人影、燈影加上樓影；人聲、樂聲、車聲，各種交錯情趣孕育出奇妙的感覺，值得你慢慢去品味。高雄白晝熱得發火，夜裡搭船遊河剛剛好。環保太陽能的「愛之船」帶你用另一個角度穿梭高雄。三十分鐘的航程，解說人員風趣分享愛河今昔過往；白晝不起眼的橋墩，一座接著一座，發光迷人。「鰲躍龍翔」主燈點亮河景，遠近大樓倒映河面，散坐河畔，看河看船也成為河岸美麗風光。

上圖 | 愛河水岸
下圖 | 愛之船停泊聚集在愛河畔

[策展人帶路]

Curator Talk

城市的歷史博物館，是地標、是記憶，也是宏圖和願景。將功成身退的市政府，改造作為保存城市文化的歷史博物館，是全球博物館趨勢。高雄市立歷史博物館正是老高雄市政府再利用活化，做為愛河人文主義的核心館舍，鄰近的高雄市電影館、高雄市勞工博物館，都各自訴說與引領旅人探索不同視角的城市文明。

高雄市立歷史博物館

翻開國際博物館版圖，將完成階段任務，功成身退後的舊市政廳，經良好設計規劃，作為保存城市文化的歷史博物館，可說是世界各地重視傳統與現代的城市，共同的文化趨勢。高雄市立歷史博物館的存在，正向世界宣告著，高雄市在全世界城市文化競爭中，具有全球視野與寬廣格局。

逛歷史博物館，是最平價也最無價的文化旅行。短短數個小時、半天或一天，就能穿梭一個城市的文明。沒有歷史博物館，就無法累積過去，城市的居民就缺少了共同記憶的聯繫。高雄市立歷史博物館，是文化愛河人文主義的地標之一，是台灣第一座由地方政府經營的歷史博物館，亦是古蹟再利用為文化館舍的典範。曾經肩負起市政重鎮的角色，承載著高雄子民的生活映象與歷史軌跡，是高雄城市發展與歷史文化變遷的最佳見證者。

博物館本體建築於 1939 年完工落成，設計師為清水組的大野米次郎，建築形式採日本帝冠帽式風格（Imperial Crown），鋼筋混泥土結構，屋身為西方古典建築型式。外觀以淺綠的國防色面磚為基調，這是一種流行於 1920 至 1940 年代的面磚，當時日本帝國主義為加強戰備，鼓勵建築物外觀多用具有防空保護色面磚，如淺綠、土黃及褐色等稱之為「國防色」，主要產自北投窯廠。

1
―
2
―
3

[1] 高雄市立歷史博物館外觀
[2] 高雄市立歷史博物館展示空間
[3] 博物館內老師帶領學童參觀、解說

建物四周牆面雕刻各種圖案紋飾，窗戶造型玲瓏有緻，匠心工巧，外露式陶燒排水管是少見特殊的建築景觀。大廳內挑高的天井、刻有紋飾的圓柱等，除意圖展現政權之威嚴外，亦彰顯出東西方建築風格巧妙地結合，可稱是日治時期最典型的建築體，經過時間的淘洗遞變，本身即為歷史博物館最重要的館藏品，於 2004 年指定公告為市定古蹟，是一件深具歷史厚度與人文涵養的經典之作。

成立之初，即定位一個以保存、研究、推廣高雄地區歷史為宗旨的地方性歷史博物館，因此，其展示策略極為明顯，以高雄歷史為主，台灣歷史為輔；以常民生活為主，其它文化藝術為輔。

博物 點 線 面

高雄市立歷史博物館 ▶ 高雄市音樂館 ▶ 228
和平紀念公園 ▶ 下水道展示館（新樂截流站）
▶ 高雄市電影館 ▶ 天主教玫瑰聖母堂 ▶ 鰲躍
龍翔 ▶ 勞工博物館 ▶ In Our Time ▶ 塩旅社

**起點
須知
info**

**一日
體驗記
start**

高雄市立歷史博物館

高雄市音樂館

1924 年 -12 月 25 日高雄設市，
高雄市役所設於湊町
四丁目（今鼓山區代天
宮）。

1939 年 - 市街中心東移，高雄市
役所也遷至榮町，即現
今鹽埕區本館現址。

1945 年 - 高雄市役所經接收並更
名為高雄市政府。

1947 年 -「228 事件」發生期間，
本館曾為當時高雄事件
的歷史現場之一。

1992 年 -1 月 18 日市政府搬遷至
「合署辦公大樓」。並
將舊館規劃為「高雄市
立歷史博物館」。

1998 年 -10 月 25 日正式開館。

2017 年 - 高雄市立歷史博物館改
制為全台第一個由地方
政府成立之行政法人。

高雄市立歷史博物館拱廊

高雄市立歷史博物館窗花裝飾

上網一點通

高雄市立歷史博物館參觀資訊

　　位於河西路的音樂館，緊鄰高雄市立歷史博物館，構成愛河人文藝術氛圍。老一輩的高雄市民都知道，這裡早期是紅燈區，藏污納垢，形成都市毒瘤，如今紅燈已熄，卻展現全然不同的風情面貌。音樂館為五層樓建築，在四、五樓高雄市立交響樂團和高雄市立國樂團合署辦公；一至三樓為室內演奏廳，戶外設有露天音樂廣場，提供相關團體表演之用。音樂館自開館以來，辦過無數場的音樂饗宴，悠揚的音樂聲，讓人如醉如痴。

高雄市音樂館

詩人鄭烱明醫師為 228 紀念碑寫下〈重生音符〉的詩句：

刻在兩旁大理石上

148 位受難者的名字

雖然我不認識你

但是，此刻

站在歷史現場的前方

我彷彿看到您痛苦倒下的瞬間

那驚恐與無助的臉龐

深深被埋在時間的底層

……

無名的哀傷旋律，凝結在空中

我不是來這裡憑弔

我只是在找尋重生的音符

二二八和平紀念公園

原建在壽山麓的 228 和平紀念碑，因位置偏遠且腹地狹小，目標不明顯，遊客往往過門不入，而失去設碑紀念的意義，後經受難家屬要求另覓新址重建，最後選定 228 事件發生地相近之仁愛公園。2006 年 11 月 28 日和平紀念新碑完工，並改仁愛公園為「228 和平紀念公園」，新碑則以現代地景式建築呈現。

隱藏於林間的新樂截流站

愛河流域沿岸常可見一些截流站建築，其實，它們是愛河清流的最大功臣。晴天時，截流污水後排至污水處理廠處理。雨季則因鹽埕區地勢較低，為避免淹水而啟動抽水系統抽排至愛河。市區雨、污水先經由下水道管線收集至截流站的沉砂池，截流站再將收集的雨、污水，藉由地下排水幹管輸送到旗津中洲污水處理廠，利用化學及物理方法處理和消毒後，再以放流管排放到海洋流放。最大的地下排水幹管是在鰲躍龍翔燈座之下的民生截流站，聽說可讓一輛吉普車通行無阻，跨越海底直達旗津中洲污水處理廠。

　　高雄市電影館的存在，讓獨立電影、非主流電影、歐陸電影、好萊塢電影、商業電影沒有衝突和角力，同時並存，在愛河河畔相互擁抱。讓許多熱愛電影的市民，在自己的城市，電影心靈就有了一處美好的依歸。每個人都可以打造屬於自己的電影夢，這裡是南台灣的電影文化基地，也是熱愛電影文化者的藝術殿堂，讓民眾可以從電影裡找尋港都高雄的文化印象。

　　館內空間設計處處充滿驚奇，一樓設有咖啡館與電影文物商店；二樓設有電影專業書庫、小型片庫、個人視聽室、期刊室等空間，提供電影教學相關文字及影音資料，供民眾借閱研究；三樓設有119席位大型放映廳、小型放映室從事影片觀賞及教學活動。館前則設有戶外露天電影院、展示牆、星光大道以及星光廣場，可於夜間辦理電影放映活動。

左圖｜電影圖書館正面　右圖｜電影公園裡的電影看板

天主教玫瑰聖母堂

　　在愛河出海口東岸，位於五福路上聳立著天主教玫瑰聖母堂，為天主教地位崇高的聖殿，也是天主教在台傳教的始祖教堂。2001年，文建會舉辦的台灣十大歷史建築，經由票選為第一名當選。立於聖堂正立面拱心石上的「奉旨碑」，是1874年同治帝接納沈葆禎欽差之奏，親賜頒詔「奉旨」，由沈葆禎親繕勒石。從此官兵路經見此「奉旨碑」，如皇帝親臨，必下馬行禮。而在屏東赤山的萬金天主堂也獲賜一塊奉旨碑。

　　玫瑰聖母主教堂除了是台灣第一座天主教堂外，在台灣建築史上也有其獨特性。據建築學者的考究，玫瑰堂在造形上屬於簡化的哥德式風格，同時也混合部分仿羅馬建築風格，如中央塔樓上連續的小柱及小拱圈等，外觀宏偉。1920年代改建的聖堂是由日本長崎營造廠承造，內部由七對十四根列柱分成中殿、兩側及通廊三部分，兩側通廊並具有夾層；聖堂中殿為類似八角環形殿堂形式，造型特殊，且莊嚴肅穆。

余光中先生〈金龍的生日〉，對鰲躍龍翔的描述及高雄市有所期許：

> 愛河戴上了髮飾與項鍊
>
> 所有的波光與倒影
>
> 都來參加金龍的生日
>
> 金鱗閃動，頭角崢嶸
>
> 正從海霧脫胎躍起
>
> 對所有的魚龍和船舶宣布
>
> 金黃色的世紀從此揭幕
>
> 高瞻而雄奇的港市，誕生了

位於河東路愛河畔的「鰲躍龍翔」是2001年高雄燈會的概念主燈。鰲者，大魚也，有魚躍龍門、飛龍在天之意，象徵高雄蛻變為國際海洋都市的美好前景。在重大的節日，如元宵節、端午節、中秋節，鰲躍龍翔主燈都會有精采的燈光表演。

鰲躍龍翔花燈

位於愛河中正橋頭的勞工博物館，原址是高雄市衛生局，後改為醫療史料文物中心及前金衛生所，現為勞工博物館。位在館內三樓，有一常設展示空間及另一特展室，麻雀雖小五臟俱全。

一日
體驗記
finish

1	2	3
4	5	6

[1-2] 勞工博物館外觀 [3] 勞工博物館入口 [4-5] 勞工博物館展場 [6] 勞工博物館外觀

在地‧尋寶圖

Local Treasure map

高雄市立歷史博物館玄關

高雄市立歷史博物館正門大樓梯

美食攻略

高雄鹽埕米糕、肉圓

離愛河不遠，位於鹽埕區大仁路的米糕城是高雄名店，是許多觀光客必吃的小吃攤。米糕可吃到歷歷分明的米粒，帶有肥肉的肉燥引來香氣，小小一碗五、六口就扒完了，配四神湯也很好。而鄰近街頭巷弄內，如三山國王廟斜對面蒸肉圓，也深受在地人喜愛。

大仁路

大公路

鹽埕街

五福四路

高雄市立歷史博物館外觀

鹽埕國小

捷運鹽埕埔站1號出口

大勇路

必忠街

塩旅社

公園二路

光榮街

InOurTime

是網路電台／電台食堂／合作社／書店／展場。為台灣的美好與良善發聲 InOurTime 我們的時代，還有什麼比這標語更迷人嗎？一起來發聲吧！

哈瑪星鐵道文化園區

In Our Time

哈瑪星台灣鐵道館

InOurTime 位在駁二園區內

高雄駁二藝術園區

駁二藝術特區

富野路

府北路

一日
體驗記
start

高雄市音樂館

中正四路

台灣博物館散步 GO

愛河垂釣風景

高雄市立歷史博物館

高雄國際會議中心

市民廣場

228和平紀念公園

二二八和平紀念公園

往地下水道展示館（新樂截流站）

勞工博物館

愛河愛之船

愛河

愛河水岸

大仁路

光榮街

鹽埕立體停車場

鹽埕區公所

鰲躍龍翔花燈

河西路　愛河

愛河親水徒步區

民生二路

五福四路

新樂街

高雄音樂館、歷史博物館、工商展覽館等三館毗鄰而居

大義街

大禮街

大智路

高雄市電影館

塩旅社

「塩」字的「土」是土地。「口」是塩的結晶。「皿」是鐵道。YAM為「塩」的台語音譯，另一方面YAM英文字意「蕃薯」，具有台灣象徵意義。HOTEL YAM的座落位置，在數百年前是曬鹽場。塩旅社強調公民旅社概念，是一間位於高雄港，能環視高雄港口，並以公民共享為理念的旅社。打破旅館印象，打造一個公民能夠真正參與的旅社，不僅是提供住宿服務，更是提供來自各界文化的交流平台與通路。其中603房由實踐大學文創學院觀光管理學系南方築跡團隊，以「整個鹽埕就是一個百貨公司」概念設計房間，正是青年力量參與公民社會的創意展現。

電影公園

電影圖書館側面

公園二路

天主教玫瑰聖母堂

五福三路

海邊路

天主教玫瑰聖母堂

甲仙的族群與化石

芋頭、化石與多元文化

提起甲仙，大家馬上聯想到「甲仙芋頭」，尤其是正港的「檳榔心芋」，及其所做成的芋冰、芋餅等美味伴手。來到甲仙，若沒有品嚐一下美味的甲仙芋仔冰，就算白來了。商圈上匯集了數家芋冰城，賣的也不只是芋仔冰而已，舉凡芋頭做成的芋餅、芋粿等產品，琳瑯滿目，任君選購。

本地的原住民先有高山原住民南鄒族，即被追認的台灣原住民族第十五族卡拉卡拉富族；後來西拉雅平埔族的大武壠族群（大滿族）移入，尤以小林里尚保留平埔文化，並設有平埔族文化館，專供研究、探討平埔族文化；至

[策展人帶路]

Curator Talk

電影《拔一條河》帶領我們重新認識甲仙這塊土地。而分別以自然史與族群為主題的甲仙化石館與小林平埔族群文物館，更可讓旅人深入探索多樣的族群面貌。多元文化在此地交流，是新生的力量。

1
2
3

[1] 芋紫色的甲仙大橋
[2] 甲仙大橋橋頭的芋頭標誌
[3] 甲仙商圈以賣芋頭冰為主

左圖 | 彩繪的貓巷　右圖 | 貓巷

晚清始有漢人移民遷入，又有新竹、苗栗的客家族群與由嘉義、雲林、台南移入的福佬人，以及遭受莫拉克風災肆虐，困頓之中，為甲仙撐起了一片天的柬埔塞、寮國來的新住民女性。不同的族群在此融合、通婚。

小林村

小林村是楠梓仙溪畔的小荒村，四周是煙鎖雲宿的山崖，將這小小谷地遠隔塵囂之外。小林村主要由小林、五里埔、南光（牛寮）、錦地（禁地）與埔尾等五個聚落組成，小林是主要聚居地，人口不多，村民一半是由原台南玉井盆地越山而來的平埔大武壠社群，一半是嘉義漢人來甲仙開墾的移民後裔，且多通婚。錯落有致的部落地景，說明不同時代國家政權留下的治理痕跡，以及不同族群文化互動、融合後的多元樣貌。

2009年8月8日莫拉克颱風肆虐，8月9日那天，海拔1445公尺的獻肚山，以每秒五十公尺的速度，快速向下崩塌，達三千萬公噸的土石幾乎將小林村全數淹沒，並將溪水堵塞，成為堰塞湖，死亡人數高達474人，全村僅約五十人倖免於難，山林變色，幾近滅村。

左圖 | 平埔族公廨　右圖 | 因風災後崩塌的小林山區

起點須知 info

一日體驗記 start

甲仙化石館

1928 年 - 日人橫山氏採集並發表俗稱滿月蛤化石的「高麗花月蛤化石」。

1980 年 - 師大胡忠恆教授率學生到甲仙調查，結識甲仙化石之父曾德明，甲仙化石開始進行有系統研究分析。

1991 年 - 發表〈甲仙第三紀軟體動物化石〉等論文，引起研究甲仙化石熱潮。

1994 年 - 2 月 29 日成立，以陳列本區出土的化石為主。

1997 年 - 12 月《甲仙化石誌（初編）》研究專書出版。

2010 年 - 《甲仙化石誌》已增修四版。

2017 年 - 館藏品總計六千餘件。

甲仙化石館

上網一點通

甲仙化石館參觀資訊

南橫三星遊客中心

　　南橫三星遊客中心原是為通過南橫公路的遊客，提供更完整和當季最佳的旅遊服務。由於災後遊客很少，也因為一群社區工作者的善意，原做為甲仙愛鄉協會會址的遊客中心二樓，逐漸變成當地新住民女性的「娘家」，她們常聚在那裡談心事，共煮南洋料理紓解鄉愁。

　　導演楊力州在《拔一條河》說：「甲仙，這個飽受八八風災摧殘的山中小鎮，原本以觀光為主的產業，在沒有遊客的情況下幾乎崩盤。有能力離開的人都走了，但來自異鄉的新住民姊妹，都是走不了的一群人，但是她們也不想走，因為丈夫在這裡，孩子在這裡，田地在這裡，希望也在這裡。」說明了很多工作都是靠新住民媽媽在支撐。

上圖｜南橫三星（遊客服務中心）
下圖｜貓巷彩繪

甲仙化石館

　　甲仙地區西側的阿里山脈有縱向的平溪斷層，東側的玉山山脈則有小林斷層，因斷層崩塌及作用力的影響，形成陡峭的岩壁及裸露的岩層，其岩石幾乎是第三世紀中新世含淺海相動物化石的沉積岩為主。地質年代大約距今約 500 萬至 1000 萬年，蘊藏著許多年代久遠的生物化石，說明遠古的滄海桑田在本區上演。

　　最早發現甲仙化石的是日本人橫山，於 1928 年發表高麗花月蛤化石（俗稱滿月蛤），才揭開甲仙化石神祕的面紗，之後近半世紀無人研究探討。直到 1980 年台灣著名的古生物學家胡忠恆教授，帶領著學生到甲仙做地質調查，認識曾德明先生，兩人合作於 1991 年共同發表〈甲仙鄉第三世紀軟體動物化石〉一文，發表在《台灣貝類化石誌》；1984 年甲仙國中老師沈洪進提出〈高雄縣甲仙鄉四德化石的分類及進一步探討〉，甲仙區的豐富化石更引起大家的關注。

　　早在南部橫貫公路動工後，甲仙就有大量的化石出土，化石成為甲仙的另一種特產，一時掀起化石熱潮，各地商人競相挖掘販售。當時鄉長林理傑與鄉公所祕書曾德明彼此就有保存天然珍貴文物的共識，擔心甲仙的珍貴化石文物遭到商人挖掘破壞，而大力奔走，才於 1994 年促成甲仙化石館的成立。

　　甲仙化石館設於甲仙區往拿瑪夏山區的台 21 線公路，四德大橋附近，是一棟白色圓形建築，外型醒目，典藏著本地出土的化石，種類繁多，數量也多。化石館樓分兩層：第一層有三個展示區，分別以「甲仙化石」、「南台灣化石」、「世界各地化石」三個主題展出。

　　在「甲仙化石」展示區中，陳列著甲仙中新世年代的化石，有植物、蛤類、螺類、珊瑚類、魚類等二百多種，共有三千餘件標本。其中以「甲仙翁戎螺」及碗大的「花月蛤」聞名於世。甲仙翁戎螺是世界稀有的化石，非常珍貴，素有「百萬富翁螺」之稱。由於生理結構和生態環境特殊，在軟體動物的演化史上頗具研究價值；高麗花月蛤則是甲仙最常見的化石。

$\dfrac{1}{\dfrac{2}{3}}$

[1] 龍宮翁戎螺（鎮館之寶）
[2] 甲仙化石館展場
[3] 甲仙化石館

關山社區

位於甲仙街區北方的關山社區原名「阿里關」，阿里關是一處靜謐山城，日治以前是平埔族沿著楠梓仙溪屯墾的極限，往北、往東皆屬剽悍原住民領域。清時設有關隘管制，台語稱「傀儡關」，訛音成阿里關。位於村子制高點的震威宮是地方信仰中心，所奉祀的田都元帥，是阿里關陣頭文化的核心。阿里關青獅頭宋江陣已六十多年歷史，與擁有漫長歷史的「牽曲」，同是重要的歷史文化傳承。夜祭時，一遍又一遍的牽曲聲中，長輩們，不只是吟唱出腦海中的記憶，更是喚醒曾經守護甲仙這塊土地的文化底蘊。

小林國小

小林國小設立於 1937 年，原是甲仙國民學校小林分教場，1946 年改制為小林國民學校，是甲仙最北端、也是小林村唯一的學校。1996 年，部落的耆老更在校內成立國內第一座平埔文物館，成為大武壠平埔文化傳承、復興的重要據點。2009 年，莫拉克颱風侵台導致小林國小全毀，後於 2012 年在五里埔社區重建復校。

左圖 | 新建的小林國小 右圖 | 國小的木造司令台

左圖 | 小林平埔族群文物館 右圖 | 小林平埔族群文物館展場

小林平埔族群文物館

1996 年，政府委託民間學者劉還月在小林國小內設立國內第一座平埔族文物館。館內雖僅設有一間仿平埔族公廨及一間平埔族傳統屋舍，卻都是族人全體動員親手搭蓋，凝聚了族人向心力與自信心。然而小林國小在莫拉克風災中，隨著獻肚山的土石流逝，七十多年的歲月痕跡完全消失。

位於五里埔社區外緣新建的小林平埔族群文物館，這座打起維護平埔文化的建築，外觀玻璃帷幕，西側望高台頂則以茅草覆蓋，呈現先民清苦鄉野求生的意象。館內以實物建築出小林建村以來的完整發展過程，包括農具、狩獵用具、生活用品等，以及平埔族居家、節慶與文化特徵。主題展的「重拾小林，平埔記憶」，有些傳統音樂與昔日照片，甚至遠從日本拷貝回來的日治時期學者淺井惠倫到小林的調查紀錄內容，在浩劫後，一切身外之物都不存在的此際，彌足珍貴。

文物館後棟，一樓是媽媽教室，社區媽媽提供道地的藥膳雞角刺野菜大餐，這是小林特色的鄉土菜餚；二樓是省親會館，提供給現住在杉林的「日光小林」及「大愛園區」的小林住戶返鄉時居住，也開放學者、遊客住宿。

小林公祠

莫拉克災後，小林村的重建，因不同的訴求，重建的永久屋分居三處，即小林五里埔社區與位杉林區的日光小林社區、大愛小林社區。落成於 2011 年 1 月的小林五里埔社區由紅十字總會所援建，離原鄉最近，當初設定以發展平埔文化為主軸。祭祀公祠、紀念公園、小林平埔族群文物館、公廨及北極殿均在此區重建，透過每年農曆 9 月 15 日在此舉行的大武壠阿里關太祖祭典，又稱「小林夜祭」，完整保存小林大武壠平埔文化，肩負了傳承重任。

古蹟「鎮海軍墓園」這荒塚的發現，與當時颳起的大家樂賭風有關。古墓求明牌盛行，鎮海軍墓名聲快速傳開來，更上了媒體，引起大家的重視，許多學者前往調查研究，才揭開謎底。根據石萬壽教授研究指出，1886 年，駐防台灣府城的鎮海中軍前營，奉巡撫劉銘傳之命，移防嘉義，並與嘉義駐軍共同開闢嘉義至八潼關（八通關）的越嶺道路（經大埔、甲仙、荖濃、寶來、關山、埡口）。

造路期間，士兵們遭遇暑熱、瘴癘，許多人水土不服相繼病故，只得草草葬於營房旁的荒埔，墓碑取自甲仙出產的砂岩、板岩，共計八十五座。後來撥款修護，並列為古蹟。

離五里埔三公里，距小林遺址最近處，一區一區的台灣原生種山櫻花紀念樹，令人印象深刻，每一株樹代表著一個罹難者家庭。紀念公園包含：追思廣場、小林公祠、苦路、眺望台、沉思橋與紀念碑。公園內的追思牆苦路，它是由高處逐漸往下的階梯，希望走過的人能夠親身感受災難發生瞬間，由山坡奔騰而下的土石流，讓小林村居民四處奔逃的苦痛。

跨越追思橋，追思廣場上的紀念碑高達九公尺，引人注目。這是由風災中順流而下的獻肚山石堆堆砌而成，希望給予村民新生與重建的力量。紀念公園旁的小林公祠做為亡故者安息之處，布置簡單肅穆，前端的祭祀廣場視野開闊，可眺望小林遺址。

1
—
2
—
3
[1] 小林村紀念公園內的苦路 [2] 小林村紀念公園
[3] 公園內的紀念植樹，每植一株代表一個罹難家庭

一日
體驗記
finish

在・地・尋寶圖

Local Treasure map

芋紫色的甲仙大橋

甲仙商圈以賣芋頭冰為主，主要道路上皆芋頭商店

忠義路

楠梓仙溪

五里路　五里埔圳

漾廚房

　　位於甲仙郵局旁的「貓巷」內的陳家祖厝。目前，因為柬埔塞來的新住民文香的用心，感動在地統帥芋仔冰城第二代老闆，於是提供他的祖厝規劃成可以煮出南洋風味美食的漾廚房，也讓這個據點成為甲仙南洋姊妹聯誼感情的好所在。文香說：「要靠漾廚房賺錢，我覺得不太可能，但有一個機會可以好好做南洋料理，讓家鄉的味道給更多的朋友吃吃看，也不錯啊。」

小林平埔族群文物館

小林五里埔社區

林森路中的貓巷

29

旗甲公路

小林

五里埔

崩塌的獻肚山覆蓋小林村現場

新建的小林國小

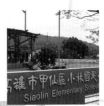

小林平埔族群文物館

埔尾

甲仙化石館的圓形透光屋頂

甲仙化石館的化石展品

甲仙化石館的化石展品

小林平埔族群文物館展場　　小林公祠

紀念石碑，取之獻肚山土石流覆蓋小林村的石塊

29

小林村紀念公園

鎮海軍墓園

角埔溪

公園內的紀念植樹，每植一株代表一個罹難家庭

石磯谷瀑布群

← 🍴 美食攻略 🍴 →

甲仙芋頭

群山環繞的甲仙，盛產芋頭，與竹筍、梅子被稱為「甲仙三寶」。遊客風塵僕僕來到甲仙，到文化路上芋冰城吃芋冰、嚐芋餅，是一定要的行程。從甲仙大橋到甲仙國小這段短短 300 公尺的文化路，在1999 到 2000 年間極盛時期，曾聚集 20多家芋冰城。

甲仙各家芋冰城的芋冰、芋餅原料、製作方法雖大同小異，但業者力求同中求異，建立各家的品牌與口味特色。如三冠王芋冰城就堅持走傳統路線，要讓顧客吃得到芋頭的原味。統帥芋冰城的紫芋酥內餡，則是芋頭包核桃，吃起來口感軟綿綿，十分討喜。

來甲仙，也一定要嚐嚐用甲仙檳榔心芋製成的芋粿，文化路上的「徐財記素食香菇芋粿」老店，是不能錯過的地方小吃。阿嬤的芋粿只要稍微煎煮一下，金黃色的芋粿立刻香氣四溢，讓人口水直流。

甲仙的芋頭湯圓

跨越高屏溪的南二高

大樹佛光山

淡溪沿境流，景色古來幽。

百果垂山徑，秋光媚水洲。

先民勤範在，後嗣樸風流。

大樹年年綠，繁榮永不休。

——羅景川，〈詠大樹鄉〉

　　提起高雄大樹區可能知者不多，但只要說到佛光山，尤其是佛陀紀念館，更是無人不曉。紀念館曾經日湧 2.5 萬人，全國觀光人次最多。佛光山是台灣最大的佛教道場，環境優美，建築雄偉莊嚴，是台灣南部的觀光勝地。台 21 線公路切開丘陵地上綿延不絕的荔枝園和鳳梨田，自北而南貫穿狹長的大樹區，沿途丘陵起伏，一眼望去皆是美麗的果園。因水質佳，所種的水果特別甜美肥碩，其「玉荷包荔枝」及「金鑽鳳梨」更是享譽全台。

　　1760 至 1764 年，余文儀寫《續修台灣府志》：「明

大樹鄉的鳳梨田

1	2
3	4

[1] 中式塔樓：八寶塔
[2] 大佛城
[3] 大雄寶殿
[4] 佛光山不二門

都督俞大猷討海寇林道乾，道乾戰敗，艤舟打鼓山下；恐復來攻，掠山下土番殺之，取其血和灰以固舟，乃航於海。餘番走阿猴林社。」看到這則記載，很容易被誤導在打狗山下的馬卡道平埔族逃至阿猴社。其實阿猴社與阿猴林社是不同的地方，阿猴社是指今日的屏東市，阿猴林社指今日的高雄大樹區一帶。一在河東、一在河西，雖然位置相近、遙遙相對，卻是兩個不一樣的地方。

佛光山佛陀紀念館

一份機緣，一份心願，讓全球最大的佛教勝地：佛陀紀念館，歷經十年時間，終於在 2011 年底落成啟用。以「人間佛教」為概念闢建的佛陀紀念館，在建築硬體、文化軟體上，展現出台灣長期宣揚佛教、推動佛教文化的成果。星雲法師說：「台灣很小，在世界上沒有名氣，常被看不起；但佛陀很大，信眾散布全球各地。我期盼未來國際因佛陀紀念館，知道台灣在哪裡！」

占地一百公頃的佛陀紀念館，建築空間的規劃融入佛理的意涵與歷史，整區建築以供奉佛牙舍利的本館為核心，外觀用蒼古氣息的黃砂岩蓋成的印度式佛塔，象徵佛陀從印度宣揚佛法的意義。四角隅矗立著代表「苦、集、滅、道：四聖諦」而建的四聖塔；立於成佛

佛陀紀念館本館

大道旁的中國閣樓式的八座塔，符合佛教基本教義的八正道。

佛陀紀念館內蘊藏豐富的佛教文物與歷史文化，一樓有四大常設展，包含了「佛教地空還原」，收藏了台灣震旦行蒐集自世界各地的地宮文物；「佛陀的一生」，運用 4D 科技，帶人返回2600 年前的印度，聆聽佛陀講經說法；在佛教節慶館的實物展覽，場景說明中可以了解佛教重要的節慶；「佛光山宗史館」敘述佛光山開山歷史；二樓有四個美術館，還有許多佛教圖畫；地下一樓除了觀賞朝拜玉佛、佛牙舍利子外，也可靜坐澄心。

園區內有全世界最大的銅鑄坐佛，俯瞰著往來信眾，這裡不單是信仰中心，同時也是所有人共同分享、運用的空間。成佛大道旁八座塔的一樓，都規劃給客人使用，如年輕人的聚會所、運動設施、民眾喝茶休息場所以及提供服務的客堂等。讓參佛的信眾在淨化心靈的同時，也能享受不同意境的生活禪味。

佛陀

$$\frac{1 \quad 2}{3 \quad 4}$$

[1] 佛光大道的花簾（使君子）
[2] 佛陀紀念碑
[3] 佛陀
[4] 佛陀紀念館禮敬大樓

博物 點 線 面

起點
須知
info

一日
體驗記
start

佛陀紀念館

1998 年 - 星雲大師至印度菩提伽耶傳授國際三壇大戒，當時西藏喇嘛貢噶多傑仁波切（Kunga Dorje Rinpoche）表達贈送護藏近三十年的佛牙舍利心願，盼能在台灣建館供奉。

2003 年 - 舉行安基典禮。

2011 年 -12 月 25 日落成。除了本館建築外，還有「前有八塔，後有大佛，南有靈山，北有祇園」的格局。

2012 年 -1 月 4 日決議「佛陀紀念館籌備委員會」正式更名為「佛光山佛陀紀念館」。1 月 28 日佛館連接本山的「上山路」，更名為「佛光大道」（又名上山路）。佛館行政中心成立。

2013 年 -2 月 10 日施茶亭啟用。

2014 年 -6 月 29 日佛館榮獲國際博物館協會認證。

佛陀紀念館禮敬大樓內部

佛陀紀念館禮敬大樓

佛陀與四聖塔

上網一點通

佛陀紀念館參觀資訊

九曲堂車站是 1908 年台灣西部縱貫鐵路的終點站，因為前方的高屏溪成了縱貫鐵路再向南延伸的屏障。九曲堂（九曲塘）舊名「井仔腳」，是台灣鳳梨的主要產地。打狗九曲堂間通車後，鳳梨罐頭源源不絕的藉由鳳山支線運送至打狗港出口。1913 至 1971 年與糖鐵小火車聯營，可說是九曲堂客貨運輸最旺盛時期，遠自旗美地區的旅客與農產品包括香蕉、台糖蔗糖都要經由九曲堂車站轉運。

走出九曲堂站，迎面而來的是農民夫婦「鳳荔」的雕像，笑吟吟地捧著果實肥碩的鳳梨和荔枝豎立於站前廣場。真的，來到大樹一下火車，空氣中就有薄薄淡淡的熟成鳳梨發酵的酸甜氛圍。

上圖 | 九曲堂火車站後站旁的紅磚裝飾　下圖 | 九曲堂火車站前站廣場的鳳荔收成雕像

車站右側是一個狹長形的綠廊道，各類花樹濃密，老榕、阿勃勒矗立於公園內，小徑走來滿舒服的，還有以老甕堆疊而成的公共藝術作品。不遠處，一座濛濛水泥灰的紀念碑，孤獨地矗立於廊道面向鐵道的一隅。

飯田豐二技師，日本靜岡縣人，來台參與修築阿里山森林鐵道後，於明治年間負責屏東線鐵路的修建。屏東線鐵道的建設最大的困難就是下淡水溪橋（舊高屏橋）的興建。飯田豐二敬業盡職，積勞成疾，最後逝世於台南醫院，享年僅四十歲。死後由好友小山三郎等人集資建紀念碑一座。在戰後初期，原本將被國民政府拆除，幸好被一位鐵路員工蘇進德發現，出面制止說明，才得以保留至今。

飯田豐二紀念碑

在飯田豐二紀念碑北方的馬路旁還留著紅磚建築遺跡，是泰芳商會鳳梨罐詰工場所遺留下來的建築物。原建築坐東朝西，不論是磚砌圓拱、雙坡斜頂、牛眼窗，或是英式砌清水磚牆面，在南台灣陽光的映照下，別具風韻。戰後移做陸軍九曲新村眷村期間，歷經多次改建，已失去原貌，現僅存有三棟房舍。南棟為 L 型空間，中棟以長矩形平面格局，北棟為一方形平面。現正改建整修為地方產業文化園區。

整修中的鳳梨會社遺址

高屏溪舊鐵橋及濕地公園

在地人稱高屏舊鐵橋為「下淡水溪橋」，先以 1913 年用輕便軌道架設完成，1939 年才改用由日本運送來台的鋼梁改建。它曾是亞洲第一長橋，由日本技師飯田豐二設計監造，橋長 1526 公尺、寬 7.6 公尺，以圓弧形的鋼骨結構為主，由二十四節鋼桁架設所組成的「花梁桁架橋」，骨節上也布滿鉚釘零件，充滿了「力」與「美」的徵象。

1987 年高屏新鐵橋完成後，舊鐵橋功成身退走入歷史。那虹狀拱橋造型依舊坐立在高屏溪上，對大樹人來說，是視覺的圖騰，或許也是鄉愁的一部分。因此在 1989 年當它服務屆滿七十五年之際，準備功成身退時，台鐵當局曾打算將它拆掉，但受到兩岸民眾極力的反對才改變原議，轉作為高屏兩地觀光遊憩之用，被指定為古蹟，鐵橋下闢建一帶狀、占地一百二十公頃的河濱濕地公園，聚集了許多鳥類。

2005 年 7 月 20 日，屹立九十一年的舊鐵橋因海棠颱風帶來大量雨水，造成溪水暴漲，沖毀橋墩一座、橋拱二節，隔日洪水再沖斷兩座橋墩、橋拱一節；2006 年 6 月 10 日，大水災再沖斷橋墩一座、橋拱二節。2009 年 8 月 8 日的莫拉克颱風帶來百年大水，除了刷掉護岸外，也沖掉橋墩一座、橋拱一節，再次應驗大自然力量之可畏。

三和瓦窯

剛過了高屏舊鐵橋，隨即在台 21 線路邊蹲踞著三座焦黑醒目的龜仔窯。這些紅瓦窯建於清末的 1918 年，原稱順安號煉瓦工廠，至今已有九十多年歷史，已被登錄為歷史建築。三和瓦窯是目前仍然還在運作的古老瓦窯，它以木材、稻穀燃燒，窯溫平均維持在一千度以上，從印瓦、疊窯到燒窯等製作過程繁瑣，費時費力，如此才能燒製出表面細膩油滑，內在堅固密實，兼具防水防熱的紅色磚瓦。

三和瓦窯目前除了生產各種磚瓦外，多供作傳統建材或古蹟修繕之用，如墾丁青年活動中心的閩南式古厝、板橋林家古厝、左營舊城的城牆重補、鹿港文化武廟的整修等都是三和瓦窯提供的建材。三和瓦窯也朝向磚雕創作努力，磚雕是傳統磚瓦建築裝飾工藝的一種，三和瓦窯生產各種美感實用兼具的燭台、皂台、擺設商品後，才發現「創意」確實可以為傳統工藝注入全新能量。陶藝家林昭地便與三和瓦窯有密切的合作關係，積極的發展新一代的文化產業。

左圖 | 濕地公園
右圖 | 鐵路橋下的濕地公園

下淡水溪畔，三隻被燻黑了的

紅巨龜，依舊

擁抱斯土斯水，燃燒

弄磚弄瓦，所謂

愛的結晶，依舊

堅持

苦守寒窯，堅持

寧為玉碎，也要

瓦全

——雨弦，2004，〈堅持九行——記三和瓦窯〉

左圖 | 三和瓦窯廠
右圖 | 三和瓦窯廠的 DIY 教室

竹寮取水站

竹寮抽水站

建於 1910 年的竹寮取水站，原名打狗水道唧筒室，其建築風格是融合傳統中國式、歌德式與巴洛克式的建築，成為中西合璧的綜合體。其外觀同時具有中國傳統建物的瓦鎮與山牆，以及類似哥德式建築所強調垂直元素的西方建築理念，在山牆上鏤空作窗戶的設計。這樣的設計理念，在日治時期，可說是中國傳統建築固有的格局規範與西方建築的思維模式相衝擊，而形成的產物，也屬於「帝冠式」建築，此類建築只有在台灣才得以發現，是個非常特殊的建築形式。

取水站的整體格局，如淨水池、輸送涵、控制室、抽水井、材料室、大型馬達、修復廠及辦公室等至今仍保留完整，且持續運轉中。高雄市政府將取水站列為市定古蹟，闢建為水資源博物館，展示此一珍貴的文化遺產。

竹寮自然生態園區

竹寮自然生態公園

在竹寮村台 21 線公路旁，有竹寮生態園區，其前身是海軍陸戰隊營區，如今已廢棄不用，轉而成為花木扶疏、陰涼蔽日的園地，以及村民最愛的乘涼歇腳休閒場所。舊營房改裝成春耕館、夏耘館、秋收館、冬藏館，加之整片園地綠意盎然，是自行車騎士難得的一處休息站。

高屏溪攔河堰

來到高屏溪攔河堰，據說它是台灣最長的橡皮壩攔河堰，也是高屏、台南地區水源供需調度的總樞紐。其附近的「溪水資源展示館」是提供民眾了解高屏溪的自然生態最佳場域。高屏溪攔河堰是我國少數壩體採用橡皮壩的水庫之一。橡皮壩是用高強度合成纖維製成橡皮布，再依照尺寸製成橡皮袋後定錨在基礎上。優點是結構簡單、施工期短、造價低，且視覺美觀，較環保。缺點是壩體強度較差、易受損、壽命較短。

高屏溪攔河堰

姑山倉庫產業文化休閒園區

位於舊台 21 線與新線間的「姑山倉庫」，已轉型為「姑山倉庫產業文化休閒園區」，除了原有倉庫外，還加上香草花卉教育農區、蜜蜂生態教育農區及稻穀加工體驗區。並設有咖啡簡餐區、農產品販賣區，賣的當然是大樹特產：玉荷包荔枝及金鑽鳳梨。此外更有自行車租借。

姑山倉庫　　　　　　　　　　　　姑山倉庫內古早的農具展示

大樹鳳荔文化館

大樹鳳荔文化館原是大樹區果菜市場，作為荔枝盛產期的交易使用，現因交易地不再集中一處而閒置，配合文建會推動「閒置空間再利用」。於 2003 年由溪埔社區發展協會提案送交文建會審查通過，成立大樹區鳳荔文化館。

　　佛光山是台灣著名的佛教聖地,也是最大的佛教道場,是一座集佛教文化、教育、弘法、慈善、觀光為一體的宗教聖地。創辦人為星雲法師,他為了提倡「人間佛教」,於 1967 年,帶領善眾弟子披荊斬棘、一磚一瓦,建立起「佛光山境界」,成為南台灣信眾最多、最富盛名的宗教聖地。

　　佛光山除了主要的寺院建築,如大雄寶殿、朝山會館等極具莊嚴的寺院外,最具特色的是大佛城,乃佛光山的地標。大佛城四周有 480 尊小型金身阿彌陀佛塑像圍繞,景象壯觀。在佛光大道旁,剛竣工的藏經樓,靈山勝境半浮雕壁氣勢宏偉,其法寶廣場可鳥瞰佛館全景,佛國淨土盡在眼前。尤其在農曆春節到元宵節期間,入夜後,遍山掛滿燈籠,一片燈海,點亮了佛光山,美不勝收。

佛陀紀念館

一日
體驗記
finish

$$\frac{1 \quad 2}{3 \quad 4} \; 5$$
$$\frac{6 \quad 7}{8}$$

[1] 佛光山可遠眺高屏溪
[2] 由藏經樓遠眺高屏溪
[3] 朝山會館
[4] 藏經樓內部
[5] 藏經樓
[6] 鐘樓
[7-8] 星雲法師的書法展

在・地・
尋寶圖

Local
Treasure
map

蓬萊綠屯

竹寮取水站

旗甲公路

竹寮抽水站

大樹濕地公園

三和瓦窯廠的產品展示

慈后宮

久堂路城隍巷

復興街

三和瓦窯

高屏溪舊鐵橋及濕地公園

下淡水溪鐵橋

竹寮路

農友種苗總部及休閒農場

久堂路

中興街

九曲堂鳳梨會社

飯田豐二紀念碑

29

高屏溪

高屏溪舊鐵橋

飯田豐二紀念碑

九曲堂車站

復興街

29

鐵路橋下的濕地公園

高屏溪舊鐵橋

美食攻略

大樹鳳梨

台灣一年四季都有令人垂涎的水果，種類繁多，品相絕佳。光是鳳梨這一項，就有蘋果、香水、牛奶、蜜餞、金鑽等多樣品種。大樹所種的鳳梨以金鑽鳳梨為主。果實為圓筒形，果皮薄、口感脆，果肉偏黃色或深黃色，口感及風味均佳，耐儲運，也是外銷主力之一。

鳳梨選購時，有些鳳梨達人以敲擊果實聆聽反射聲音，藉以判斷果肉質地差異。一般分為「肉聲」、「柱聲」及「鼓聲」，肉聲果實表示水份多，纖維較粗，雖酸性稍低但甜度不佳，因此風味較差；鼓聲的纖維較細，糖度也較高，適口性佳；柱聲介於兩者之間。有人以為果實較大較好吃，其實不然，大形果容易為肉聲，其品質較差，糖度也不高，容易有過熟味道。小型果雖然可食用部分較少，但其風味可能較濃郁。

斜張橋

斜張橋是橫跨高屏溪的國道三號高速公路（南二高）上的橋梁，橋長 2617 公尺，由於橋址所在的高屏溪兩岸地形海拔落差六十公尺以上，高雄市高、屏東縣境低。橋梁造型配合地勢變化以增添現地景觀及經濟性、施工性等考量，西端主橋採大跨徑單塔不對稱式斜張橋，長 510 公尺、塔高 183.5 公尺，深具結構力學與美學特色，完成後為一極具視覺景觀的結構體，為國內首座斜張式橋梁，也是亞洲最長的單橋塔斜橋。每當夜晚之際，在燈光投射下，由如一艘升帆待發的大船，點綴在南台灣的夜晚，極盡美感，已為南二高最具代表性的地標之一，亦為高雄市的代表景點。

往斜張橋景觀處 ↑

台灣博物館散步 GO

佛陀紀念館

佛光山朝山會館

佛光山

一日體驗記 start

普門中學

興田路

29

大佛城

高屏溪

義大遊樂世界

溪埔路

大樹鳳荔文化館

圍內

三和路

三腳寮

大坑路

姑山路

姑山倉庫產業文化休閒園區

大莊

29

聖媽坑

橫跨高屏溪的斜張橋

往竹寮取水站

往國園區

高屏溪攔河堰管理中心

我庄美濃
客家紀行

日治時期中圳埤與排水口

美濃客家觀光小城

　　獲選為台灣十大觀光小城的美濃，是台灣南部六堆客家部落最北的「右堆」，也是六堆客家庄中面積最大、人口最多的地區。美濃的開發，在台灣開發史上算是較晚，因為地理位置較偏僻，交通不便；加上本地居民全是天性保守、生活純樸的客家人，所以在台灣社會普遍商業粗俗化的轉變過程中，美濃反而成為改變最少的地區之一，並得以較完整地保存傳統客家古風。

　　不管哪個時節，沿著山腳下而行，總會有「悠然見南山」的感覺，美濃人會說：「行上行下，毋當美濃山下」。美濃歌手林生祥也詠出：「一山來連一片山，美濃山下好山光；田坵一坵過一坵，美濃山下好所在。」想要一覽小鎮風光，不妨騎上單車，長達四十公里的路程，以彩虹七顏色分類：古蹟、民俗、親水、文學、水圳、宗教、鄉土等七條路線，隨性所至，條條精彩。

[策展人帶路]
Curator Talk

　　美濃有著非常鮮明的客家印象，何謂客家？《客家基本法》定義客家人指「具有客家血緣或客家淵源，且自我認同為客家人者。」客家人的「硬頸精神」，刻苦耐勞、勤奮努力、獨立奮鬥、不屈不撓等特質，聽一首美濃林生祥老師〈我等就來唱山歌〉，思考為何客庄是台灣文化多樣性不能或缺的一環。美濃客家文物館展示著客家族群的豐富面貌，也邀旅人一同探索。

日治時期美濃橋與
月光山美景

　　難怪作家舒國治會說：「美濃最美的便是景。景，是美濃最
足傲人之處；景，亦是我每一次抵美濃便感到心底湧動不能自己
的那樣東西。」他又說：「美濃是台灣少有猶自保持住山村田家
最典型舊日版本的一處地方。美濃最美者，一、山如屏風，永在
眼簾，不遠不近；二、田如平鏡，永在腳邊，綠蔥蔥的、水汪汪的，
一大片布撒開來。遠山與平田，是美濃最完美的組合；第三樣，
最教我心動的物事，宅院為紅磚紅瓦，與遠山、水田的綠油恰成
對比，亦多了幾分人煙氣，不至太過青澀荒蔓。」

左圖 | 美濃（中正）湖
右圖 | 古城風味與文創產業結合，讓美濃觀光有不同的面向。圖為美濃文創中心與老榕樹

博物 點線面

起點須知 info

一日體驗記 start

美濃客家文物館

2001 年 - 設立「美濃客家文物館」，營造成為具美濃客家地方特色的文物館。

2007 年 - 高雄縣民政局客家事務課與文化局客家事務合併，另增設「高雄縣客家文化中心」二級政府機關進駐美濃客家文物館內。

2010 年 - 12 月 25 日高雄縣市合併，管轄單位轉為高雄市政府客家事務委員會，文物館改為「美濃客家文物館」。

美濃客家文物館

上網一點通

美濃客家文物館參觀資訊

美濃客家文物館

位於中正湖畔的美濃客家文物館，有美麗的蓮花池與獨特的建築造型，讓整個客家文化園區散發出獨特的氣質。客籍的謝英俊建築師結合了「菸樓造型」與「夥房設計」，清水模建材的充分使用更能表現出簡單樸實的意象，重新建構出美濃的獨特建築風格。

建築師利用夥房的堂屋配置方式，滿足文物館的固定展示空間，我們可以在其中看到六堆客家先民的遷徙、開拓歷史、客家民俗及農業文物，及美濃菸業的製造與歷史，也可看到黃蝶翠谷的蝴蝶生態。而「水池」與「化胎」也以靈巧的樣貌出現在文物館的前後，成為庭院景觀的要素。

文物館的常態展示區分為二層樓，一樓著重於歷史、生態方面，包括：敘述原鄉到台灣拓墾、日治殖民到國府時期改制的美濃歷史沿革；體會黃蝶翠谷和熱帶母樹林動植物的生態之美。二樓偏重於客家文化民俗傳承，內容有：介紹客家家族脈絡史、美濃「八音」的特色、客家婚喪喜慶民俗的介紹、在傳統與變革下「美濃婦女」所扮演的不同角色，以及美濃客家生活的了解。還有透過菸葉燻烤和勞動過程：一探「美濃菸業史」。

美濃客家文物館

左圖｜美濃客家文物館內展示的菸樓內部空間　右圖｜三樓展示空間

一日體驗：紙傘彩繪 DIY

美濃客家文物館，可向服務台購買空白小紙傘，館方提供相關 顏料與教學。

美濃客家文物館
內仿製的敬字塔

一日體驗：擂茶 DIY

拿起擂棒，將在擂缽中的生茶、蓮子、薏仁、何首烏等材料均勻研磨成擂茶粉，再加入次要成分如黑芝麻、抹茶粉、紅豆、南瓜子等再次研磨即可，取二大茶匙擂茶粉入茶杯中，以 250cc 的熱水沖泡，濃淡可依個人喜好增減，再加入米香，即是一碗風味獨特、香味四溢，美味又養生的擂茶。

擂茶 DIY

美濃湖

這座高雄市第二大人工湖的美濃湖，目前被規劃為自然生態保育區。原稱「中圳陂」，於 1956 年被改為「中正湖」，1996 年再更名為

美濃（中正）湖

「美濃湖」。位在美濃區的北方，環境清幽、視野遼闊，粼粼水波浮動著山的倒影，是一處可讓人冥想發呆的好所在。美濃湖最漂亮的時段，在破曉之際與黃昏時分，變化萬千的朦朧天色，映照著遠山近亭，彷彿一幅美麗山水國畫，令人陶醉。美濃湖並非今日才出名，在日治時期，擁有湖光山色的中圳埤，就是附近學校遠足和戶外教學的地點，也是約會划船遊湖的場所。

廣榮興紙傘廠

湖畔有處「廣榮興紙傘廠」，據說是電影《星星知我心》的拍攝場景之一。在一般人的印象裡，提到美濃就會聯想到彩繪圖畫的油紙傘，油紙傘已儼然成為美濃特殊的文化象徵。根據文獻記載，民國初年美濃才引進油紙傘，並延請大陸廣東師傅傳授製作方法。1960 年代全盛時期，全美濃多達十二家紙傘廠；1961 年後，輕便廉價洋布傘大量產銷，沉重昂貴的油紙傘因此沒落。1976 年經媒體報導，掀起一陣搶購風潮，後來又巧妙的在傘面彩繪，使得油紙傘搖身一變成為「收藏的藝術品」，從此與觀光結合，為美濃油紙傘找到另一個春天。

2 8

美濃窯

靈山下的美濃窯是個開放式的藝術空間，陶藝家朱邦雄特別設計以「美感、喜悅」為主題的陶壁來裝扮門面，讓鮮豔、明亮、活潑的色彩迎接客人，引領走入輕鬆愉快的美濃陶藝天地。穿過紅花綠樹的庭院，燒製陶藝的工作室一覽無遺，房舍左邊是陳列作品的展覽室，擺設造形不一的大型藝術作品及典雅精巧的杯碗等，琳瑯滿目，令人愛不釋手。美濃窯也設有「窯燒咖啡館」，在此品嚐下午茶，用的是陶製精緻的咖啡陶杯，牆壁掛著小型的壁陶創作，與色調鮮豔的桌子結合，再加上大片的落地窗，框入茵茵綠草。

美濃窯

開基伯公

美濃窯園區的後方有座「開庄伯公」，是美濃地區第一座伯公壇，距今已有二百多年的歷史。客家人暱稱的「伯公」，也就是閩南人所稱呼的土地公。「墳塚式」的伯公壇，是客家地區最原始的土地公形式，小土堆供俸著一塊石碑，上面刻著「福德正神」。在開基伯公壇處，兩旁的石柱分別刻著「開闢荒野地，基成瑞穗田」。

「伯公」聽起來如同尊稱長者，就像自己的家人一樣，因而有心事時，也會向他傾訴。在鍾理和的〈親家與山歌〉中，有一段山歌寫著：

一想情郎就起身，路遠山高水又深；來到山頭鳥雀叫，樹影茫茫不見人。

二想情郎伯公碑，伯公神前說囑詞；來時郎前傳一句，小妹何時不想伊！

可知伯公在客家人的心目中，也是傾訴衷情的告解對象。

開基伯公

敬字亭

「晴耕雨讀」是客家人尚文美德，「敬惜字紙」的習俗更展現客家尊古聖賢的遺風。客家人認為只要寫上文字的紙，就不能任意丟棄，必須集中送到專門焚燒字紙的敬字亭焚毀，以示尊重。美濃區共有四座敬字亭，分別矗立於永安路、民生路和龍肚、南隆等處。永安路的敬字亭建於 1769 年，是美濃最早的一座，1977 年整修後，被列為古蹟。敬字亭的構造分為外牆墩及主體建築，外牆墩以磚材疊砌，圍繞亭身而成六邊形；主體建築分成三層，由下而上分別為亭座、亭身、亭頂。亭座設有倉頡、至聖先師、文昌帝君等神位供人膜拜，以求考運昌隆。

敬字亭

　　2015 年 11 月成立的美濃文創中心，是原建於 1933 年，日治時期的高雄州旗山郡美濃官吏派出所，後來又成為美濃分駐所改建而成，與同時新落成的美濃學園教育藝文館毗鄰而立。2000 年登錄為歷史建築，為一優雅的日式和洋風格建築，重現洗石子與十三溝面磚風貌，門前一棵百齡老茄苳樹、防空洞與廣播鐵塔仍完整保留著，作為美濃庄歲月變遷的見證。

美濃文創中心

上圖｜美濃文創中心外　下圖｜美濃文創中心

　　2015 年 11 月新建完工的美濃學園教育藝文館，其建築主體採灰色系搭配木質設計，局部牆面使用客家花布圖樣。一樓為圖書大廳、展示空間；二樓為閱覽區、書庫，特設有客家文化專區，蒐集了美濃和客家文化相關書籍；三樓是青少年館藏區、視聽欣賞區；四樓有多功能教室；五樓是傳習、DIY 教室。

美濃學園教育藝文館

　　舊美濃橋橋頭上的大猴抱小猴石雕下，有個「保橋護童碑」。故事流傳說：瀰濃建庄時，東南匪患、番害肆虐，居民為保平安，就在美濃溪沿岸種刺竹，保衛家園。只開放南柵門對外，但眾人乘竹筏或涉水渡河時，溺斃情形時而所聞，直到 1930 年建了美濃橋。1981 年另建美濃新橋，但舊橋仍原狀保留，成了美濃懷古地標。

舊美濃橋

美濃舊橋

從美濃舊橋遠望美濃文創中心

永安老街

　　永安路老街是美濃開庄第一街，先民於此合力興建了二十四座夥房，以「永久安居」之意取名為「永安街」，這條街見證了美濃二百多年歷史，代表著美濃繁榮與發展的永恆記憶。並以伯公壇為界，分為上、中、下三庄；上庄是由東門樓至「花樹下」，建有庄頭伯公；中庄是由花樹下到橫溝，建有花樹下伯公；下庄則由橫溝到敬字亭，設有永安橋伯公。

錦興藍衫店

　　「花樹下，有一間藍衫店仔，花樹下，有一個老師傅，做過個藍衫，著過個細妹仔，就像該門前花，來來去去，不知幾多儕？」這是一首改編自古秀如小姐的歌詩，名為〈花樹下〉。來到永安路的錦興藍衫店，從店裡陳列的老針車、老熨斗、舊曲尺、剪刀、製圖板等傳統工具，以及手工製作出一件件樸實典雅的藍衫，彷彿時光倒流三、四十年。創始人謝景來傳承藍衫技藝不餘遺力，2011 年以一百零二歲高壽辭世，錦興藍衫店由兒子接手經營。

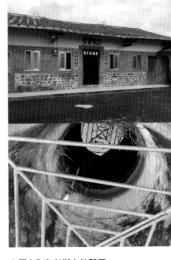

上圖｜永安老街上的夥房
下圖｜永安老街上的百年公井

　　藍衫多以棉麻布料為主，以植物大青為染料所染成的藍色布料，縫製成大袖、大襟、大褲管的衣服，耐洗耐穿，非常實用。如今，美濃客家婦女不再穿端莊典雅的藍布衫下田、做工。有趣的是，搖身一變成為祭典或表演的戲服，反而使得美濃區碩果僅存的「錦興藍衫店」生意興隆，得以行銷高雄、台南、台中、台北等大都會。

錦興藍衫店

林春雨古宅

　　走過百年風華的永安老街，仍保留著一些舊時客家夥房的殘跡。林春雨古宅是老街上最具代表性的老建築，為美濃菸草大王林春雨的宅第。夥房合院搭配飛脊的門樓，典雅中也彰顯出當年美濃首富的豪氣，而斑駁的紅瓦石牆也透露著美濃菸業的興衰痕跡。

　　曾任國中美術老師的曾文忠，是美濃山水的代言人。他以虔誠的心去拾綴故鄉的景物，因而在他流暢瀟灑、俐落細緻的筆觸下，美濃風情無論是淡雅的水彩畫或是厚實的油畫，都呈現出「濃妝、淡抹兩相宜」的意境。他說：「我常獨自漫步田野山間，暮然回首，發現故鄉的景觀產生了許多變化，往日情懷，已無跡可尋。只好重拾畫筆，我心中想，現在不畫將來一定會後悔。」

　　位在永安路的「曾文忠美術館」，平日不對外開放，須先電話預約。但若有機會循著美術館參觀路線，從東門樓、夥房、菸樓、山水田野、浣衣婦女、孤獨老人等一幅幅精美的畫作，彷彿將美濃的塵封往事，一一重現在眼前。

　　1756 年，在永安路落戶的美濃先民，為防範鄰近平埔族和閩南人的入侵，便在東側柵口蓋了一座登高望遠之用的隘門，這就是東門樓的前身。清代時原門樓高約十公尺，為台灣無城牆聚落最大的城門樓，兩邊城腳拱圓、屋頂龍閣鳳椽、頂蓋琉璃瓦。日治時期改建時，成為三層正方形如同積木建築，頂上懸有一口巨鐘，作為傳送警報之用。另僅留 1829 年美濃竹頭背庄民黃驤雲，高中進士衣錦榮歸時，在此揮毫所提的「大啟文明」四字匾額。

　　1957 年地方人士捐款重修，將第三層打掉，二樓屋頂再改成中國傳統式歇山式屋頂、外圍十二柱的龍閣鳳椽建築風貌。美濃人喜歡在這樓上看風景，佇足「大啟文明」匾額下，楹聯「門前帶水環青美，樓外屏山積翠濃」之旁，鳥瞰風景秀麗的山光水色及綠波萬頃的農田，了然於胸。

1|2|3

[1] 日治時期美濃庄入口東門
[2] 東門樓城樓上的題字「大啟文明」　[3] 東門樓今景

　　從東門樓朝東方望去，就可看到位在美濃溪畔的「庄頭伯公壇」。向來講求務實的客家人，遇到岔路或十字路口，只要路旁有棵大樹、有塊大石頭，便可在石頭上、或樹圍上披上紅布條，有凹形小槽就可做為插香處，這就成為一座伯公壇。美濃區四百多座伯公壇中，就以庄頭伯公最受歡迎，也是信仰中心。二百多年來，一直都盡忠職守地保佑這塊土地上的子民。

上圖｜庄頭伯公　下圖｜庄頭伯公前的美濃溪

一日體驗記
finish

開基伯公

美濃窯（福美路496巷）

開基伯公

福美路

—— 🍴 美食攻略 🍴 ——

美濃粄條

客家美食不少，但有些大家平常吃慣了，也就習以為常，而不曉得這原是客家菜。其中米食類，較著名的有客家粄條、蘿蔔糕、麻糬等，客家人所說的「粄」，就是福佬人口中的「粿」。以米磨成漿後，經脫水、搓揉、炊蒸等過程所製成的傳統米食糕點。由於昔日客家人敬神、耕作或是年節都會大量製作應景的「粄」，因此有人說，客家人一年到頭都在「打粄」。

滾燙過的粄條，加入味道鮮美的大骨高湯，搭配豆芽菜、韭菜、蔥頭酥，和兩三片薄薄的瘦肉，就是一碗令人垂涎三尺的正宗美濃粄條。一般老字號的粄條店還另外加上一小勺自家燉滷的豬腳汁來調味，也可適量加入烏醋、辣椒醬提味。近年來，為迎合外地遊客，口味已不像古早時代的油膩、鹹重。

敬字亭

廣榮興紙傘廠（中山路一段361號）

中山路一段

美興街

博愛街

美濃溪

美濃驛棧

位於美濃國中之旁、美濃加油站對面的美濃驛棧，是南台灣擂茶首創舖，以生茶、蓮子、薏仁、何首烏、准山糙米為主，配以含豐富植物纖維的五穀、堅果等。遊客能在此體驗客家生活文化，享受美濃的客家風情。

擂茶為早期客家人時常飲用的一種茶點，能止飢解渴，亦可當養生茶喝。擂茶在客家先民逃難或遷移時當行軍茶，老百姓以喝鹹擂茶為主，用擂茶泡飯配青菜與醃漬蘿蔔；有錢人家、騷人墨客則以甜湯為主，代表其身分地位。

美濃驛棧

上圖 | 美濃文創中心外觀
下圖 | 美濃文創中心內部

美濃（中正）湖

美濃客家文物館

環湖路

一日
體驗記
start

台灣博物館散步 GO

美濃客家文物館

錦興藍衫店

廣榮興紙傘廠
（民權路40號）

中正亭

美濃湖

民族路

自強街一段

泰安路

自強街二段

泰中路

民權路

31

庄頭伯公

永安老街上的夥房

美濃學園人文藝文館

美濃文創中心園區

舊美濃橋

錦興藍衫店

林春雨古宅

曾文忠美術館

永安路

民族路

東門樓

永安老街

美濃區公所

美中路

美濃國中

成功路

美濃驛棧

美濃舊橋前的立碑

東門樓

庄頭伯公

東門街

永安老街上的百年公井

上圖 | 美濃菸葉田
下圖 | 日治時期的
龍肚庄農民耕作
情形

原鄉人鍾理和　文學原鄉

29

原鄉人

出生美濃文學家鍾理和，在著名的小說《笠山農場》中，對於他的故鄉有這樣的描述：「在山岡之旁、在曲水之濱、在樹蔭深處，隨處都有這種自給自足與世無爭的田家；有的竹籬茅舍、有的白牆紅瓦，由山巔高處看下來，這些田家在田隴中，錯落掩映，儼然一幅圖畫。」

可是在未來，文學家大概沒想到，自從 10 號國道闢建後，從高雄到旗山端的高速公路可直接登堂入室，大量的遊客，隨之而來的一些庸俗的商業氣息，無疑會將這被視為淳樸的山城破壞殆盡，而失去原有的風貌。

如今，雙溪母樹林在 1950 至 1970 年間，消失九十二種樹種（占 50％種類）；1988 年曾出現千萬隻以上的淡黃蝶，十年後僅存 2-3％；菸樓從農業功能，轉變成讓遊客喝擂茶嚐鮮的古雅場所；字紙不再送敬字亭；部分伯公壇已福佬化。更糟糕的是，1993 年經濟部水資源會宣布將在美濃興建大型水壩的消息，導致美濃鄉親大唱〈大地母親〉來對抗政客，長期的美濃運動於焉展開。

鍾理和紀念館

1980 年 8 月 4 日鍾理和紀念館動土典禮，同日鍾理和傳記電

[策展人帶路]
Curator Talk

鍾理和文學館是獨特的非官方的文學館，除了可在館內深度探索文學家手稿外，館外更可以踏著文學足跡，進一步造訪美濃的生物多樣性。

鍾理和銅像

影《原鄉人》在美濃首演，轟動小鎮。1983 年 8 月紀念館落成，這是台灣第一座平民文學家紀念館，也是台灣文學史上的重要事件。這個由家屬、文壇人士集資籌辦的紀念館，進行各種文學活動，也成了嗣後各地文學館的典範。紀念館係二層樓建築，第一層陳列鍾理和文學的一生；第二層展示台灣地區作家手稿、著作，以及鍾理和紀念館文學地景的整理介紹。

走在鍾理和文學園區，雙溪被翠綠山林環抱，

大冠鷲盤旋天空鳴嘯，淡黃蝶輕盈迎面飛舞。

鍾理和出身屏東高樹鄉的新大路關，十九歲與父親赴美濃尖山開闢農場，後因同姓之戀，不見容於家族，和妻子鍾台妹由日本轉赴中國東北開創新生活，後移居北京，直到戰後才回到美濃老家。不幸回台不久感染肺結核，療程長達數年，健康與財富消耗殆盡。為了分擔家計，鍾理和勉力寫作投稿，但所得並沒有改善家計。1960 年 8 月，伏案寫作時，宿疾復發，血染稿紙，結束他四十六年短暫卻傳奇的一生。

鍾理和紀念館

台灣文學步道

靜靜地走入園區，感受台灣文學家靈魂深處的悸動，傾聽文學心靈唱出的哀怨、讚嘆與希望。1996 年秋，全國第一座台灣文學步道在鍾理和紀念館所在地成立，並推展三十六位台灣作家的作品。步道旁矗立著一塊塊石碑，上面刻著這些鄉土作家的精采字句與人生智慧。其中鍾理和雕像旁的碑文寫著：「我相信自己的愛，我將依靠它為光明的指標。」

台灣文學步道文學石碑

博物點線面

起點須知 info

一日體驗記 start

鍾理和紀念館

1915 年 - 鍾理和出生於阿緱廳鹽埔大路關庄新大路關（今屏東縣高樹鄉廣興村）。

1928 年 - 從鹽埔公學校畢業。

1941 年 - 短暫遷居北平。

1946 年 - 3 月底返台，4 月中任教內埔初中。

1947 年 - 入松山療養院治療肺病。

1950 年 - 返家療養，一邊創作。

1956 年 - 長篇小說〈笠山農場〉獲中華文藝獎金委員會紀念獎第二名（首獎從缺）。

1960 年 - 8 月 4 日於病中修改中篇小說〈雨〉時喀血病亡。

1976 年 - 張良澤教授整理彙編，遠行出版【鍾理和全集八冊】。

1979 年 - 文學界林海音、鍾肇政、葉石濤、鄭清文、李喬、張良澤等人發出籌建「鍾理和紀念館」啟事。

1980 年 - 改編文學家鍾理和短篇小說〈原鄉人〉及其生命經歷的鄉土電影《原鄉人》出品，由李行導演，秦漢與林鳳嬌主演。

1983 年 - 台灣第一家民辦的平民文學家紀念館成立。

1989 年 - 成立財團法人鍾理和文教基金會。

1997 年 - 紀念館兩側興建台灣文學步道園區。

1998 年 - 8 月舉辦「笠山文藝營」暨「鍾理和雕像及文學步道落成典禮」。

2003 年 - 進行「鍾理和紀念館暨文學園區規劃」。

鍾理和紀念館展場

台灣文學步道

朝元禪寺

上網一點通

鍾理和紀念館參觀資訊

與文化園區相比的是「畫棟雕簷、氣勢雄偉」的朝元寺。《笠山農場》中對它的描述是：「轉過笠山的東面，他們看見和笠山隔了條河的對面半山腰有所山寺，畫棟雕簷，非常瀟灑雄壯。後面的山峰峭壁屹立，狀似魚鰭，和笠山隔河對峙……。」

朝元禪寺

雙溪母樹林

雙溪熱帶母樹林

日治之前，母樹林只不過是一處不起眼的小山丘。1935 年，日人從南洋群島、中南半島、澳洲、拉丁美洲等地，引進了二百七十種熱帶植物，作為選擇適宜人工造林的樹種，在此闢為「竹頭角熱帶樹木園」。園區占地約 7.6 公頃，海拔高度約一百公尺，氣候屬於亞熱帶，年降雨量豐沛並集中於夏季，適合熱帶植物生長，培育熱帶各地珍貴樹種。未來將逐步成為具有教育、保育功能的自然生態公園。

作家劉克襄說：「近幾年來，到了四、五月，許多賞鳥人都會前往美濃；主要便是到這座母樹林拜訪八色鳥，希冀看到八色鳥的身影，甚至，八色鳥的繁殖。我何嘗不是？獨自站在高大而濃密的樹蔭下，八色鳥的「we-e」、「we-e」平穩而不急不徐的叫聲，繼續自詭異的熱帶密林裡傳出，和我的孤獨清楚地對話著。」

黃蝶翠谷

美濃雙溪流域本由低海拔熱帶原生林所組成，日治時期於此區域內遍植可製槍柄的鐵刀木。由於氣候適宜，鐵刀木已蔚然形成一大片純林，此樹種恰為黃蝶的食物，可引來黃蝶在此棲息繁殖，產生驚人數量，因此，使之「黃蝶翠谷」的聲名不脛而走。

每年三到六月是黃蝶繁殖期，不少黃蝶在陽光中閃耀金黃色的光芒，飛舞在林產豐饒、生態多樣的翠綠谷地中，煞是動人。詩人說：「何處輕黃雙小蝶，翩翩與我共徘徊。」每年五到八月間，可欣賞到多如繁星的黃色精靈穿梭於溪谷林木間，讓人不得不驚嘆造物者的奇妙。據統計，雙溪的淡黃蝶數量依單位面積估算，屬全球之冠；而淡黃蝶從產卵、幼蟲蛻化成蝶，終其一生都在同一地方，是蝴蝶生態觀察與教學的珍貴資源，更是世界公認的蝴蝶生態區。

大約每隔二到三年的五至六月間，美濃黃蝶翠谷便會有一次族群大發生期的情形。能夠在淡黃蝶大發生期走一趟美濃黃蝶翠谷，才能體驗萬蝶鑽動的盛況。而雄蝶習慣沿著溪谷河道向下游飛行擴散，身處溪谷旁，觀察同一方向疾飛而過的羣蝶，眼睛真的應接不暇。走在溪谷上，隨時隨地可發現數十隻、甚至數百隻雄蝶群聚在濕地上吸水，擠成一堆的壯觀場面。

　　1995 年 6 月 4 日，美濃愛鄉協會首次在雙溪流域舉辦「黃蝶祭活動」。他們以尊重生命的態度，為每年死去的黃蝶做一次生態隆重的葬禮，用祭典儀式將黃蝶回葬在牠們生長繁衍的大地。使美濃人藉由儀式體悟人與自然及生命的關係，了解美濃故鄉的生命轉換現象，進而達到環境保育的訴求。

黃蝶翠谷

龍肚凹下菸樓群

　　龍肚庄是美濃第二個建置的部落，龍肚山又名虎形山，標高 199 公尺。山勢迂迫，常有白雲籠罩，詩人蕭乾源詠道：

絕頂登臨去，龍崗氣象雄；

雲羅鋪疊嶂，霧殼接長空。

鼓岫蒼茫外，旗峰指顧中；

家山何處是？親舍望無窮。

　　自 1938 年起，美濃地區進行「菸草耕作地方委託試驗」，安排接受試種。美濃是全國菸葉產量最多的地方，曾以菸葉生產聞名全台，美濃菸樓就有上千座，可謂「三步一菸樓、五步飄炊煙」的盛況。在台灣最古老的菸樓原型只是一座懸掛陰乾式的竹棚架，後來才改成由日本引進由土窯磚建造的大阪式菸樓。

　　1976 年，美濃種菸人家達 1791 戶，面積高達 2235 公頃，占當年全國種菸總面積的 22%，幾乎全區每四戶人家就有一戶是菸農，寫下了美濃種

白玉蘿蔔

菸史上的最高紀錄，故被稱為「菸草王國」。菸城美濃的封號，可能因不再種菸而消失，現在只剩下不到四百棟的菸樓，佇立在美濃平原，目前以平均每年五十棟毀損的速度，迅速消失。而目前就以龍肚國小廣福街一帶，還保留一些廢棄的菸樓。

　　菸樓是用來燻烤菸葉的樓房，外觀類似傳統的土埆厝，牆壁以泥磚疊砌，外敷稻桿防雨，間以紅磚加強結構。在菸樓斜屋頂中央上方，建有兩層用來通風排煙的閣樓。日治時期，美濃人稱菸樓為「菸寮」，之後日人把較高的樓房空間稱為「菸樓」，高樹人則稱「菸仔屋」，老一輩人又把它稱作「土窯仔」。

竹子門（高屏）發電廠

　　日人治台後，積極開發仍荒煙漫草的美濃南方平原，開放給私人的三五公司經營，名之為南隆農場。為了解決水源不足的問題，於是利用鑿山引用荖濃溪水的方式興建竹子門發電廠，且利用發電餘水，規劃廣布美濃平原全境的水利系統：獅子頭圳，帶動整個美濃地區的發展。竹子門發電廠建於1909年，於1993年列入古蹟。

上圖｜日治時期竹子門發電所與獅子頭圳
下圖｜竹子門（高屏）發電廠

一日
體驗記
finish

在•地•尋寶圖

Local
Treasure
map

台灣文學步道

朝元禪寺

鍾理和紀念館

黃蝶翠谷　雙溪

伯公坑溪

位於台灣文學步道內鍾理和雕像

高109

水底溪

🍴— 美食攻略 🍴—

客家小炒

客家小炒為傳統客家菜餚「四炟四炒」之一，在台灣是十分受歡迎的客家菜餚，對於喜歡吃客家菜的人，一定不會忘記點這道經典的客家小炒，尤其下飯或配酒更不可或缺。

傳統上使用的食材有五花三層肉、豆乾、泡軟的乾魷魚、芹菜、芫荽、蔥與醬油、米酒等調味料拌炒而成的佳餚，而演變至今，也有人加入蝦皮、紅綠黃辣椒等提味，風味更勝以往。肉吃起來肥而不膩，魷魚又富嚼勁，口味鹹鮮帶甜，香氣四溢，充分展現傳統客家菜「油、鹹、香」的特色與魅力。

包埔尾

高109

魔法阿嬤的家之庭園

往廣林、龍肚菸樓群↓

廣福街

廣林

廣九街

菸樓遺址

雙溪熱帶母樹林（雙溪森林遊樂園）

雙溪母樹林

朝元禪寺

高109

黃蝶翠谷的林木

魔法阿嬤的家

　　位於美濃往六龜幹道上、龍肚國中對面的魔法阿嬤的家，不明究理者還以為某大富人家的別墅。若不是門外汽車大排長龍，人來人往，你是不會相信這是賣冰淇淋阿嬤的家。一進大門，庭園、水池旁、別墅的角落擠滿吃冰的人群。招牌冰淇淋，用古早味清冰墊底，鋪上芋頭、紅豆、愛玉等好料，最後再填上了三顆味道各異的彩色冰淇淋，賣你五十元，難怪向隅！

左圖｜魔法阿嬤的家
右圖｜魔法阿嬤的家熱賣的招牌冰淇淋

一日體驗：拔白玉蘿蔔

　　每年十一月至年底是美濃白玉蘿蔔的收獲期，一些農民不收割，刻意開放給遊客收成，享受田園樂趣，一日農夫的體驗。一時一漥一漥的田埂集滿人群，拿著布袋，笑滿開懷。冬天是美濃特 白玉蘿蔔季，採蘿蔔、洗蘿蔔、醃蘿蔔，是美濃冬季最甜美的畫面。白玉蘿蔔不同於一般的白蘿蔔，體型纖 ，皮也較薄，只要洗得夠乾淨，不用去皮即可生食，清涼多汁，營養價值高，素有「平價人蔘」之稱。

洄瀾原鄉 太魯閣

太魯閣國家公園

花蓮舊稱洄瀾，西倚中央山脈東側與海岸山脈之間，東臨太平洋，主要地形以山地、海岸與河流沖積扇平原所構成。景色秀麗、峰巒疊翠，自然資源非常豐富。《時代雜誌》認為花蓮是亞洲最被低估的太平洋渡假聖地；聯合國讚譽，一望無際的太平洋視野，與中國絲路並駕齊驅；英國媒體列舉世界十大必遊景點，太魯閣全球排名第五。

峽谷的大理石壁

[策展人帶路]

Curator Talk

國家公園的遊客中心是博物館嗎？近年來，博物館的世界越來越寬廣，「類博物館」也開始被專業社群關注，遊客中心包含的展示、解說導覽等功能也都「部分符合」博物館的古典功能：典藏、研究、展示、教育，亦可被視為「類博物館」，花蓮即此類代表，境內有多樣多主題的博物館舍，邀請旅人親自來探訪。

太魯閣國家公園遊客中心

山高谷深、地形險峻的太魯閣國家公園，面積 920 平方公里，有一半是二千公尺以上的高山，三千公尺以上的高峰列入「台灣百岳」的有二十七座。　　太魯閣的山從太平洋深海拔地表而起，從清水斷崖一路向西，層層相疊，不斷攀高。其中南湖主峰高 3742 公尺，是太魯閣最高峰，也是台灣五嶽之一。太魯閣國家公園地質地形景觀之美，舉世聞名，多少人慕名前來，就是為了目睹峽谷自然天成的雄偉壯麗。

太魯閣集奇、秀、幽、勝所有山川之美於一身，是百年來大自然合奏的神祕交響樂章。立霧溪潺潺水流，蜿蜒地繞過峽谷，兩岸高聳的山壁撒鋪一層蔥綠，能見千仞峽谷、開闊谷地、高山瀑布、平台河階等景觀，而中橫公路橫切峽谷，路況驚險，迂迴

[1] 太魯閣國家公園
遊客中心 / 胡文青
提供
[2-3] 遊客中心內部
展示空間
[4] 太魯閣國家公園
遊客中心

蜿蜒，引人神遊台灣開拓史上的聖石傳說。

　　設置在太魯閣台地上的遊客中心，位於太魯閣入口處右側。中心內設有生態遊憩館、兒童環境教育館、人與自然館及特展室等展覽。太魯閣國家公園景點甚多，其中又以遊客中心到天祥路段最為經典，太管處在這路段上規劃了適合大眾步行的數條步道：綠水合流步道、砂卡礑步道、白楊步道、長春祠步道、九曲洞步道等，每條步道各有特色，沿著步道健行，是最無污染且健康的遊覽方式，不僅對珍貴的峽谷環境減低傷害，還可深入觀察各種地質、地形與造山運動的痕跡。

砂卡礑步道

　　砂卡礑步道原稱「神祕谷」，長約4.5公里，是太魯閣國家公園著名景點，也是最大眾化的親水步道之一。步道沿溪而行，路上可見花紋多樣、嵯峨嶙峋的岩石，且設有階梯上下溪谷，砂卡礑溪終年水質平緩清澈，有別於洶湧的立霧溪，呈現一股靜謐的水石之美。動物生態、榕楠林帶植物景觀也值得一看。

砂卡礑步道 / 胡文青提供　　　　　砂卡礑溪　　　　　　　　　跨越砂卡礑溪的紅橋

長春祠步道

　　為紀念開闢中橫公路殉職的英靈
而建的長春祠，是傳統中式廟宇殿閣
的黃瓦、白玉雕欄，古典雅致，掩映
於青山綠水之中，祠前的飛瀑流泉更
添勝景。祠後有一道石梯蜿蜒向上，
俗稱「天梯」，拾級而上可抵達觀音
洞，此即長春祠步道的起點，繼續前
行可過吊橋抵禪光寺。步道全長約二
公里，步道沿山壁蜿蜒，有柳暗花明
之感。

長春祠與瀑布

布洛灣遊憩區

　　由兩層立霧溪堆積的河階地，是昔日太魯閣族部落居住地，
「布洛」是太魯閣族語「回音」之意，相傳二百五十年前族人
路經此地時，聽到雷聲轟然迴響而命名。四周高峻山巒聳立，
二百五十公尺高架木棧道穿梭原始林內，可以享受森林浴；布洛
灣展演場安排假日有精彩的原住民歌舞表演。

布洛灣遊憩園區圓形劇場　　　　　　　　布洛灣遊憩園區遊客中心內部展場

九曲洞步道

　　從燕子口到九曲洞這段公路，長約 1.36 公里。穿梭在峽谷、山壁間，陡峭的大理石壁，彷彿觸手可及，清澈的立霧溪自崖下潺潺流過，這山水勝景早已成為太魯閣最熱門的據點。

燕子口步道吊橋　　　　　　　　　　燕子口步道

天祥管理站

天祥風景面

　　天祥為大沙溪與塔次基里溪匯流的河階地，是中橫公路重要景點之一。天祥晶華飯店、天祥青年活動中心均位在此地。天祥也是地質分界點，以東為變質大理石，以西則是較鬆軟的片岩。在天祥也設有遊客服務站。

白楊步道

　　距天祥半公里公路邊，穿過隧道，就是以「水濂洞」聞名的白楊步道。步道全長 9.4 公里，為安全考量，目前僅開放二公里。白楊步道一邊靠山，一邊臨溪，峽谷與斷崖的地形，沿途岩層裸露清晰。白楊瀑布位於三棧溪匯入塔次基里溪附近，懸於海拔近一千公尺高的半山腰上。過了白楊瀑布，就到了水濂洞，山洞裡數股水柱由山壁衝出，聲勢壯大。

博物 點線面

太魯閣國家公園遊客中心 ▶ 砂卡礑步道 ▶ 長春祠步道 ▶ 布洛灣遊憩區 ▶ 九曲洞步道 ▶ 天祥風景面 ▶ 白楊步道 ▶ 七星柴魚博物館 ▶ 石雕博物館 ▶ 松園別館 ▶ 花蓮鐵道文化園區 ▶ 花蓮文化創意產業園區 ▶ 鐵道行人徒步區 ▶ 城垣美術館 ▶ 吉安慶修院

30

遊客中心內部展示空間

太魯閣國家公園遊客中心

起點須知 info

一日體驗記 start

太魯閣國家公園遊客中心

砂卡礑步道 · 長春祠步道 · 布洛灣遊憩區

九曲洞步道 天祥風景面 白楊步道

18 世紀末 - 太魯閣族進入東部的立霧溪、木瓜溪、陶塞溪流域建立部落。

1874 年 - 太魯閣國家公園境內最早的一條官方修築道路——北路，即今蘇花古道。

1914 年 - 日人為發動太魯閣戰役闢築「合歡越」，是太魯閣國家公園境內第一條橫越中央山脈的古道。

1916 年 - 開鑿「東海徒步道」。

1932 年 -5 月拓寬東海徒步道，蘇澳、花蓮間「臨海道路」通車。

1937 年 - 台灣總督府選定本區為台灣八大風景區之一，並規劃為「次高太魯閣國立公園」。

1945 年 - 戰後改稱蘇花公路。

1956 年 -7 月 7 日中橫公路正式開工。

1960 年 -5 月 9 日中橫全線通車。

1986 年 -11 月 28 日太魯閣國家公園成立。

1990 年 -10 月 25 日改為雙向通車。

2000 年 -11 月 24 日砂卡礑隧道的通車，遊客中心啟用。

2002 年 - 創辦太魯閣峽谷音樂節。

2016 年 -1 月 25 日天祥「中橫故事館」正式對外開放。

上網一點通

太魯閣遊客服務中心資訊

七星柴魚博物館

花蓮七星潭又稱月牙灣，長達二十多公里的海岸線，為一新月形優雅湛藍礫石海灣，劉克襄認為那是台灣最美的側影。來此不僅可沉浸於謐靜碧海，七星潭的日出更是花蓮著名的美景之一；夜間也無光害，是賞星觀月的好去處。又因溫暖的黑潮流經，各種魚類聚集，遂成天然漁場。鰹魚是花蓮水產大宗，每逢孟夏，其魚大至。鰹魚是做柴魚的主要材料，日人稱柴魚為「鰹節」。

現今的七星柴魚博物館是利用廢棄的老工廠修建而成，於 2003 年 12 月開幕營運。館內規劃有主題展示區、特產區、DIY 體驗區及熱食區。主題展示區又分為舊建築歷史探索、漁業史、七星海洋魚類展示、柴魚製作過程與七星潭文化介紹。

石雕博物館

花蓮是台灣石材的集散地，擁有全台 90％的石材資源，其石材原料與石材加工進出口總額高居世界第二位，僅次於義大利，因此花蓮有「大理石之都」的稱號，亦是全國石雕藝術家創作的基地。花蓮縣石雕博物館於 2001 年 9 月正式開館營運，是全國首座以石材作為特色的主題式博物館。全館分為典藏區、第一企劃展示區、現代石雕區、傳統石雕區、視聽區等。博物館與文化局毗鄰，連成一個文化園區，大草坪上錯落著五十件大型石雕，千姿百態，宛如「雕刻之森」。

太魯閣峽谷的大理石壁

松園別館

松園別館建於 1943 年,是花蓮港兵事部辦公室,與附近的放送局(現中廣公司花蓮台)、海岸電台(現中華電信)、自來水場(美崙淨水場)等皆有松林連成一片,日治時期曾是高級軍官休憩場所。由於視野直對美崙溪口,可俯瞰美崙溪入海處,具有戰略地理價值。戰後曾作為兵工學校的理化實驗室、美軍顧問團基地,2002 年整修後委託財團法人花東文教基金會經營管理。

全館建築共分四棟,主建築為折衷主義形式的磚木、鋼筋混凝土混合的二層洋樓建築,一、二樓皆設有拱廊,屋頂覆蓋日式黑瓦;後棟為日式木造住宅。松園有大片松林,百年來像綠色大傘般撐起,與迴瀾海岸、藍天白雲形成浪漫風情。

松園別館　　　　　　　　　　　　　　松園別館後院

花蓮鐵道文化園區

鐵道文化園區一館前身為「鐵道部花蓮港出張所」,1932 年改建成四合院形制之日式辦公廳舍,2003 年進行修復,並規劃為鐵道文化園區一館,展示鐵道相關文物及其發展過程。文化園區二館是由舊工務段、警務段改建而成,保留著早期辦公室、拘留室、打鐵工坊,散發著濃濃的懷舊風情。

花蓮文化創意產業園區

花蓮文化創意產業園區前身為成立於 1913 年、以釀出高級瑞安清酒聞名的老酒廠,占地 3.3 公頃,涵蓋二十六棟老廠房倉庫。昔日的老酒廠在閒置十多年後,整修妝點結合文創,變身為大型藝術展演空間,石雕、金工藝術家紛紛進駐。每週都有不同的藝文活動在此舉行,例假日更有演唱會表演。2016 年起揚名國際的十鼓打擊樂團進駐,並開創東台灣首部定目劇,結合 4D 雙旋轉舞台,要用磅礴的鼓聲震撼花蓮。國賓飯店經營的安棠德餐廳,往昔是紅露酒廠的辦公室,日式和歐式混合建築,是園區內第一個被指定為古蹟的建物。

創意文化園區旁，連結中正路至自由街，保留了一段舊花東鐵路長約 1.8 公里的鐵枝路，徒步區應景地擺上火車頭供人拍照留念，沿途的藝術造景大理石椅與兩旁特色文創店家讓人佇足品味。

城垣美術館

城垣美術館基地位在花蓮監獄舊址，創設於 1937 年，原稱為台北刑務所花蓮港支所，戰後改名為「台灣花蓮監獄」。1982 年，監獄移至吉安鄉新監，因而閒置。

吉安慶修院

吉安慶修院的前身是日本真言宗本願寺派的吉野布教所，創建於 1912 年，二次大戰後日人遣返，由吳添妹女士接管，改名為「慶修院」。1997 年被指定為縣定古蹟，並於 2003 年修復落成，委託民間文史團隊、社區青少年公益組織進行經營管理，營造慶修院成為「日本官營移民村」文化的啟動點，帶動日本移民村文化再現。

慶修院是東部地區唯一保存完整的日式寺院，是四角鐵皮形式「寶形造」的日式傳統建築，以中開房間向後延伸的布教壇最為特殊。整院以木構架系統為主，流露濃厚江戶風格。寺內留有不動明王石刻、百度石，以及南面圍牆陳列的八十八尊石佛等，那是當年建寺住持川端滿二在日本請來德島八十八座寺廟神像供奉，以方便日本移民參拜家鄉神明。立於庭中的「光明真言百萬遍」石碑，據說只要跟著住持法師，雙手合十，順時針方向繞走石碑，頌唸「南無大師照遍全剛」，即可保身體健康。

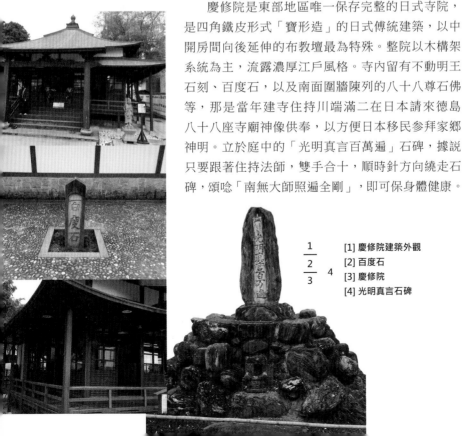

1	[1] 慶修院建築外觀
2	[2] 百度石
3	[3] 慶修院
4	[4] 光明真言石碑

一日體驗記
finish

在・地・尋寶圖

Local Treasure map

慈濟科技大學

建安街

慶豐

吉安路一段

吉安

9丙

中央路

吉興路

自強路

吉安慶修院

吉安慶修院

大沙溪

天祥管理站

燕子口

白楊步道

天祥風景區

綠水地質景觀展示館

綠水步道

荖西溪

慈母橋停車場

九曲洞步道

鯉躍龍門

8

魯丹溪

太魯閣族與太魯閣遺址

人類學者認為，太魯閣族與泰雅族、賽德克族有共同部族起源。口傳約二、三百年前，陸續由南投越過中央山脈向東遷徙分出，移至今宜蘭南澳、花蓮一帶。而目前太魯閣國家公園內共發現七處史前遺跡，其中最為著名的即為「富世遺址」，位於立霧溪口的河階地。其他還有布洛灣、希達崗、巴達崗、山里、陶賽及西寶等六處，挖掘出陶片、石斧、石紡輪、鐵器等器物，大約與卑南文化同屬新石器時代文化。

左圖｜從北部進入花蓮太魯閣須經過東海岸斷崖天險。圖為 1930 年代清水斷崖
右圖｜東西橫貫公路入口紀念碑

9

193

化道路

新興路

美崙溪

美崙溪

尚志路

中山路

莊敬路

延平街 建國路

花蓮車站

和平路

水源街

府後路

中美路

193

石雕博物館

石雕公園

江口良三郎紀念公園

美崙濱海公園

中華路

城垣美術館

林森路

節約街

美崙山公園

松園別館

北濱公園（太平洋公園）

9

光復街

花蓮鐵道文化園區

重慶路

鐵道行人徒步區

石藝大街
（博愛街、重慶路口）

自由街

花蓮文化創意產業園區

美食攻略

🍴 美食攻略 🍴

花蓮麻糬

去花蓮旅遊若要買伴手禮，很多人首選就是「麻糬」，因為麻糬這道甜點老少咸宜，而花蓮麻糬中較有名氣的當屬「曾記麻糬」與「阿美麻糬」這二家。選購時要挑純手工麻糬，其好吃的祕訣在於香Q柔軟的外皮、內裹綿密紮實而不甜膩的餡料。作法是將糯米磨成汁，壓乾成糯粄，再遵循傳統手工作法，經過搓、揉、拍、摔等過程，打出糯米的彈性，細緻之處是機器無法完成的。

目前口味多種，有紫米紅豆、綠豆、花生、芝麻、椰子、水果及冰淇淋等口味，外皮超Q，甜而不膩。

巴達岡溪

溪畔

立霧溪

錐麓古道

燕子口步道

布洛灣遊憩區

杜藻宛

8

長春祠步道
長春祠

砂卡礑步道

一日體驗記
start

大禮

富興

太魯閣國家公園遊客中心
東西橫貫公路牌樓

9

8

立霧溪

下富士

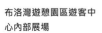

布洛灣遊憩園區遊客中心內部展場

砂卡礑步道沿步道休憩區有詩人的詩句入景

國家圖書館出版品預行編目資料

台灣博物館散步GO：30條最潮博物館群創意觀光路線 /
蘇明如著；蘇瑞勇攝影. -- 初版. -- 台中市：晨星，2017.03
面；　公分. --（台灣地圖；40）
ISBN 978-986-443-250-9(平裝)

1.台灣遊記 2.文化觀光 3.博物館

733.6　　　　　　　　　　　　　　106002521

台灣地圖040

台灣博物館散步GO

30條最潮博物館群創意觀光路線

作者	蘇明如
攝影	蘇瑞勇
主編	徐惠雅
執行主編	胡文青
校對	胡文青、蘇明如、蘇瑞勇
美術編輯	陳正桓
封面設計	陳正桓

創辦人	陳銘民
發行所	晨星出版有限公司
	台中市407工業區30路1號
	TEL：（04）23595820　FAX：（04）23550581
	E-mail：service@morningstar.com.tw
	http://www.morningstar.com.tw
	行政院新聞局局版台業字第2500號
法律顧問	陳思成律師
初版	西元2017年03月20日
郵政劃撥	22326758（晨星出版有限公司）
讀者服務專線	04-23595819#230

印刷	上好印刷股份有限公司

定價 490元

ISBN　978-986-443-250-9
Published by Morning Star Publishing Inc.
Printed in Taiwan
版權所有 翻印必究（如有缺頁或破損，請寄回更換）

◆ 讀者回函卡 ◆

以下資料或許太過繁瑣，但卻是我們了解您的唯一途徑，
誠摯期待能與您在下一本書中相逢，讓我們一起從閱讀中尋找樂趣吧！

姓名：＿＿＿＿＿＿＿＿　性別：□ 男 □ 女　生日：　　／　　　／

教育程度：＿＿＿＿＿＿＿＿

職業：□ 學生　　　□ 教師　　　□ 內勤職員　　□ 家庭主婦
　　　□ 企業主管　□ 服務業　　□ 製造業　　　□ 醫藥護理
　　　□ 軍警　　　□ 資訊業　　□ 銷售業務　　□ 其他＿＿＿＿＿＿＿

E-mail：＿＿＿＿＿＿＿＿＿＿＿＿＿＿　聯絡電話：＿＿＿＿＿＿＿＿＿＿＿

聯絡地址：□□□＿＿＿＿＿＿＿＿＿＿＿＿＿＿＿＿＿＿＿＿＿＿＿＿＿＿

購買書名：台灣博物館散步GO＿＿＿＿＿＿＿＿＿＿＿＿＿＿＿＿＿＿＿＿＿

‧誘使您購買此書的原因？

□ 於 ＿＿＿＿ 書店尋找新知時　□ 看 ＿＿＿＿ 報時瞄到　□ 受海報或文案吸引

□ 翻閱 ＿＿＿＿ 雜誌時　□ 親朋好友拍胸脯保證　□ ＿＿＿＿ 電台DJ熱情推薦

□電子報的新書資訊看起來很有趣　□對晨星自然FB的分享有興趣　□瀏覽晨星網站時看到的

□ 其他編輯萬萬想不到的過程：＿＿＿＿＿＿＿＿＿＿＿＿＿＿＿＿＿＿＿＿＿

‧本書中最吸引您的是哪一篇文章或哪一段話呢？＿＿＿＿＿＿＿＿＿＿＿＿＿

‧對於本書的評分？（請填代號：1.很滿意 2.ok啦！3.尚可 4.需改進）

□ 封面設計＿＿＿＿　□尺寸規格＿＿＿＿　□版面編排＿＿＿＿　□字體大小＿＿＿＿□內
容＿＿＿＿　□文／譯筆＿＿＿＿　□其他＿＿＿＿

‧下列出版品中，哪個題材最能引起您的興趣呢？

台灣自然圖鑑：□植物 □哺乳類 □魚類 □鳥類 □蝴蝶 □昆蟲 □爬蟲類 □其他＿＿＿＿
飼養＆觀察：□植物 □哺乳類 □魚類 □鳥類 □蝴蝶 □昆蟲 □爬蟲類 □其他＿＿＿＿
台灣地圖：□自然 □昆蟲 □兩棲動物 □地形 □人文 □其他＿＿＿＿
自然公園：□自然文學 □環境關懷 □環境議題 □自然觀點 □人物傳記 □其他＿＿＿＿
生態館：□植物生態 □動物生態 □生態攝影 □地形景觀 □其他＿＿＿＿
台灣原住民文學：□史地 □傳記 □宗教祭典 □文化 □傳說 □音樂 □其他＿＿＿＿
自然生活家：□自然風DIY手作 □登山 □園藝 □觀星 □其他＿＿＿＿

‧除上述系列外，您還希望編輯們規畫哪些和自然人文題材有關的書籍呢？＿＿＿＿＿
‧您最常到哪個通路購買書籍呢？□博客來 □誠品書店 □金石堂 □其他＿＿＿＿

很高興您選擇了晨星出版社，陪伴您一同享受閱讀及學習的樂趣。只要您將此回函郵寄回本
社，我們將不定期提供最新的出版及優惠訊息給您，謝謝！
若行有餘力，也請不吝賜教，好讓我們可以出版更多更好的書！

‧其他意見：＿＿＿＿＿＿＿＿＿＿＿＿＿＿＿＿＿＿＿＿＿＿＿＿＿＿＿＿＿＿

晨星出版有限公司 編輯群，感謝您！

廣告回函
台灣中區郵政管理局
登記證第267號
免貼郵票

407
台中市工業區30路1號

晨星出版有限公司

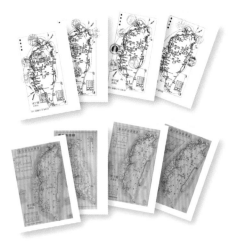

填問卷，送好禮：

凡填妥問卷後寄回，只要附上60元郵票（工本費），
我們即贈送好書禮：
「鐵道懷古郵戳明信片No1.：鐵道古郵戳」以及
「鐵道懷古地圖明信片No.2：鐵道古地圖」兩組八張

晨星自然 🔍

天文、動物、植物、登山、生態攝影、自然
風DIY……各種最新最夯的自然大小事，盡在
「晨星自然」臉書，快點加入吧！

搜尋／ 晨星圖解台灣 🔍

台灣文化大小事，以圖解與視覺方式精采呈現
邀請您加入臉書行列